조세정의론

Justice in Taxation

지은이 **이동식**

· 경북대학교 법과대학 졸업(법학사)
· 독일 Passau 대학 법학과 졸업(법학 박사)
· 한국세법학회 신진학술상(2007)
· 한국공법학회 행정법 분야 학술상(2008)
· 행정자치부 장관 표창(지방세 분야 유공, 2014)
· 사단법인 온율 제1회 공익 관련 논문 현상공모전 대상 수상(2014)
· 경북대학교 법학전문대학원 교수(현)
· 조세심판원 비상임심판관(현)
· 국세청 국세정보공개심의위원회 위원(현)
· 한국세법학회 연구이사(현)
· 한국공법학회 연구이사(현)
· 한국지방세학회 연구이사(현)
· 한국국제조세협회 학술이사(현)
· 한국문화예술법학회 총무이사(현)

조세정의론

찍은 날 2015년 6월 12일 · **펴낸 날** 2015년 6월 18일
지은이 이동식 · **펴낸이** 손동철 · **펴낸 곳** 경북대학교출판부
출판등록 1973년 10월 10일 ㉿97호 · **주소** 대구광역시 북구 대학로 80
전화 053-950-6741~3 · **팩스** 053-953-4692 · **이메일** press@knu.ac.kr
홈페이지 http://knupress.com

ISBN 978-89-7180-424-7 93360

정가는 뒤표지에 있습니다.
파본은 바꾸어 드립니다.

이 저서는 2010년 정부(교육부)의 재원으로 한국연구재단의 지원을 받아 수행된 연구임(NRF-2010-812-A00045).
This work was supported by the National Research Foundation of Korea Grant funded by the Korean Government(NRF-2010-812-A00045).

조세정의론

Justice in Taxation

이동식 지음

경북대학교출판부

제5장 | 법률에 근거한 세금부과와 조세정의

제6장 | 조세법규의 적정한 해석·적용과 조세정의

제7장 | 조세의 공평성과 조세정의

제8장 | 조세회피행위·탈세행위 방지와 조세정의

제9장 | 세무조사제도와 조세정의

제10장 | 조세의 강제징수와 조세정의

제11장 | 납세자의 권리구제 절차와 조세정의

| 서문

이 책은 조세와 정의의 관계를 다루고 있습니다. 정의 자체만 해도 쉽지 않은 주제인데 거기에 사람들이 머리 아파하는 조세라는 주제를 추가한 것이 이 책의 특징입니다.

이 책을 쓰게 된 계기를 독자 여러분에게 좀 소개할 필요가 있을 것 같습니다. 시점은 2010년경으로 거슬러 올라갑니다. 당시 우리나라는 아주 특이한 현상을 경험하게 됩니다. 하버드대 마이클 샌델 교수의 저서인 『정의란 무엇인가』라는 책이 한글로 번역되어 국내에 출간되었는데 이 책이 서점가에서 아주 폭발적인 인기를 누리고 있었습니다. 사실 정의의 문제는 철학의 근본적 이슈 중의 하나로 일반인들은 그러한 무거운 주제를 그리 가까이 하지 않으려는 경향이 있습니다. 그런 측면을 고려할 때 정의와 관련한 책이 국민들에게 그렇게 폭발적으로 인기를 누리게 된 것은 아주 특별한 현상이라고 할 수 있습니다. 여하튼 그 책이 계기가 되어 정의와 관련한 논의들이 많이 이루어졌고, 또한 정의와 관련한 책들도 많이 출간되기 시작했습니다.

이러한 상황 속에서 저자는 정의에 관한 일반적인 논의도 필요하지만 정의가 필요한 삶의 각 분야별로 좀 더 구체적인 논의들이 전개될 필요가 있는 것이 아닌가 하는 생각을 하게 되었습니다. 정의라는 것이 막연히 인문학적 토론의 대상으로 끝나 버릴 문제는 분명 아니기 때문입니다. 그런데 이처럼 정의의 문제를 인간들 삶의 특정 영역별로 검토하기 위해서는 철학자뿐만 아니라 해당 분야 전문가들이 정의에 관한 논의를 전개해 주어야 한다고 판단했습니다. 그런 취지에서 일단 저자의 전공인 조세분야에서는 정의의 논의가 어떻게 전개되어야 하는지를 한번 정리해 보아야겠다는 생각을 하게 되었습니다.

세금이라는 것이 납세자들의 재산을 박탈하는 측면을 가지고 있으므로 정의에 관한 논의가 어느 분야 못지않게 필요한 분야입니다. 실제로 조세와 관련한 논쟁 가운데에는 그 논거로 "조세정의에 부합한다.", 또는 "조세정의에 반한다."와 같은 주장들이 빈번하게 등장합니다. 그런데 아쉽게도 우리나라에는 지금까지 조세정의가 무엇인지를 정리하는 단 한 권의 단행본도 없었습니다. 정의가 무엇인지를 논하지 않고 정의를 주장만 한 셈인 것이지요. 이 책은 그래서 조세정의를 정리하기 위한 첫 시도라고 평가할 수도 있을 것 같습니다.

처음이다 보니 여러 가지 측면에서 허술한 부분도 많이 있으리라 생각합니다. 이 책은 조세제도 일반과 관련된 조세정의 논의에 국한하고 있는 한계점도 있습니다. 기회가 허락된다면, 소득세, 상속세, 증여세 등 개별 세목에 있어서의 정의 관련 이슈들에 대해서도 정리를 해 볼 계획입니다. 조세정의라는 것을 이 정도라도 정리를 하고 나면 또 다른 연구자들도 앞으로 꾸준히 이 주제에 대해 관심을 가져 주시리라 믿습니다. 이 책은 이처럼 조세정의에 관한 논의를 시작하기 위한 하나의 주춧돌의 역할로 만족해야 할 것입니다.

이 책을 출간하는 데 많은 분들의 도움을 받았습니다. 박사과정에서 조세법을 전공하고 있는 황현순 법학석사와 전세진 법학석사는 이 책의 완성도를 높이는 데 많은 역할을 하였습니다. 그리고 경북대학교출판부의 교정·편집 담당자의 작업도 큰 도움이 되었습니다. 모든 분들에게 이 자리를 빌려 감사의 마음을 전합니다.

2015년 5월

대구 앞산이 보이는 연구실에서

이동식

제1장 | 서장

1. 조세의 개념

조세와 관련한 정의의 문제를 설명하는 첫 단계로 우선 조세의 개념을 정리할 필요가 있다.[1] 조세법학을 하는 이들에게는 이 문제가 너무나 일반적인 문제일 수도 있다. 하지만 이 글을 접하는 조세법학자 이외의 독자들에게는 이 책과 관련한 논의의 대상을 분명하게 하기 위하여 조세에 대한 개념 정의를 이 자리에서 언급할 필요가 있다.

물론, 조세법학자들 사이에서도 조세에 대한 개념 정의가 완전하게 일치하는 것은 아니다. 그 이유는 우리나라의 법전 어디에도 '조세'가 무엇인지 개념을 정의해 둔 바가 없기 때문이다. 조세는 그 부과권자에 따라 국세와 지방세로 나눌 수 있고, 우리나라의 경우에는 아무래도 국세가 지방세에 비해 훨씬 중요한 비중을 차지하고 있는데(세수의 경우에도 국세와 지방세 비

---

1 '조세'라는 용어와 '세금'이라는 용어를 일상에서 혼용해서 사용하고 있다. 이 두 개념은 현재로서는 같은 개념이다. 양자를 굳이 구분한다면 역사적 연원을 통해서 그러한 구분이 가능하다. 조선시대의 경우에 '조(租)'는 토지 사용에 대한 대가로 부과되는 것이고, '세(稅)'는 그 외 다른 형태로 백성에게 부과되는 금전급부 의무들(예: 장인에게 부과된 공세[工稅], 상인에게 부과된 상세[商稅])에 많이 사용되던 용어이다(이동식, 『일반조세법』, 준커뮤니케이션즈, 2015, 2쪽). 이러한 측면을 고려해 보면 '조세'라는 용어가 '세금'이라는 용어보다 더 보편적인 개념으로 이해될 수 있다. 그래서 이 책에서는 기본적으로 '조세'라는 용어를 사용하기로 한다. 다만, '세금'이라는 표현이 더 적절한 상황에서는 '조세'의 동의어로 이 개념도 사용하기로 한다.

율이 현재 8:2 수준임) 국세와 관련한 가장 기본이 되는 법인 '국세기본법'을 보면 제2조에서 '소득세', '법인세' 등 국세에 해당하는 세목을 열거한 뒤 이러한 것들을 '국세'로 한다고만 규정하고 있고(국세기본법 제2조 제1호), 이와 같은 세목들이 왜 조세라고 부르는지에 대해서는 규정하지 않고 있다.

대체적으로 학자들은 조세를 "국가 또는 지방자치단체가 법령에 근거하여 자신의 재정수요 충족을 주된 목적 혹은 부수적인 목적으로 담세력이 인정되는 모든 자에게 공평하게 부과하는 금전급부 의무로서 직접적인 반대급부가 존재하지 않는 것"이라고 정의하고 있다.[2] 이러한 개념 정의에 따르면, 첫째, 조세의 부과권자는 국가 또는 지방자치단체이며, 둘째, 그러한 부과권자가 세금을 부과하기 위해서는 납세자들의 대표들이 제정·개정한 법령에 근거하여야 하며, 셋째, 세금을 부과하는 주된 목적은 통상 재원을 조달하기 위함이지만 경우에 따라서는 그러한 재원조달 이외에 특수한 국가정책적 목적(예: 부동산투기 억제, 국민건강 증진)을 달성하기 위해서 세금을 부과할 수도 있으며,[3] 넷째, 세금은 담세력이 있는 자에게 부과되어야 하며, 다섯째, 그러한 담세력이 있는 자에게 세금을 부과하는 방법으로는 담세력이 있는 모든 자에게 공평하게 부과하는 것이 중요하며, 여섯째, 세금은 금전으로 납부하는 것이 원칙인 금전급부 의무이며,[4] 일곱째, 금전급부 의무 가운데에서도 직접적인 반대급부가 주어지지 않는 금전급부라는 속성을 가지고 있다.

---

2 이동식, 『일반조세법』, 준커뮤니케이션즈, 2013, 4쪽.

3 재원조달 이외의 특수한 국가정책적 목적달성을 위해 세금을 부과하는 대표적인 경우로는 주세 혹은 담배소비세를 들 수 있다. 이러한 경우에도 그것이 이론적으로 세금이 되기 위해서는 적어도 '부수적으로는' 재원조달을 목적으로 하여야 한다고 한다(그렇지 않은 경우를 세법이론적으로는 '압살적 조세'라고 하며 이는 외형상으로는 조세이지만 실질은 조세가 아니라 '행정규제'라고 이해된다). 부수적일지언정 재원조달 목적이 존재한다는 것은, 예컨대 국민들의 건강증진을 위해 흡연행위를 억제할 필요가 있고 이를 위해 담배소비세를 부과하지만 담배소비세를 부과한다고 하더라도 흡연행위를 완전히 금지하는 것은 아니므로 부수적으로 담배소비세 세수가 확보될 것이라고 예상을 하고 입법자가 담배소비세 관련 법률을 제정하는 것을 말한다.

4 예외적으로 법률에서 규정한 요건을 갖춘 경우에는 물납이 허용될 수 있다.

그래서 국가 등으로부터 일정한 서비스를 제공받고 그에 대한 대가로 지불하는 것은 조세가 아니다. 하지만 일반적으로 국민들은 '수도세', '전기세'라고 하여 이러한 것들을 마치 세금인 것처럼 부르기도 한다.[5]

세금을 부과하는 입장에서 보았을 때, 국민들에게 강제로 금전을 납부케 하면서 국민들을 논리적으로 설득하기 가장 좋은 경우가 '세금'이다. 왜냐하면 국가가 존재하는 한 세금은 필요한 것이므로 세금을 거둔다는 것은 국가의 존립을 위해 불가피한 조치라고 할 수 있기 때문이다. 반면, 예컨대 세금이 아닌 '부담금', '과징금', '이행강제금'과 같은 금전급부 의무들의 경우에는 그 불가피성을 설득하기가 쉽지 않다. 그래서 입법자들은 국민들에게 금전급부 의무를 부과하려고 할 때에는 가능한 한 '세금'이라는 형식으로 부과하려고 할 것이므로 이러한 경우에 있어서 이론적으로 세금과 세금이 아닌 공과금을 구분해 주어야 할 필요성은 매우 강하다. 하지만 양자를 구분하는 명확한 기준 설정은 매우 어려운 것이 현실이다.

2. 의사결정의 기준으로서의 정의(Justice)

사람들은 매일 수많은 의사결정을 하면서 살아가고 있다. 아침에 기상 알람이 울릴 때 일어날지 말지를 고민하고, 급하게 길을 가고 있는데 길거리에서 길을 묻는 사람을 만났을 때 이 사람에게 길을 설명해 주어야 하는지를 고민하게 된다. 이러한 상황에서 사람들의 의사결정은 순간적인 감정에 기초하기도 하고, 이성에 기초하기도 한다. 이성과 감성을 분명하게 구분할 수

5 우리나라의 경우에 '수도세', '전기세'라는 '세금'은 없다. 정확한 용어는 '수도요금', '전기요금'이다. 물론 외국(예: 독일)의 입법례 가운데에는 전기 사용에 대해 '전기세'라는 세금을 부과하는 경우도 있다.

있는지, 또 양자의 관계는 어떻게 되는지는 어려운 주제 가운데 하나이다. 그 어려운 구분에 대한 본격적인 논의는 일단 다른 전문가들의 몫으로 남겨두기로 한다. 이 책에서는 양자의 구분을 인정하고, 그 구분 기준으로는 칸트(I. Kant)가 제시한 것처럼 의무 혹은 당위(Sollen) 의식에 의하여 결정된 행위는 이성적 행위로, 본능적 욕망에 기초한 행위는 감성적 행위로 이해하기로 한다.

인간의 행동을 이성에 기초한 행위와 감성에 기초한 행위로 구분한다고 하더라도 다시 어떤 행위가 인간의 속성에 적합한 행위인지에 대해서도 견해의 대립이 있다. 아리스토텔레스(Aristoteles)는 인간을 기본적으로 이성적 동물로 이해하였다. 하지만 그 반대로 경험론자인 흄(D. Hume)은 인간은 이성보다는 주로 감정의 지배를 받는다고 주장하였다.[6] 과연 어느 것이 인간의 본질적 모습인지에 대해서는 견해가 다를 수 있겠지만 적어도 이성적 행위와 감성적 행위를 구분한다는 점에서 이 두 견해는 서로 어느 정도 공감대가 형성되었다고 볼 수 있다.

이 책에서 다루고자 하는 정의(正義, Gerechtigkeit, Justice)의 문제는 이러한 인간의 이성적 행위와 감성적 행위 가운데 전자와 밀접한 관련이 있다. 정의가 무엇인가 하는 것 역시 참 어려운 철학적 질문이다. 얼마 전 우리 사회에서는 정의와 관련한 책 한 권이 큰 주목을 받은 바 있다. 바로 하버드대 마이클 샌델 교수의 『정의란 무엇인가』라는 책이었다.[7] 이 책은 정의가 무엇인지를 일반 독자들이 쉽게 이해할 수 있도록 쓴 것으로 많은 긍정적 평가를 받은 바 있다. 그런데 이 책의 영문판 제목이 *"Justice: What's the Right Thing to Do?"*이다. 즉, 정의의 문제는 '무엇이 올바른 일인가'의 문제와 밀접한 연관이 있다는 것이다. 당장 나에게 편한 행동이 아니라 이 순간에 내

6 인간의 본성에 대한 다양한 견해들에 대해서는 로저 트리그(Roger Trigg) 지음, 최용철 옮김, 『인간의 본성에 관한 10가지 철학적 성찰』, 자작나무, 1997. 참고.

7 마이클 샌델 지음, 이창신 옮김, 『정의란 무엇인가』, 김영사, 2010.

가 행해야 할 '올바른' 행동이 무엇인지를 판단하고, 감정적으로 다소 내키지 않더라도 그 행위를 한다면 우리는 이성적 행위를 한 것으로 평가받을 수 있을 것이며, 동시에 정의로운 행동을 한 것으로 평가받을 수 있을 것이다. 물론 이때 '올바른' 것의 기준이 무엇인지에 대해서는 너무나 다양한 견해들이 등장할 수 있다. 이에 대해서 일치된 결론에 도달할 수 있는지에 대해 회의적인 시각도 있을 수 있다. 참 어려운 문제임은 분명하다. 이에 대해서는 이 책 제3장에서 다시 논의하기로 한다.

인간은 분명히 온전하게 이성적인 동물은 아니라고 할 수 있다. 인간들의 삶의 많은 부분을 감정이 지배하고 있는 것이 현실이다. 하지만 사람들은 많은 경우에 감정에 따라 행동하지만, 자신이 다른 사람으로부터 평가를 받게 되는 경우에는 평가자가 이성적으로 행동하여 본인에 대해 합리적으로 평가해 주기를 기대한다. 하물며 개인적인 의사결정이 아니라 사회적 의사결정에 대해서는 우리들은 대부분 합리성과 논리성을 바탕으로 한 이성적인 결론이 되어야 한다고 믿고 있다. 정책결정과 같은 경우에도 마찬가지이다. 이러한 것들이 정책 입안자들의 감정에 기초하여 결정된다는 것은 있을 수 없다고 생각한다. 아마 이러한 생각은 사회가 민주화되면 될수록 더 강해지는 것 같다. 권위주의 시대에는 비록 많은 사회적 의사결정이 합리적이지 못하고, 올바르지 못하여도 국민들은 감히 그러한 의사결정에 대해 외부적으로 분노를 표출할 수 없었다. 하지만 민주화된 사회에서는 사정이 다르다. 합리적이지 못한 사회적 의사결정에 대해 국민들은 적극적으로 잘못된 점을 지적하게 된다. 그 과정에서 사회적 갈등이 증폭되고, 이를 해소하기 위해서는 다시 많은 사회적 비용이 지출되어야 한다. 민주화된 사회에서 사회적 의사결정이 올바르게 이루어져야 할 필요성은 바로 이러한 불필요한 사회적 갈등과 그로 인해 야기되는 불필요한 사회적 비용의 지출을 예방한다는 점에서 발견할 수 있다.

3. 조세와 정의

인간의 삶은 정의로워야 하고, 올바른 의사결정들로 구성되어야 한다면, 조세정의 문제는 매우 중요한 의미를 가진다. 왜냐하면 인간들의 삶의 상당 부분이 조세와 연관이 있기 때문이다.

사람들은 매일 수많은 경제적 거래 행위를 하면서 살아간다. 직장에 출퇴근하기 위해서는 대중교통 수단인 버스나 지하철을 이용하고, 점심을 먹기 위해 식당을 이용하고, 식사 후 동료들과 커피숍에 들러 차를 마시고, 퇴근 후에는 친구들을 만나 맥주 한잔을 함께 하는 행위들, 이 모든 것들이 경제적 거래 행위를 포함하고 있다.

이러한 경제적 거래 행위는 대부분 조세와 관련이 있다. 어떤 행위들은 부가가치세와 같은 소비세의 문제를 야기하고, 또 어떤 행위들은 소득세와 같은 소득에 대한 과세가 문제되기도 한다. 조세법률주의라는 세금부과의 대원칙에 따라 세금은 법률에 근거하여 부과된다. 그래서 법률이 규정하는 바에 따라 과세 여부가 결정된다. 시장에서 이루어지는 경제거래 행위 가운데에는 세금이 부과되는 행위도 있고, 부과되지 않는 행위도 있다. 하지만 이 모든 거래 행위는 조세법의 규율 대상이라는 점에 있어서 공통점이 있다. 즉, 세금이 부과되지 않는 거래 행위라고 하더라도 그것이 세법과 전혀 무관한 것은 아니라는 것이다. 조세법률주의 정신에 따르면 세금을 부과하는 것뿐만 아니라 세금에 대한 비과세·감면도 명확하게 법률에 근거규정이 있어야만 가능하다.[8] 세금을 부과하는 문제만 법률에 근거가 있어야 하고, 비과세·감면은 법적인 근거 없이도 가능하다면 법률에 규정을 두고서 합리적이고, 공평하게 세금을 부과하려고 하는 조세법률주의의 이념은 유명무실해질 우려가 많기 때문이다.

---

8 이동식, 『일반조세법』, 준커뮤니케이션즈, 2011, 82~84쪽.

사람들의 삶에서 금전의 수수가 이루어지는 거래 가운데 세금 문제로부터 자유로운 것은 거의 없다. 사람들이 살아가면서 자신들의 삶에 필요한 것을 획득하는 데 대가가 수반되지 않는 경우는 드물기 때문에 결국 그러한 행위들은 대부분 세금 문제를 수반하게 된다. 물론 대부분의 거래 행위에 있어서 세금 문제는 통상 부수적인 문제일 뿐이다(제1유형). 예컨대, 식당에 가서 음식을 주문할 때 부가가치세는 이미 음식의 가격에 포함되어 있으므로, 사람들은 부가가치세를 독자적으로 검토해서 식사를 주문할지 여부를 결정하지는 않는다. 이런 경우에 사람들은 부가가치세가 포함된 전체적인 음식 가격을 서비스 수준 등과 비교하였을 때 매력적인지를 기준으로 구매 여부를 결정하게 된다. 하지만 금액이 크고, 중요한 거래 행위를 하는 경우에는 세금이 단순히 부수적인 문제에 그치는 것이 아니고 매우 중요하고, 그리고 거래 행위의 독자적인 고려 요소로 등장하기도 한다(제2유형). 예컨대, 토지를 매입하였다가 1~2년이 지난 시점에 타인으로부터 매도를 제의받은 경우에 단순히 타인이 제시하는 가격만을 기준으로 하는 것이 아니라, 그러한 매매를 하였을 경우 본인에게 발생하는 양도소득세의 규모를 예상해 본 뒤 매도 여부를 결정하게 된다.

사회가 발전할수록 국민들의 세금 부담은 늘어나며, 제2유형과 같은 방식의 생활 형태가 사람들의 삶에서 차지하는 비중도 점점 커진다. 선진국이 되면 국민들의 1인당 소득 수준만 증가하는 것이 아니라 국가의 재정 규모도 커지게 되고, 그 재정의 대부분은 세금으로 거둬야 하는 것이 현실이다. 그래서 그런 나라들은 아주 촘촘한 과세망을 구축할 수밖에 없게 된다. 이러한 상황에서는 국민들의 사소한 거래 행위도 과세당국이 세금을 부과할 수 있는지를 점검하게 되므로 국민들의 삶에 조세가 점점 더 중요한 의미로 다가오게 된다. 우리나라도 서서히 그러한 사회로 변해 가고 있는 추세라고 할 수 있다.

이처럼, 사람들의 삶에 조세가 중요한 의미를 가지므로 정의로운 사회를 위해서는 조세제도가 정의의 요구에 부합하는 것이 매우 중요하다. 특히, 우리 사회에서는 조세정의가 매우 절실한 상황이다. 1990년대 중반까지만 하더라도 우리 사회는 매년 세계가 놀랄 만한 경제성장률을 달성하였다. 반면, 국민들의 국가에 대한 기대 수준은 높지 않았다. 그래서 복지를 확대해야 한다는 목소리도 우리 사회에서 그리 큰 공감대를 얻지 못한 시점이었다. 하지만 현재는 여러 가지 측면에서 우리 사회가 많은 변화를 겪게 되었다. 벌써 몇 년째 경제성장률은 3%대를 넘어서지 못하고 있다. 실업 문제, 저출산 문제, 고령화 문제 등으로 인해 국가의 지출 수요는 점증하고 있다. 이에 더해 복지 수준을 확대해야 한다는 주장이 사회적 공감대를 형성하면서 다양한 형태로 새로운 복지정책이 시행에 들어가게 되어 국가는 그만큼 추가적인 재원이 필요한 상황이 되었다. 경제성장률의 둔화, 경제활동 인구의 감소, 경제주체들의 어려운 경제 여건으로 인한 소비위축 등으로 세금은 충분히 징수되지 않는 반면, 지출수요는 감당하기가 쉽지 않은 수준으로 증가하고 있는 상황이다. 지출을 충분히 억제할 수 없는 상황이라면 방법은 어떤 형태로든 국가가 국민으로부터 추가적인 재원을 징수하는 것이다. 그 재원은 세금이 될 가능성이 매우 크다. 이처럼 국가의 세금 징수 활동이 강화되면 국민들은 조세문제에 대해 더욱 민감하게 반응하게 될 것이다. 이런 상황에서 그나마 국가의 세금 징수 행위가 국민들의 공감대를 형성하려면 조세제도 자체가 정의로워야 한다. 우리 사회에서 조세제도가 정의로워야 하는 이유가 바로 여기에 있다. 사실 이 점이 이 책의 서술을 시작한 결정적 동기라고 할 수 있다.

제2장 | 국가의 흥망성쇠와 조세

1. 전근대국가에서의 세금

시대와 장소를 불문하고 국가가 존재하는 곳에는 세금이 있었다. 세금이 있어야 어떠한 형태로든 국가가 유지될 수 있기 때문이다. 개인과 가정이 모여서 국가라는 사회공동체를 형성하였을 때에는 개인과 가정 단위에서 해결하지 못하는 문제(예: 적과의 전쟁)를 해결하려는 사회적 필요성이 존재하게 된다. 그리고 그 필요성을 충족하기 위해서는 재원이 필요하게 된다.

인류문명의 발상지인 고대 이집트에도 세금이 있었음을 여러 문헌들과 자료들을 통해 확인할 수 있다. 그 한 예로서 로제타 스톤(Roseta Stone)을 들 수 있다. 로제타 스톤이란 길이 1.25m, 너비 0.7m, 두께 0.28m인 현무암으로, 1799년 나폴레옹 원정군이 알렉산드리아에서 동쪽으로 60km 떨어진 로제타라는 마을에서 요새를 쌓을 때 도트풀이라는 병사가 발견했다고 한다. 그 후 이 돌은 프랑스로 옮겨졌고, 프랑스군이 1801년 알렉산드리아 전투에서 영국군에 패한 뒤 이 돌은 대영박물관으로 옮겨져 현재까지 그곳에 보관되고 있다. 이 돌에는 각기 다른 세 가지 글자들이 새겨져 있다. 첫째 단은 이집트 상형문자로, 둘째 단은 민용문자[民用文字, 상형문자가 세속과 종교에 두루 쓰인 승용문자(僧用文字)로 바뀌었다가 더 단순한 흘림체로 바뀐 것으로 일반 국민에게 널리 쓰임]로, 셋째 단은 그리스어로 작성되어 있었다.

당시 이집트는 프톨레마이오스 왕조가 지배하고 있었는데 지배계층이 주로 그리스인이었다. 그들이 이집트의 과세권을 장악하고서 이집트인들에게 과도하게 세금을 부과하자 이집트인들이 반발하였다. 그러자 당시 왕이었던 프톨레마이오스 5세가 기원전 196년에 칙령을 발하여 세금과 관련한 사회적 갈등을 해결하였다. 그때 이 칙령을 통해 세금을 감면받은 승려들이 멤피스에 모여 그 내용을 돌에 새겨 놓은 것이다.

우리나라에도 왕조 시절에 세금이 부과되어 왔음을 알 수 있다. 삼국시대 등 전근대사회에서 국가가 백성들의 수를 파악하고 조세를 부과하기 위해 조사, 작성한 문서를 장적(帳籍)이라고 한다. 대표적인 것으로는, 좁은 의미에서 장적이라고 하는 호구장적(戶口帳籍), 호구 장적을 근간으로 작성되던 군적(軍籍), 양안(量案)이라고 부르는 전적(田籍)을 들 수 있다. 현존하는 가장 오래된 장적으로는 경덕왕 14년(755)에 작성된 것으로 추정되는 신라장적(新羅帳籍)[1]이 있다. 이 장적에는 당시 서원경(西原京: 청주) 지방 4개 촌의 둘레, 연호수(煙戶數), 인구, 전답(田畓), 마전(麻田)과 함께 백자(栢子: 잣), 추자(秋子: 호두), 뽕나무 등의 나무 수와 소, 말의 수효 등이 기록되어 있다. 이러한 장적들을 바탕으로 조·용·조(租·庸·調) 부과 등 국가의 대민(對民) 지배가 이루어졌다.

그런데 전근대국가에서의 세금은 근대국가의 그것과는 여러 면에서 다른 점이 있다. 물론 전근대국가에서도 세금은 국가 기능(예: 전쟁 수행 등)을 유지하기 위하여 부과되며, 세금을 납부하는 주체는 국민들이다. 하지만, 근대국가와 달리 세금을 납부하는 국민들은 자신들이 납부하여야 하는 세금의 규모와 내용에 대해 결정할 권한이 원칙적으로 없었다. 세금은 대부분 지배계층이 통치의 필요성에 기초하여 자신들의 백성에게 부과하는 것이었다.

그렇다고 전근대국가라고 해서 왕이 아무런 절차 없이 세금을 일방적으로

1 아쉽게도 이 문헌은 국내에 없고, 일본 도다이지 쇼소인(東大寺 正倉院)에 보관되어 있다.

부과한 것은 아니다. 유럽 중세시대의 왕이 귀족에게 세금을 부과하기 위해서는 귀족회의의 동의를 얻는 절차가 보편화되어 있었다. 흔히 우리는 이 절차가 영국의 국왕인 존(재위 1199~1216)과 귀족 사이에 체결된 1215년의 마그나 카르타(Magna Carta)에 의하여 처음으로 생겨난 것으로 알고 있다. 하지만 마그나 카르타 이전에도 이러한 절차는 존재하였다.[2] 다만, 당시에는 왕권이 귀족 권력보다 우세하였기 때문에 그 절차가 지켜지지 않아도 귀족들이 감히 왕에게 대항하지 못했을 뿐이었다. 그리고 또 중요한 점은 지출면에서 보았을 때, 전근대국가에서 세금은 적지 않은 부분이 지배계층의 호화로운 삶을 유지하기 위하여 사용되고 그중 일부만이 국민들을 위해서 사용되었다는 것이다. 즉, 세금이라는 것이 납부 주체인 국민을 위한 것이 아니라 세금을 거두는 지배계층을 위한 것이었다고 할 수 있다.

결론적으로, 전근대국가에도 세금은 존재하였지만 당시 세금은 다분히 통치수단의 성격을 가지고 있었다. 흥미로운 점은 전근대국가에서도 세금제도를 합리화하기 위하여 여러 가지 노력을 기울였다는 점이다. 예를 들면 다산 정약용은 관리로서의 덕목을 정리한 『목민심서』에서 관리의 중요한 역할 가운데 하나로 세금을 잘 거두는 것을 언급하고 있다. 그러나 당시 세금제도의 합리성을 요구하였던 이유는 지금과는 그 이론적 배경이 다르지 않을까 생각한다.

2. 전근대국가의 몰락과 조세

고대와 중세의 왕조들이 붕괴한 원인은 여러 가지가 있었을 것이다. 그중 몇 가지는 몰락한 왕조들에 공통적으로 등장하기도 하였다. 내부적으로 집

2 전태영, 『세금이야기』, (주)생각의 나무, 2005, 147쪽.

권세력 간에 갈등이 심화되거나, 강력한 외적이 침범하거나, 국민들의 삶이 어려운데 집권세력이 세금을 과도하게 징수하려고 하자 국민들이 지배계층에 대항하기 위하여 난(亂)을 일으키는 것 등이다.

오늘날에도 납세자들은 세금납부를 달갑지 않게 생각하는데, 전근대국가에서 시민들은 세금 때문에 현재보다 더 큰 고통을 겪었던 것으로 보인다. 예컨대, 고대 이집트에서 시민들이 세금과 세금을 거두는 사람들의 감시로부터 고통을 받은 정황을 일부 문헌을 통해 포착할 수 있다. 기원전 1200년으로 추정되는 이집트의 문헌을 보면 직업에 관해 학생들과 교사의 대화가 기록되어 있다. 학생들이 교사에게 직업 선택에 대해 물었을 때, 교사는 농부가 별로 좋은 직업이 아니라는 것을 언급하면서 다음과 같이 설명하고 있다.

> 뱀, 들쥐, 참새, 가축 도둑이 곡식과 가축을 도둑질하고 난 다음, 추수 때 세금을 거둘 것이 모자라면 세리(稅吏)는 농부를 때리고, 가두고, 농부의 아내와 아이들을 결박한다. 세금을 못 내는 농부는 벌칙으로 매질을 당하게 된다.

국가가 세금을 거둬 가는 것을 도둑이 가축을 도둑질해 가는 것에 비유하는 것은 당시 세금을 바라보는 서민들의 시각이 어떠하였는지를 알 수 있게 해 준다. 우리나라 조선시대에도 서민들은 관리들이 요구하는 세금을 납부하지 못하고 자신의 고향을 떠나 깊은 산골에서 화전민으로 생활하게 되는 경우가 많이 있었다.

세금을 납부하여야 하는 고통이 도저히 감내할 수 없는 상황이 되면 아무리 힘이 없는 서민들이라도 권위적인 국가에 항거하게 된다. 이러한 항거는 대부분 실패하게 된다. 그러나 일부 사례에서는 그러한 항거가 성공하기도 하여 왕조가 교체되거나 전혀 새로운 형태의 권력구조가 등장하기도 한다. 서민들이 과도한 세금 징수에 항의하여 왕조를 전복시킨 대표적인 예를 우리는 1789년 프랑스 대혁명에서 볼 수 있다.

당시 프랑스는 부르봉 왕가의 루이 16세가 다스리고 있었다. 당시 프랑스에서는 인구의 2% 정도 밖에 안 되는 제1계급(추기경 등의 로마 가톨릭 고위성직자)과 제2계급(귀족)은 면세 등의 혜택을 누리면서, 주요 권력과 부와 명예를 독점하고 있었다. 반면 인구의 약 98%를 차지하던 제3계급(평민)은 무거운 세금을 부담하고 있었다. 제3계급이 정치에 참여할 수 있는 장치로 삼부회라는 것이 있었지만, 이 회의는 175년 동안이나 소집되지 않고 있었다. 결국 제3계급은 실질적으로 정치 참여에서 배제되고 있었던 것이다.

이러한 상황에서 프랑스 왕조는 루이 14세 때부터 과도한 지출로 재정이 어려워져 있었고, 영국의 미국 진출을 견제하려고 미국 독립전쟁에 참여하면서 엄청난 전비(戰費) 부담을 지게 되었다. 이와 같은 어려운 재정 여건 때문에 프랑스 왕조는 더 많은 세금을 부과하게 되었다. 그리고 그 세금은 대부분 제3계급이 부담하도록 되어 있었다. 루이 16세에 이르러 시민 계급들의 세금에 대한 불만은 극에 달하였고, 마침내 제3계급의 주도로 프랑스 왕조를 붕괴시키기 위하여 혁명이 시작되었다. 이로 인해 프랑스 왕조는 붕괴된다. 국가의 존립을 위해 세금부과는 불가피한 것이지만, 그 세금을 제대로 부과하지 못해서 결국 절대왕정이라는 엄청난 권력이 무너지게 된 것이다. 세금은 이처럼 큰 사회적 변수가 될 수 있는 것이다.

3. 근대국가의 형태와 조세

1) 자본주의국가와 조세

근대국가가 출범한 이후에도 재정 상황은 크게 변하지 않았다. 사람들이 국가라는 공동체를 만들었을 때에는 개인으로서는 감당할 수 없는 국가 고유의 임무를 상정하게 된다. 국가는 그러한 임무를 수행하기 위하여 존재하는 것이다. 그리고 국가가 그 임무를 수행하기 위해서는 현실적으로 인력과 재원(財源)이 필요하게 된다. 이 재원은 결국 재력이 있는 구성원들이 국가에 세금이라는 형태로 납부해 주어야 한다.

현재 전 세계적으로 많은 나라들은 자본주의 경제체제를 채택하고 있다. 우리나라도 헌법 제119조 제1항에서 "대한민국의 경제질서는 개인과 기업의 경제상의 자유와 창의를 존중함을 기본으로 한다."라고 규정하여 우리나라가 자본주의 경제체제를 취하고 있음을 선언하고 있다. 자본주의 경제체제는 기본적으로 공산주의 경제체제에 반대되는 것으로서, 재화의 사적 소유권을 사회 구성원의 양도 불가능한 기본권으로 인정하는 사회 구성체제라고 정의할 수 있다.[3] 재화의 사적 소유권을 인정한다는 것은 재화의 매매, 양도, 소비 및 이윤의 처분 등에 대한 결정을 개인에게 맡긴다는 것을 의미한다. 이를 달리 표현하면 경제활동은 자유로운 시장을 중심으로 이루어지게 된다는 것을 의미한다. 물론 자본주의 경제체제를 인정하는 이들 가운데에도 시장의 기능을 어느 정도로 인정할 것인지와 관련해서는 견해의 대립이 있다. 일부에서는 시장의 기능을 절대적으로 인정하기도 한다. 예컨대, 아담 스미스(Adam Smith)를 중심으로 하는 고전경제학자들은 자유주의적 신념에 따라 정부의 시장 관여를 최소한으로 제한하는 자유방임주의를 주장하였다. 하지만 북아메리카와 유럽을 중심으로 전 세계 산업지역에서 대공황(the Great Depression)이 일어나 인플레이션과 실업문제가 심각해지자 이 문제의 해결을 위해서는 시장의 기능보다는 국가의 적극적 개입이 필요하다는 케인스(J. M. Keynes) 경제학파의 주장이 설득력을 얻게 된다. 그 후 수십 년 동안 자본주의 경제체제를 취하는 나라들의 경우에도 시장에 대한 국

---

3 John J. Schrems, *Understanding Principles of Politics and the State*, PageFree Publishing, 2004, p. 234.

가의 적극적 개입이 빈번하게 이루어져 왔다. 이것은 결국 시장의 축소와 국가의 확대를 초래하였다. 결국 자본주의 국가에서 지나친 국가 기능의 확대에 대한 비판이 생겨났고, 이것이 바탕이 되어 영국의 대처 정부, 미국의 레이건 정부를 거치면서 신자유주의운동이 폭넓게 전개되었다. 그 이후 규제완화, 민영화, 국제거래의 확대 등 시장의 기능을 확대하고 국가영역을 축소시키는 다양한 조치들이 이루어져 왔다.

현재 자본주의 경제체제를 취하는 나라들 거의 대부분은 기본적으로는 시장을 중심으로 하는 경제체제를 취하면서도 일부 국가에 의한 시장개입을 인정하는 소위 수정자본주의 체제를 취하고 있다. 우리나라도 헌법 제119조 제1항에서 자본주의 경제체제의 대원칙을 선언하고, 제2항에서는 "국가는 균형 있는 국민경제의 성장 및 안정과 적정한 소득의 분배를 유지하고, 시장의 지배와 경제력의 남용을 방지하며, 경제주체 간의 조화를 통한 경제의 민주화를 위하여 경제에 관한 규제와 조정을 할 수 있다."라고 규정하여 경제에 대한 국가의 개입을 인정하고 있다.

이와 같이 자본주의 경제체제를 취하는 나라에서 세금은 특별히 중요한 의미를 가진다. 자본주의 경제체제는 기본적으로 부의 소유권을 국가에 귀속시키는 것이 아니고, 경제활동의 주체인 개인과 기업에 귀속시키는 사회체제이다. 개인과 기업에 귀속된 재산에 대한 소유권은 보장되며(헌법 제23조), 그러한 재산을 이용하여 어떠한 내용의 거래를 할지는 재산의 소유권자인 개인과 기업들이 스스로 결정할 문제이다.[4]

개인과 기업들은 자신들의 재산을 투입하여 수익을 창출하고, 그 수익의 일정 부분을 국가는 세금으로 거두게 된다. 그리고 이 세금을 기초로 하여 개인과 기업들이 국가에게 바라는 여러 가지 과제들, 예컨대 산업단지를 조성하고, 새로운 기술개발을 위해 기업과 함께 국책연구개발 사업을 추진

4 이것은 헌법이 규정하는 인간의 존엄 및 행복추구권과 관련된 문제이다.

하고, 국공립학교를 건설하여 차세대 인재들에게 공교육을 제공하고, 가난한 사회 구성원들이 최소한의 인간다운 삶을 영위할 수 있도록 사회보장시스템을 운영하게 된다. 자본주의 경제체제에서 국가 자신은 원칙적으로 부(wealth)를 소유하지 않으므로 국민들이 납부하는 세금이 있어야만 모든 활동이 가능하게 된다.

2) 공산주의국가와 조세

공산주의 경제체제를 취하는 국가에서는 부동산 등 중요한 생산요소의 소유권은 국가에 귀속되는 것이 원칙이다. 모든 경제활동의 대가는 원칙적으로 국가에 귀속되므로 기본적으로 세금이 필요하지 않게 된다. 국가는 국민들이 창출한 부의 일부를 국민들의 생활을 위하여 배분하고, 나머지를 국가활동을 위한 경비로 사용하면 된다. 경제활동은 시장의 주도로 형성되는 것이 아니고, 국가가 수립한 계획에 따라 이루어진다. 그래서 공산주의 경제체제는 엄격한 계획경제 체제를 취하게 된다.

하지만, 외국인이 공산국가에 투자하는 경우에는 사정이 다르다. 이들에 대해서는 개인소유권을 인정할 수밖에 없고, 개인소유권을 인정하면 그들의 소유물에서 발생하는 경제적 이득은 소유권자에게 귀속되므로 이런 경우에는 일정 부분 세금을 거둘 필요가 생기는 것이다.

2010년 4월에 개정된 북한 헌법 제20조는 "조선민주주의인민공화국에서 생산수단은 국가와 사회협동단체가 소유한다."라고 규정하고, 제21조에서는 "국가소유는 전체 인민의 소유이다. 국가소유권의 대상에는 제한이 없다. 나라의 모든 자연부원, 철도, 항공운수, 체신기관과 중요공장, 기업소, 항만, 은행은 국가만이 소유한다. 국가는 나라의 경제발전에서 주도적역할을 하는 국가소유를 우선적으로 보호하며 장성시킨다."라고 적고 있다. 물론 북한 헌법도 일부 개인소유를 인정하고 있다. 북한 헌법 제24조는 "개인소유는 공민들의 개인적이며 소비적인 목적을 위한 소유이다. 개인소유는 로동에 의한 사회주의분배와 국가와 사회의 추가적 혜택으로 이루어진다. 터밭경리를 비롯한 개인부업경리에서 나오는 생산물과 그 밖의 합법적인 경리활동을 통하여 얻은 수입도 개인소유에 속한다. 국가는 개인소유를 보호하며 그에 대한 상속권을 법적으로 보장한다."라고 규정하고 있다. 그리고 북한 헌법 제34조는 "조선민주주의인민공화국의 인민경제는 계획경제이다. 국가는 사회주의경제발전법칙에 따라 축적과 소비의 균형을 옳게 잡으며 경제건설을 다그치고 인민생활을 끊임없이 높이며 국방력을 강화할수 있도록 인민경제발전계획을 세우고 실행한다. 국가는 계획의 일원화, 세부화를 실현하여 생산장성의 높은 속도와 인민경제의 균형적 발전을 보장한다."라고 규정하고 있다.

세금과 관련해서 과거 북한 헌법에서는 조세제도를 타파해야 할 사회제도로 정의하고 북한에서는 세금을 거두지 않는다는 명시적인 규정을 둔 적이 있었다. 하지만, 현재의 북한 헌법은 그러한 규정을 두지는 않고 있다. 대신 북한 헌법 제25조는 "조선민주주의인민공화국은 인민들의 물질문화생활을 끊임없이 높이는 것을 자기 활동의 최고원칙으로 삼는다. **세금이 없어진 우리 나라에서** 늘어나는 사회의 물질적 부는 전적으로 근로자들의 복리증진에 돌려진다. 국가는 모든 근로자들에게 먹고 입고 쓰고 살수 있는 온갖 조건을 마련하여 준다."라고 규정하고 있는 것을 보더라도 약간 완화된 표현으로나마 북한체제가 원칙적으로 세금이 필요 없는 체제라는 것을 선언하고 있다.

물론, 외국과의 교역에 대해 부과되는 관세는 사정이 다르다. 북한 헌법 제38조는 "국가는 자립적 민족경제를 보호하기 위하여 관세정책을 실시한다."라고 규정하여 북한도 관세는 부과한다는 것을 선언하고 있다.

4. 사회계약설과 조세

애초에 사람은 혼자였을 것이다. 혼자이던 사람이 가장 먼저 만든 집단이 가정이다. 남성과 여성이 만나서(혹은 동성혼이 합법화된 나라에서는 같은 성의 두 사람이 만나서) 하나의 가정을 형성하게 되는데 이것이 최초의 사회단체가 된다. 그리고 가정을 바탕으로 씨족집단이 만들어지고, 씨족집단은 부족집단으로, 부족집단이 국가로 발전하게 된다. 현대사회에서는 개별국가가 해결하기 어려운 문제들이 많이 등장하면서 유럽연합(EU)처럼 국가연합 혹은 아세안(ASEAN)과 같은 경제공동체가 생겨나기도 한다. 먼 미래에는 국가연합과 경제공동체가 현재보다 훨씬 중요한 의미를 가지게 되겠지만 적어도 현재로서는 가장 강력한 사회단체는 국가이다. 모든 권력은 국가를 단위로 나누어진다. 세금은 바로 이러한 국가와 불가분의 연관성을 가지고 있다.

인간이 국가를 만든 이유에 대해서는 여러 가지 논의가 있다. 이 문제에 대해 체계적으로 접근한 최초의 철학자는 토머스 홉스(Thomas Hobbes)이다. 그는 자연적인 상태의 인간을 모두 평등하고 동일한 권리를 가진 존재로 인식하였다. 그런데 이런 인간이 현실세계에서 자기가 희망하는 일을 하다 보면 자연스레 다른 사람과 충돌할 수밖에 없게 된다. 갑이라는 사람이 어떤 자리에 가게를 차리고 싶어 하는데 을이라는 사람도 같은 생각을 하게 되면 대등한 인간이 문제를 해결하기 위해서는 충돌할 수밖에 없는 것이다. 그래서 홉스는 자연상태의 인간사회를 "만인에 대한 만인의 투쟁(war of all against all [bellum omnium contra omnes])"으로 정의하였다. 그리고 홉스는 이러한 상태에서는 인류사회의 발전은 불가능하다고 보았다.

> 인간이 두려워할 수 있는 공통의 권력이 존재하지 않는 시기에 그들은 전쟁상태에 있다. 그리고 이 전쟁은 '만인에 대한 만인의 투쟁'이다. 전쟁이란 전투만 존재하는 것이 아니라 싸우고자 하는 의지가 그 기간 동안에 존재한다는 것이다. …… 만인에 대해 만인이 적이 되어 있는 곳에서는 노동과 기술이 발달할 수 있는 여지가 없다.

…… 이런 상태에서는 지속적인 공포와 폭력에 의한 죽음의 공포가 존재하며, 인간 생활은 고독하고 힘들며 험악하고 잔인하고 짧은 것이다.

-토머스 홉스, 『리바이어던』

자신의 이익을 위해 상대방을 공격하고 약탈하는 것을 반복하다 보면 모두가 불필요하게 비용을 들이고 힘을 소진하게 되며, 어느 누구도 안정적인 상태에서 만족감을 느낄 수가 없게 된다. 결국 안락과 쾌락을 꿈꾸는 인류는 이러한 상태를 종식시키기 위하여 국가라는 큰 권력체를 만들게 된다. 그리고 국가에 자신들의 천부적인 권리의 일부를 양도한다. 대신 인간들은 국가로부터 평화와 안정을 보장받으려고 한다. 이때 인간이 자신의 권리를 국가에 양도하는 것을 홉스는 '계약(contract)'이라고 부르고 이 계약은 계약당사자들 모두에게 이익이 되어야 한다고 주장한다. 홉스는 바로 이 계약이 국가 성립의 기초가 된 것으로 이해하였다.

이러한 홉스의 이론을 승계한 사람이 존 로크(John Locke)이다. 로크도 인간의 본질 등에 대해서는 기본적으로 홉스와 같은 입장이다. 다만, 홉스와 다른 점은 로크는 사회의 출발점을 소유권 획득과 결부시켰다는 점이다. 로크에 의하면 인간이 이 세상에 등장하는 초기에는 사회도 없고 권위도 없었고, 오로지 개별인간과 그들의 소유권만 존재하였다고 본다. 홉스와 마찬가지로 로크도 자연상태에서는 개인들이 가진 권리의 침해가 발생하고, 갈등이 생겨도 해결할 수 있는 합리적인 방법이 없으므로 사람들은 국가라는 권위 있는 공동체의 형성을 희망한 것으로 본다. 이러한 희망이 결국 국가를 설립하자는 '계약'으로 연결된다. 이 계약을 통해서 개인들은 자신의 소유권을 보장받는 대신 자신의 자연적 권리의 일부를 포기해야 한다. 로크에 따르면 국가의 유일한 존재 목적은 개인들의 소유권 보장이다. 이러한 홉스와 로크의 소위 '사회계약론'은 그 후 장 자크 루소(Jean-Jacques Rousseau)와 데이비드 흄(David Hume)으로 이어진다.

홉스, 로크, 루소, 흄 등은 모두 자연상태의 개인들이 '사회계약'을 통해 국가를 만들었다고 본다. 개인들이 국가를 만들었을 때는 일정한 목적이 존재하게 된다. 국가는 자신의 존재 이유를 달성하기 위하여 활동을 하게 된다. 그리고 그러한 활동에는 재원이 필요하다. 사회계약을 통해 국가를 형성했던 개인들은 그 계약에 서명한 시점에 그 재원을 자신들이 부담하겠다는 것을 약속한 것으로 보아야 한다. 바로 이것이 세금이라고 할 수 있다. 즉, 국가를 성립하게 한 사회계약의 이면에 세금이라는 사회제도가 필수적으로 함께 존재하는 것이다.

5. 자본주의 국가에서 조세의 기능

1) 재원조달

자본주의 국가에서 조세의 핵심적인 기능은 역시 국가활동에 필요한 재원을 조달하는 것이다. 개인들이 자신들의 필요에 기초하여 그들의 자연적 권리를 일부 양도하여 국가라는 조직체를 결성하면서, 그들은 그 조직체가 자신들을 위하여 어떤 행위를 해 주어야 하는지를 헌법 혹은 법률에 규정하게 된다. 그리고 국가가 그러한 행위를 하는 데 소요되는 비용은 자신들이 부담하겠다는 것까지 함께 약속한 것으로 이해할 수 있다. 바로 이와 같은 약속에 따라 만들어진 제도가 조세제도인 것이다.

현재 우리나라는 일반예산의 약 90%를 세금으로 조달하고 있다. 이러한 상황은 외국들의 경우에도 거의 비슷하다. 이처럼 국가예산의 대부분을 세금을 통해 조달하는 나라를 조세국가(Steuerstaat)라고 한다. 우리나라를 비롯하여 대부분의 국가들은 이러한 조세국가의 특징을 보이고 있다.

2) 다양한 정책실현 수단

세금은 원래 재원조달을 목적으로 하는 것이고, 그러한 세금은 경제에 중립적이어야 하는 것이 원칙이다. 세금이 부과된다는 이유로 납세자들의 합리적인 경제활동이 영향을 받게 되면 자원의 효율적 배분에 문제가 생긴다. 그런데 현실적으로 많은 나라에서 세금은 다양한 정책실현 수단으로 기능하고 있다. 예컨대, 담배 소비를 억제하기 위하여 담배 소비 행위에 대해 세금을 높게 부과하고, 유류 소비를 억제하기 위하여 휘발유와 같은 유류제품 소비 행위에 대해 많은 세금을 부과하는 것과 같은 조치가 바로 세금을 정책실현 수단으로 활용하는 경우라고 할 수 있다. 이처럼 조세제도를 정책실현을 위한 수단으로 이용하면 조세의 시장 중립성은 무너진다. 하지만, 정부의 개입이라는 것은 넓은 의미에서는 모두 시장 중립성을 무너뜨리는 것이라고 이해할 수 있을 것이므로 그러한 조치들이 모두 부적절하다고 할 수는 없고, 그로 인한 사회적 비용과 사회적 편익을 비교해서 후자가 전자보다 큰 경우에는 기본적으로 정당화가 될 수 있다고 할 것이다. 조세특례제한법에 있는 대부분의 규정들이 바로 이러한 정책실현을 위한 수단인 조세에 관한 규정들이다.

이러한 조세를 '정책적 조세(또는 유도적·조정적 조세)'라고 부르기도 한다. 우리나라와 같이 정부가 주도적으로 경제를 이끌어 가려는 경향이 강한 나라일수록 이러한 정책적 조세규정이 세법에 많이 존재한다. 이와 달리 가능한 한 경제를 시장자율에 맡기려는 선진국일수록 이러한 유형의 세법 규정이 많지 않다. 조세를 가능한 한 재정조달을 위한 수단으로만 기능하게 할 것인지, 아니면 다른 복합적인 기능을 부여할 것인지에 대한 사회적 판단의 문제라고 할 것이다.[5]

---

5 우리나라가 이러한 조세형태를 많이 유지하고 있는 이유는 가능한 한 정부의 지원을 통해 사회와 경제를 신속하게 선진국 대열에 올려놓기 위해서이다. 반대로 선진국에서 이런 규정에 대해 부정적인 이유는 이런 규정이 많을수록 조세체계가 복잡해지고 또 그러한 규정을 악의적으로

이와 같은 정책적 조세는 외형상은 조세의 모습을 하고 있지만 내면적으로는 행정규제와 그 기능이 유사하다. 규제를 완화해야 한다는 일반적 요구에 따라 행정규제 제도를 시행하는 데는 여러 가지 제약이 따른다. 개별법에 규정된 행정규제를 총괄적으로 관리하기 위하여 '행정규제기본법'을 제정하여 규제를 신설하거나 강화할 때 규제영향 분석을 하고,[6] 규제에 대해서는 반드시 존속기한을 명시하게 하는 등[7] 다양한 방법으로 행정규제에 대해 '규제'를 하고 있다. 그런데 실질적으로 규제의 내용을 가지는 정책적 조세에 대해서는 별다른 법적 '규제'가 없는 것이다.

세법이론적으로는 이러한 정책적 조세에 대해서는 다음과 같은 한계설정을 할 수 있다. 첫째, 정책적 조세도 최소한의 재정수요 충당 '목적'을 가지고 있어야 한다. 즉, 입법자가 그러한 세법 규정을 만들었을 때 최소한 어느 정도의 재정조달이 그 규정을 통해 지속적으로 이루어질 것을 의도하여야 한다는 것을 의미한다. 이것은 조세의 개념 정의와 관계된 문제이다. 예컨대, 명의신탁에 대한 증여 의제제도(상속세및증여세법 제45조의2)는 명의신탁이 100% 사라지는 것을 입법자가 의도하였을 것이므로 이 규정은 재정수요 충당 '목적'이 없는 규정인 것이다. 둘째, 정책수단으로서의 합리성과 효율성을 갖추어야 한다. 정책적 조세에 있어서 조세는 하나의 정책수단이다. 정책적 조세는 직접적인 시장개입을 도모하는 행정규제 법규와 경쟁관계에 있다고 할 수 있다. 입법자의 정책수단 선택이 정당화될 수 있기 위해서는 그 정책수단이 경쟁관계에 있는 다른 정책수단보다 더 합리적이고 효율적이어야 한다. 이러한 측면에서 유념할 점은 정책적 조세는 직접적 행정규제와 비교할 때 정책수단으로서는 근본적인 한계점을 가지고 있다는 사실이다.[8] 예컨

이용하려는 시도가 많아져서 결국 납세자 간의 조세공평과 국가재정의 안정적 확보에 부정적인 기능을 하게 되기 때문이다.

6 행정규제기본법 제7조.

7 행정규제기본법 제8조.

8 한계점에 대해서는 이동식, 『일반조세법』, 준커뮤니케이션즈, 2011, 23쪽.

대, 행정규제의 경우에 규제에 따르지 않는 자에게는 행정강제제도를 통해 반드시 규제효과가 발생하도록 강제할 수 있지만, 정책적 조세의 경우에는 납세자들이 기꺼이 세금을 내고 자신이 원하는 행동(=정부가 바라지 않는 행동)을 계속하려고 하는 경우 정부는 달리 대응할 수 있는 방법이 없다는 점이다. 그래서 정책적 조세의 경우에는 정책적 조세를 납부할 수 있는 재력이 있는 사람에게는 전혀 '규제'로서의 효과가 없고, 그러한 재력이 없는 사람에게만 실질적으로 규제로서 효과를 발휘한다는 점이다. 담배소비세가 현재보다 20배가량 인상된 경우를 가정해 보자! 이러한 상황이 오더라도 그 정도의 세금을 부담 없이 납부할 수 있는 사람은 여전히 담배를 피울 것이다. 하지만 매일 그 정도 수준의 세금을 납부할 수 없는 일반 납세자들에 대해서는 그러한 담배소비세는 결국 금연을 사실상 강제하는 조치가 될 것이다.

3) 소득재분배의 실현

흔히들 조세제도를 운용함으로써 소득재분배 효과를 거둘 수 있다고 한다. 기본적으로 국가가 어떤 제도를 통해 가난한 자와 부유한 자 간의 소득을 재분배하는 역할을 해야 하는지에 대해서는 견해의 대립이 있다.

자유지상주의자들은 부자가 자신의 의사에 따라 가난한 이웃을 돕는 것은 장려할 일이지만 국가가 어떤 제도에 따라 그러한 것을 강요하는 행위를 해서는 안 된다고 주장한다. 자유지상주의자들은 이러한 우려가 있는 제도로 조세제도를 거론한다. 그들은 국가가 조세제도를 통하여 소득재분배를 시도한다고 보고 있으며, 이러한 과세는 강압행위이며 심지어는 절도행위로 볼 수 있다고 주장한다.[9]

---

9 마이클 샌델 지음, 이창신 옮김, 『정의란 무엇인가』, 김영사, 2010, 90쪽.

그러나 이미 앞에서 살펴본 바와 같이 일단 조세가 없는 국가는 존재할 수 없기 때문에 국가가 조세제도를 운용하는 것 자체를 부정하는 주장은 받아들일 수 없다. 다만, 이러한 조세제도가 소득재분배 기능을 하는 것인지, 또 이처럼 조세제도가 소득재분배 기능을 한다고 가정할 때 이와 같은 조치가 사회적으로 정당화될 수 있을지는 신중하게 검토해 보아야 한다.

경제학자들은 소득세와 같은 세금이 소득재분배 기능을 가지는 것으로 이해한다. 그래서 일부 연구의 경우에는 〈그림 1〉에서 보는 바와 같이 역대 정부들이 어떤 조세정책을 취하는지에 따라 소득재분배 효과가 어떻게 변화하는지를 연구하기도 한다.

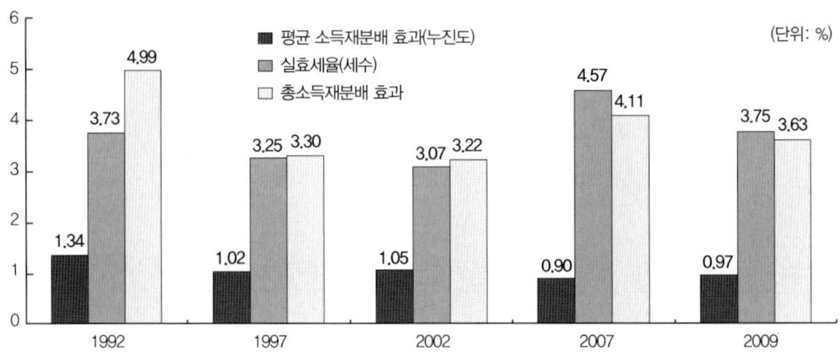

그림 1 시대별 조세제도의 소득재분배 효과

* 출처: 김지영 외 5인, 『정치구조가 조세·재정정책에 미치는 영향』, 한국조세연구원, 2010. 12., 112쪽.

이러한 연구를 하는 이들은 주로 소득세가 부과되기 전과 부과된 후의 소득불평등도의 변화를 가지고 세금의 소득재분배 효과를 주장한다. 그런데 이런 접근 방법은 세금 자체가 처음부터 소득재분배를 '목적'으로 하고 있는지에 대한 질문과는 거리가 있는 것이다.

자본주의 사회에서 조세제도처럼 인위적인 제도를 통한 소득재분배가 정당화될 수 있을 것인지에 대해서는 견해 대립이 있을 수 있다. 하지만, 자본주의 경제체제라고 하더라도 시장의 절대적 자유를 전제로 하는 것은 아니므로 필요한 경우에는 경제에 대한 조정은 정당화될 수 있으며 그러한 방법 중의 하나로 조세제도를 통한 소득재분배라는 것도 생각해 볼 수 있을 것이다. 하지만, 어떻게 조세제도를 통하여 그러한 결과를 만들어 낼 것인가 하는 문제가 남게 된다.

개인적으로는 과세요건을 설정함에 있어서 처음부터 세제를 소득재분배를 위한 수단으로 인식하고 제도를 만드는 것은 원칙적으로 적절치 않다고 본다. 어떤 거래 행위를 과세대상으로 할 것인지 여부, 그러한 거래 행위에 대해 과세를 한다고 할 때 과세요건을 어떻게 설정할 것인지 여부, 과세요건을 설정해서 세부담을 결정할 때 어느 정도 수준의 세부담을 부과할 것인지를 결정하는 것은 기본적으로 납세자의 담세력을 고려하여 결정해야 하는 문제이다. 국가운영에 필요한 재원을 마련하기 위하여 국민들에게 세금을 부과하면서 세금을 납세자 각자의 부담능력에 따라 적절하게 부담시킨다는 사고가 소득을 인위적으로 '재분배'한다는 사고보다는 정의의 요청에도 더 부합한다고 할 것이다.

다만, 기술적으로 과세구간이나 세율의 크기를 결정하는 것과 같이 소득재분배의 측면을 고려할 수 있는 여지가 많이 있는 것도 사실이다. 누진세의 세율을 얼마로 할 것인지, 혹은 최고과세구간의 적용을 받게 되는 과세표준금액을 얼마로 할 것인지를 결정함에 있어서는 세제의 소득재분배 '효과'를 고려하여 결정할 수 있는 측면이 있다.

조세제도는 또한 다음과 같은 측면에서는 간접적으로 소득재분배 효과를 가져온다고 볼 수도 있다. 즉, 나라를 불문하고 소득이나 재산이 많은 사람이 대부분의 세금을 납부하고 있다. 우리나라의 경우에도 소득 상위 10%의 납세자가 소득세의 70% 상당을 납부하는 구조이다. 이렇게 부자들이 세금을 많이 납부하는 것은 담세력에 따른 세금부과라는 세금의 고유한 배분원리 때문이다. 그런데 이렇게 해서 세금이 징수되면 국가는 예산을 편성하여 각종 공공사업을 집행한다. 공공사업이 집행되면 그 혜택을 직접적으로 받게 되는 계층은 주로 저소득계층이다. 즉, 부자들이 낸 세금으로 예산을 편성하여 공공사업을 집행하면 가난한 사람들이 주로 혜택을 받게 되는 구조이므로 이 자체가 소득재분배의 효과를 발생하게 되는 것이다. 예컨대, 부자들이 낸 세금으로 국공립학교를 설립하고 그 학교에서 경제적 여건이 좋지 않은 학생들이 무료 혹은 저렴한 수업료를 지불하고 공부할 수 있다면 그 자체가 소득재분배 기능을 수행한다고 볼 수 있는 것이다.

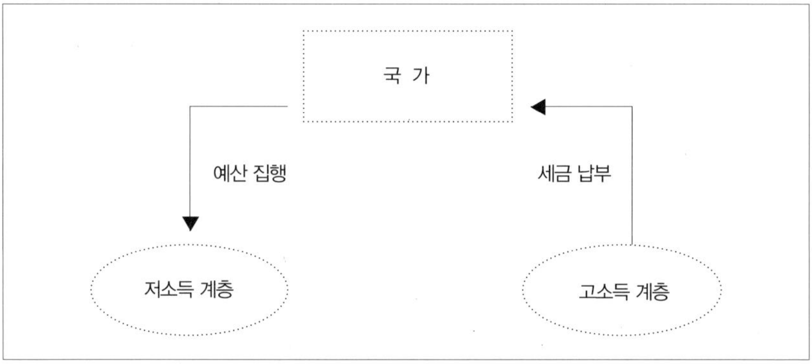

그림 2 조세의 간접적 소득재분배 기능

특히, 우리나라의 경우에는 최근 소득불평등도가 점점 나빠지고 있는 것으로 평가되고 있다. 어떤 사회의 소득불평등도를 측정하는 지수로 가장 많이 사용되는 것이 지니(GINI)계수와 앳킨슨(ATKINSON)지수이다. 〈그림 3〉을 통해 알 수 있는 바와 같이 우리나라의 경우에는 최근 두 개 지수가 모두 상승하는 추세이다.[10] 일부 경제학자들은 우리나라의 소득불평등 정도가 OECD 회원국 중 칠레, 멕시코, 터키, 미국에 이어 5번째로 심각하다는 주장을 하기도 한다.[11]

10 지니계수와 앳킨슨지수는 0에 가까울수록 평등한 것이고 1에 가까울수록 불평등한 것이다.

11 http://www.yonhapnews.co.kr/bulletin/2014/11/12/0200000000AKR20141112072400002.HTML.

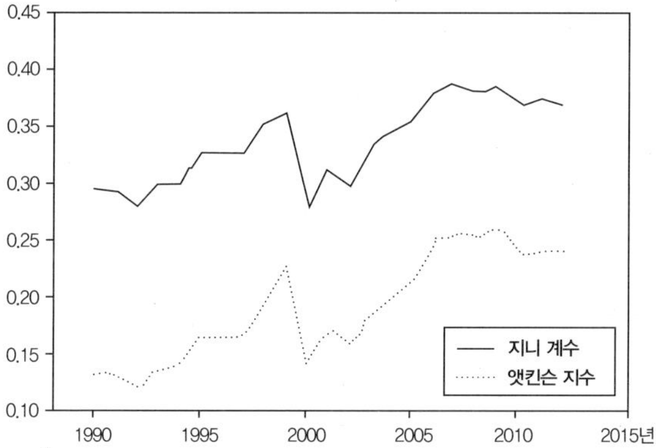

그림 3 소득재분 시계열 추이

* 출처: 설윤·황상현, 『소득세제의 소득재분 효과 분석 및 시사점』, 한국경제연구원, 2013, 83쪽.

사회의 많은 문제점들이 결국 부의 불평등에서 시작된다는 점을 고려할 때 우리 사회의 경우에도 정책적으로 소득재분배 측면에 좀 더 많은 관심을 기울여야 할 시점이 되었다고 할 것이다. 다만, 이러한 시도가 결코 '부자증세'와 같은 정치적 슬로건에 휩싸여 진행되어서는 안 된다. 부자증세를 인정하든 인정하지 않든 이와 관계없이 대부분의 경우에 세금은 결국 가진 자가 더 납부하게 되어 있는 구조로 되어 있다. 그러므로 '부자증세'라는 슬로건처럼 마치 조세정책이 특정 사회계층을 괴롭힐 목적으로 하는 것처럼 포장하는 것은 사회적 갈등만 초래할 뿐이고 결코 우리 사회에 바람직스러운 결과를 만들어 내지 못할 것이다.

세금을 인상하기 위해 가장 먼저 전제되어야 하는 것은 충분한 국민적 공감대 형성이다. 그 다음으로 구체적으로 세부담을 인상하는 방법을 선택함에 있어서는 어설픈 정치적 결단이 아니라, 조세이론과 경제적 효과에 대한 세밀한 분석을 통해 전문적인 판단이 이루어져야 한다. 세제를 통해 소득재분배 '효과'를 개선하려고 하는 경우에 있어서도 그 방법은 너무나 다양할 수 있다. 그중 어떤 것을 선택하는지에 따라 세금 인상이 우리 사회에 약이 될 수도 있고, 치명적인 독이 될 수도 있다.

4) 경기조절

국가가 세금을 징수하면 시장에 존재하던 자금이 국고로 귀속된다. 국가가 세금을 많이 거둔다는 것은 시장에 존재하던 자금의 상당량이 국가의 수중으로 이전되는 것을 의미한다.

이러한 속성을 이용하여 세금을 경기조절 수단으로 이용하기도 한다. 즉, 경기가 좋을 때는 세율을 높여서 시장의 여유 자금을 국가의 수중으로 흡수하고, 반대로 경기가 좋지 않은 시점에는 세율을 낮추어 가능하면 많은 돈이 시장에서 움직이도록 하는 것이다.

제3장 | 정의로운 조세에 대한 이해

1. 정의로운 조세의 필요성

자유지상주의자들은 세금 자체를 반대한다. 자유지상주의자인 로버트 노직(Robert Nozick)에 따르면 세금을 거두는 것은 납세자의 소득을 국가가 탈취해 가는 것이고, 소득을 탈취해 가는 것은 강제노동을 시키는 것과 같으며, 강제노동은 결국 납세자를 자유인이 아니라 노예상태로 만드는 것이라고 주장한다. 이는 결국 자유지상주의자들이 인간사회의 출발점이라고 생각하는 "나의 주인은 나"라는 자기 소유개념에 반한다고 생각하는 것이다.

노직과 같은 자유지상주의자들에 따르면 어떠한 내용의 세금이든 간에 국민들에게 세금을 거두는 것은 모두 정의롭지 않은 것이 될 것이다. 하지만 그들은 현실적인 대안을 제시하지 못한다. 결국 납세자들은 스스로의 필요에 의해 국가를 설립했고, 국가가 존재하는 한 세금제도는 불가피하게 존재하여야 한다.

이처럼 세금제도 자체를 인정한다면 정의의 현실화를 위하여 중요한 것은 어떤 내용으로 조세제도가 마련되어야 하는가이다.

정의의 문제가 올바름의 문제이고, 그것이 사람들의 삶에서 반드시 관철되어야 한다면 세금에 있어서 정의의 문제는 중요한 의미를 가진다. 왜냐하면 사람들의 삶의 거의 모든 부분에 세금이라는 문제가 등장하기 때문이다. 이 문제에 대해서 이미 앞에서 그 내용을 살펴본 바 있다.

특히, 현대국가가 조세국가의 특징을 취하고 있고, 국가의 기능이 확대일변도로 가다 보니 자연스레 국가가 거둬들여야 하는 세금액이 점점 증가하는 것이 현실이다. 흥미로운 점은 대부분의 국민들은 세금이라고 하면 세율을 가장 중요하게 생각한다. 그런데 대부분의 나라에서 세율은 인하하고 있는 추세이다. 우리나라의 경우에도 지난 10년간 소득세와 법인세의 세율이 꾸준히 인하되었다. 이러한 경향은 세금을 많이 징수해서 공공서비스의 범위를 확대해야 한다고 주장하는 정부가 등장해도 바뀌지 않았다. 그럼에도 불구하고 매년 국가가 거두어들이는 세금 액수는 지난 10년간 계속해서 증가하고 있다. 결국 국민들에게 세율 인하라는 조치를 취해서 정치적으로 표를 얻되, 실질적으로는 꾸준히 국가 기능을 강화하고, 세금 징수를 증가시켜 왔다는 것이다. 세금 징수액이 이처럼 증가하면 자연스레 이 세금이 정당한 세금인지에 대한 사회적인 논의의 장이 넓어지게 된다. 바로 여기에 조세정의 문제의 중요성이 위치하고 있는 것이다.

2. 현대철학에서 정의의 이해

1) 의의

어떤 내용의 조세가 정의로운 조세인가를 검토하기 전에 우선 정의가 무엇인지에 대해 살펴볼 필요가 있다. 이 주제는 그야말로 인류의 역사 이래 끊임없이 논의된 문제이다. 일부에서는 이 논의를 인류가 온전히 끝맺을 수 있을지에 대해서 회의적인 시각을 가진 이들도 있다.

이 주제에 대해 이 책에서 어떤 결론을 낼 수는 없다. 일단 여기서는 주제인 조세정의 문제를 다루기 위해서 현재 논의되고 있는 정의에 대한 여러 가지 논의를 소개하는 수준에서 그치기로 한다.

2) 정의의 몇 가지 개념

흔히들 정의의 문제를 다룸에 있어서 몇 가지의 유형으로 나누어서 설명하고 있다. 우선 정의를 실체적 정의와 절차적 정의로 나눌 필요가 있다고 본다. 실체적 정의는 어떤 결론이 가지는 선제적인 내용적 정당성을 인정하는 입장이다. 즉, 하나의 논의에 대해서는 정당한 결론과 정당하지 않은 결론이 분명히 나누어질 수 있다고 보는 것이다. 이러한 입장에서는 어떤 논쟁점에 대해 결론을 내릴 때는 그 결론이 왜 정당한지에 대해 충분한 설명이 있어야 한다. 이와 반대되는 개념이 절차적 정의라고 할 수 있다. 이 개념은 어떤 문제에 대한 결론의 내용적 정당성뿐만 아니라 그러한 결론에 이르게 된 과정 자체가 합리적이었는지를 판단해서 결론의 정당성을 인정하는 것이다. 이러한 절차적 정의를 강조하는 이들 가운데에는 실체적 정의란 원초적으로 존재할 수 없다는 입장도 있을 수 있고, 그렇지 않다는 입장도 있을 수 있다.

실체적 측면에서의 정의와 관련해서는 아리스토텔레스(Aristoteles, BC 384~322)의 정의 개념을 소개할 필요가 있다. 그는 정의를 일반적 정의, 평균적 정의 그리고 배분적 정의로 분류했다. 일반적 정의란 개인이 단체(예컨대 국가)에 대한 의무를 다하는 것을 말하며 법률적 정의라고도 한다. 다음으로 평균적 정의란 급부와 반대급부의 균형을 이루게 하는 것을 말한다. 예를 들면, 근로에 대하여는 이에 상응하는 대가를 주고, 절도에 대하여는 그 손해에 상응하는 배상을 지급하게 하는 것이다. 마지막으로 배분적 정의라 함은 단체가 개인에게 이익이나 부담을 분배함에 있어서 각자의 능력 및 공적(功績)에 따라서 대등하게 취급하는 것을 말한다. 국가가 세금을 납세자들에게 어떻게 배분할 것인지의 문제도 바로 배분적 정의의 문제가 된다.

3) 정의를 이해하는 세 가지 방식

(1) 소개

마이클 샌델은 "사회가 정의로운지 묻는 것은, 우리가 소중히 여기는 것들, 이를테면 소득과 부, 의무와 권리, 권력과 기회, 공직과 영광 등을 어떻게 분배하는지 묻는 것이다. 정의로운 사회는 이것들을 올바르게 분배한다. 다시 말해 각 개인에게 합당한 몫을 나누어 준다."[1]라고 하고서 그 기준을 찾는 방법으로 행복, 자유, 미덕이라는 세 가지 방식을 소개하고 있다. 즉, 정의를 행복의 극대화로 이해하는 방법도 있고, 개인의 권리보호를 강조하여 정의를 자유와 연관 지어 이해하는 방법도 있으며, 마지막으로 정의의 문제를 공동체적으로 좋은 삶의 선택 문제로 이해하는 방법도 있다고 소개하고 있다. 그래서 흔히들 정의의 문제를 ① 공리주의적 정의관 ② 자유주의적 정의관 ③ 공동체주의적 정의관으로 나누어 설명한다.[2] 아래에서는 이 세 가지 정의관에 대해 간략히 알아보기로 한다.

(2) 공리주의적 정의관

정의의 문제를 행복의 극대화로 이해하는 입장을 흔히 공리주의라고 한다. 공리주의에서는 우리들의 판단의 옳고 그름을 결정하는 기준은 행복의 극대화 여부라고 이해한다.

공리주의는 18세기 말부터 19세기 전반에 걸쳐 영국을 중심으로 발전하였다. 가장 대표적인 주장자가 제러미 벤담(Jeremy Bentham)이다. 그는 인간은 모두 고통과 쾌락이라는 감정의 지배를 받으며, 우리는 이 감정에 따라 무엇을 해야 하는지도 결정하게 된다고 정의한다. 그리고서 그는 인간은 쾌

1 마이클 샌델 지음, 이창신 옮김, 『정의란 무엇인가』, 김영사, 2010, 33쪽.
2 한희원, 『정의로의 산책-정의론-』, 삼영사, 2011, 166쪽.

락을 좋아하고 고통을 싫어하므로 결국 모든 결정의 옳음은 그 결정이 얼마나 우리에게 행복을 가져다주는지에 따라 판단해야 한다는 입장이다. 개인의 행동뿐만 아니라 국가제도도 같은 원리에 따라 국가 전체에 가장 큰 행복을 가져다주는 것이 무엇인지를 고민하고 행복을 극대화할 수 있는 정책을 선택해야 한다는 것이다. 이때 그가 말하는 '행복'은 질적 차이를 인정하지 않는 오로지 양적인 개념이다. 그는 쾌락을 다시 판단해서 저급의 쾌락과 고급의 쾌락으로 나누는 것은 불가능하다고 주장한다.

이러한 벤담의 공리주의는 크게 두 가지 점에 있어서 치명적인 단점이 있다. 첫째, 그의 주장은 인간의 존엄성과 개인의 권리보호에 미약하다는 것이다. 벤담은 국가의 행복은 개인의 행복의 합산이고, 그러한 국가의 최대행복을 위해서는 개인들의 희생은 당연하다고 주장한다. 그는 다수가 자신들을 위하여 소수의 개인들에게 희생할 것을 요구할 수 없는 어떤 절대적 권리가 있다는 것을 인정하지 않는다. 심지어는 다수의 생명을 보호하기 위해 소수의 생명을 희생하는 것마저도 정의로운 결정이라고 이해하여 생명이라는 가치마저도 숫자로 계산할 수 있는 것으로 이해한다. 둘째, 그는 인간의 행복을 하나의 기준에 따라 계량하고 통합할 수 있다고 생각하며, 모든 사람들의 선호도는 대등하다고 보고 오로지 양으로만 계산할 뿐 질적 구분을 인정하지 않는다. 특히, 쾌락이면 쾌락인 것이지, 남을 괴롭히면서 느끼는 저급의 쾌락이나, 선한 일을 하면서 인류가 느끼는 쾌락이 구분되지 않는다고 그는 주장한다.

이러한 벤담의 공리주의의 단점을 보완하기 위하여 노력한 이가 존 스튜어트 밀(John Stuart Mill)이다. 우선 그는 개인의 권리보호를 강조한다. 이를 위해 그는 당장의 최대행복과 미래의 최대행복을 구분한다. 소수자인 개인의 권리를 보호하다 보면 당장의 최대행복은 실현되기 어려울 수 있지만, 먼 미래에는 결국 최대행복이 실현된다고 보는 것이다. 다음으로 밀은 쾌락을 판단하는 서로 다른 기준을 제시하여 쾌락을 저급의 쾌락과 고급의 쾌락으로 나눌 수 있다고 주장한다. 그는 쾌락 가운데에도 더 바람직한 쾌락이 있다고 주장하고 사회는 그 가치를 추구해야 한다고 주장한다. 그는 더 바람직한 쾌락과 그렇지 않은 쾌락을 구분하는 기준으로 이 두 가지를 모두 경험한 사람 전부 혹은 다수가 절대적으로 좋아하는 것이 있다면, 도덕적으로 옳은지 여부를 불문하고, 그것이 더 바람직한 쾌락이라고 주장한다.

여하튼 공리주의에 따르면 하나를 결정하는 데 있어서 그 결정이 사회 구성원 다수에게 더 큰 행복을 가져다준다면 그것이 정의로운 결정이 되는 것이다.

(3) 자유주의적 정의관

정의를 자유와 연관 짓는 이론은 개인의 권리존중을 강조하는 입장이다. 정의를 보편적 인권을 존중하는 문제로 이해하는 입장도 바로 이처럼 정의를 자유와 연관 지어 이해하는 견해라고 할 수 있다.

자유로부터 출발해서 정의를 이해하는 방식에도 여러 분파가 존재한다. 그중 가장 대표적인 것이 자유지상주의이다. 이들은 시장을 절대적으로 옹호하고 반대로 정부의 규제에는 반대한다. 자유지상주의의 중심에는 로버트 노직이 있다. 자유지상주의자들은 다수의 행복을 위해 소수의 권리를 희생시킬 수 있다고 보는 공리주의 입장에 반대한다. 노직과 같은 자유지상주의자들은 인간의 생명과 자유, 재산에 대한 권리를 불가침의 인권이라고 생각하고, 사회와 각종 제도들은 이러한 불가침의 인권을 지키는 한도 내에서만 정당화될 수 있다고 주장한다. 이들의 이론에 따르면 국가의 기능은 근대국가 초기에 등장한 '야경국가' 형태의 최소국가여야 하는 것으로 이해한다. 노직은 1974년에 발간한 『무정부, 국가 그리고 유토피아(*Anarchy, State and Utopia*)』에서 국가의 존재 자체는 인정하되, 국가권력이 개인의 자유를 제약해서는 안 된다고 주장하고, 국가는 국토를 방위하고, 개인의 재산을 보호하며, 평화를 유지하는 임무 정도만 수행해야 한다고 주장하였다. 노직은 국가가 사회보장제도나 조세제도를 통해 부자에게서 돈을 거둬 가난한 자에게 나누어 주는 문제를 정의에 반하는 것으로 이해한다. 그는 정의의 문제는 부의 사후적 재분배의 문제가 아니라 부의 소유권자가 그 부를 어떻게 획득하였는가, 즉 보유의 정당성의 문제로 이해한다. 이렇게 정당하게 획득한 재화를 개인들이 규제가 없는 시장에서 공정한 절차를 통해 자유롭게 교환할 수 있다면 정의로운 사회가 이루어진 것으로 이해한다. 그렇게 했음에도 가난한 자가 있고, 부자가 있다면 이러한 결과는 정의로운 결과이지, 결코 그러한 결과를 수정해야 할 사회적 의무는 없다고 본다.

정의의 문제를 자유의 문제로 이해하기는 하지만 절대적인 자유를 주장하는 자유지상주의와는 다른 입장을 가진 이들도 있다. 그중 칸트의 정의론과 존 롤즈(John Rawls)의 정의론을 소개하고자 한다.

칸트 자신은 아리스토텔레스, 제러미 벤담, 존 스튜어트 밀과 달리 정의를 주된 주제로 다루는 정치론에 대해 직접 저술을 하지는 않았기 때문에 칸트가 이해하는 정의를 설명하는 것이 쉽지는 않다. 하지만 그의 철학적 주장을 바탕으로 볼 때 그는 정의의 문제를 공리주의적으로 접근하는 것도 반대하고, 공동체주의적으로 접근하는 것도 반대하는 것으로 이해할 수 있다. 대체적으로 칸트는 개인의 자유를 강조하므로 자유주의적 정의관을 취한 것으로 이해할 수 있다.

칸트도 자유지상주의자와 마찬가지로 자유를 옹호한다. 하지만 칸트의 자유개념은 매우 복잡하다. 그는 인간들이 단순히 아무런 방해를 받지 않고 자신이 하고 싶은 일을 할 수 있는 상태를 자유라고 말하지 않는다. 즉, 내가 아이스크림을 사 먹고 싶다는 생각이 들어서 아이스크림을 사기로 결정한 것을 칸트는 자유의 문제로 이해하지 않는다. 이 경우에는 나의 경험칙에 기초하여 이미 만들어진 욕구가 나의 내면에 존재하였고, 그 욕구가 나에게 내리는 명령에 따라 내가 행동한 것이므로 자유의 문제가 아니라고 보는 것이다. 칸트는 자연세계를 지배하는 물리법칙이 존재하는 것처럼 인간은 이성의 지배를 받는 자유로운 존재라고 생각한다. 그는 인간이 자신의 이성이 의지에 내리는 명령에 따라 행동하는 경우 그는 자유로운 행위를 하는 인간이라고 이해한다. 인간의 이성이 의지에 내리는 명령은 일정한 조건을 전제로 하는 가언명령과 아무런 조건 없는 정언명령이 있는데 자유의 문제는 인간의 이성이 의지에 부과하는 조건 없는 명령, 즉 정언명령에 따라 행동하는 것을 의미한다고 본다. 정언명령의 내용에 대해 칸트는 자신의 『도덕 형이상학의 기초』에서 다음과 같이 세 가지 법칙을 제시하였다. 제1법칙은 인간은 자신이 어떤 행동을 함에 있어서 만약 다른 사람들이 동일한 상황에 처했을 때 어떻게 행동했을 것인가를 생각하고, 자신도 그것과 동일한 행동을 하여야 한다는 것을 내용으로 한다. 제2법칙은 인간은 이성적 존재로 항상 절대적인 가치를 가진 인격체이므로 어떠한 경우에도 사람을 목적으로 대우하지 않고 수단으로 생각하는 행동을 해서는 안 된다는 것이다. 마지막으로 제3법칙은 인간은 자신이 목적왕국(Kingdom of ends)의 입법자라고 생각하고, 자신이 어떤 룰을 만들었을 것인가를 생각해 보고 그 룰에 따라 행동하라는 것이다. 칸트가 말하는 목적왕국은 인간이 항상 목적으로 대접받는 가상의 왕국이다. 이 왕국의 백성은 모두 이성적인 존재, 즉 칸트가 말하는 도덕적 숙고를 할 능력이 있는 사람이어야 한다. 이러한 나라에서 입법자가 발하는 명령은 당연히 제1법칙과 제2법칙의 내용에 합당한 내용이 될 것이다.

제1법칙	보편화 법칙: 네 의지의 준칙이 항상 보편타당한 입법의 원리가 되도록 행동하라!
제2법칙	목적대우 법칙: 너 자신과 다른 모든 사람의 인격을 언제나 목적으로 대우하지, 수단으로 대우하지 마라!
제3법칙	목적왕국(Kingdom of ends)의 입법자 원칙: 너는 언제나 인간이 목적으로 대접받는 공동체, 즉 목적왕국의 입법자인 것처럼 행동하라!

표 1 칸트의 정언명령 법칙

롤즈의 정의론도 자유주의에 기초한 것으로 이해할 수 있다. 롤즈는 자신의 저서인 『정의론』(1971)에서 정의의 문제를 인간이 원초적으로 평등한 상태에서 어떤 원칙에 동의할 것인가를 묻는 문제라고 주장한다.[3] 롤즈는 정의의 원칙을 도출하기 위해 다음과 같은 가상실험을 전제한다. 인간들은 최초로 사회건설에 필요한 계약을 하기 위해 모여 있으며, 이들은 추후 자신이 어떤 사회적 지위를 차지할지 전혀 모른다고 가정한다. 즉, 현실세계에서 사람들은 자신이 부자인지, 가난한지, 자신이 어떤 종교적·인종적 배경을 가지고 있는지, 자신의 학력과 인맥이 어떻게 형성되어 있는지에 따라 구체적 결론이 서로 달라질 수 있다. 그런데 롤즈는 그러한 것을 전부 무시한 상태를 가정한다. 즉, 자신이 앞으로 부자가 될지, 가난한 사람이 될지, 자신이 사회적으로 소수자그룹에 속할지, 그렇지 않을지를 모르는 상태에서 룰을 정해 보자는 것이다.

롤즈는 자신의 이러한 생각에 따라 사람들이 룰을 만들게 되면 두 가지 원칙에 합의할 것이라고 주장한다. 첫째로는 평등원칙에 대한 합의이다. 롤즈는 만일 이런 상태에서 사람들이 룰을 만들기 위해 모여 있다면 사람들은 추후 자신이 사회적으로 약자그룹에 속하는 경우 자신이 차별받기를 원하지 않을 것이므로 절대로 공리주의처럼 소수의 희생을 정당화하는 결론을 내리지 않을 것으로 믿는다. 대신 사람들은 모든 사람들이 최소한 일정한 기본권은 평등하게 누려야 하는 사회를 건설하기 위해 노력할 것이라고 생각한다. 이러한 기본권에 속하는 것으로는 ① 생명권 ② 표현의 자유 ③ 집회의 자유 ④ 양심의 자유 ⑤ 재산권 ⑥ 신체의 자유 ⑦ 투표권, 공무담임권과 같은 정치적 자유 ⑧ 참정권 등을 생각할 수 있다. 결국 이러한 권리는 신성불가침의 개인의 자유가 되는 것이다. 둘째로는 차등의 원칙이다. 롤즈는 인간의 기본권에 해당하는 영역은 첫 번째 원칙에서 설명한 바와 같이 모든 사람이

---

3 John Rawls, *A Theory of Justice*, Cambridge, Mass: The Belknap Press of Harvard University Press, 1971.

대등한 취급을 받기를 희망하지만, 그 이외의 영역, 즉 권력과 부의 영역에서는 현실적인 차등을 인정할 수밖에 없다는 것이다. 그런데 사람들이 그러한 차등을 어느 정도까지 용인할 것인지가 문제가 된다. 롤즈는 이 경우 사람들은 자신들이 지독하게 가난하게 되는 것을 원하지 않을 것이므로 어느 정도 소득과 부를 배분하는 사회를 희망할 것이라고 생각했다. 그래서 사회적, 경제적인 차등은 인정하지만 그러한 차등에서 나온 이익이 가장 어려운 계층을 도와주는 데 사용된다면 사람들은 충분히 사회적, 경제적 차등을 인정할 것이라는 것이다. 즉, 의사에게 버스 기사보다 더 많은 소득을 인정하되, 의사에게서 세금을 더 거두어 그 돈으로 빈곤층의 사회보장을 위한 재원으로 사용한다면 사회 구성원들은 의사와 버스 기사 간의 경제적 차등을 인정할 것이라고 본다.

(4) 공동체주의적 정의관

공동체주의적 정의관은 정의의 문제를 공동체에서 미덕을 키우고 공동선을 고민하는 것이라고 이해한다. 즉, 어떤 사회적 결정을 하면서 정의의 문제를 고민하는 것은 어떤 결론을 내리는 것이 나 개인이 아닌 나의 이웃, 내가 속한 사회에 더 도움이 될 것인지를 고민하는 문제라고 보는 것이다. 공동체주의적 정의관은 정의로운 사회는 단순히 공리를 극대화하거나 개개인의 선택의 자유를 확보하는 것만으로 만들 수 없다고 본다. 좋은 삶의 의미를 함께 고민하고 칭찬하고 격려하며, 으레 생기기 마련인 이견에 귀 기울이면서 수용하려는 문화를 가꾸어 가야 한다고 보는 것이다.[4] 이러한 공동체주의적 정의관은 정의를 고민하는 주체를 분자화된 개인이 아니라 공동체의 구성원으로 인식한다는 측면에서 현실적인 인간의 위치를 잘 반영한 입장으로 이해할 수 있다. 하지만, 정의의 문제를 공리나 자유라는 하나의 분명한

4 한희원, 『정의로의 산책-정의론-』, 삼영사, 2011, 240쪽.

기준으로 결론 낼 수 없고 공동체적 가치추구라는 매우 주관적인 기준을 설정해 두다 보니 그 과정에 많은 혼란이 야기되는 것을 스스로 인정하는 셈이 되고 있다. 즉, 문제 해결을 위한 이론이 다시 문제 야기를 스스로 인정한다는 비판을 받을 수 있다.

아리스토텔레스의 정의론과 샌델의 정의론이 공동체주의적 정의관에 속한다. 아리스토텔레스는 "정의란 사람들에게 그들이 마땅히 받아야 할 그들의 몫을 주는 것이다."라고 정의하였다. 이러한 아리스토텔레스의 정의론에서는 두 가지를 주목해야 한다. 첫째, 그의 정의론에 따를 때 배분의 대상이 되는 것은 공리주의적 정의관이나 자유주의적 정의관과 달리 소득, 부, 기회 등 권리와 의무에 한정하지 않고 공직과 명예 등 공동체를 지탱하는 일체의 공동체적 가치가 모두 해당된다는 점이다. 둘째, 그것을 배분하는 기준으로서 그는 배분받을 사람이 공동체에서 행한 사회적 미덕을 기준으로 생각하였다는 점이다. 샌델도 아리스토텔레스와 유사한 입장이다. 그는 공리주의나 자유주의적 정의론처럼 정의의 문제를 야기하는 소득이나 권력, 기회 등을 하나의 원칙이나 절차로 분배할 수 있으면 좋겠지만 오늘날 사회는 너무나 복잡하고 다양하여 이러한 것들을 단일의 기준으로 배분하는 것이 불가능하다고 판단하였다. 그래서 그는 정의로운 결정을 내리기 위해서는 '좋은 삶'이 무엇인지에 대해 고민해야 하며, 이 과정에서 논란은 불가피하고, 또 항상 어느 정도의 가치판단을 내포할 수밖에 없다는 점을 인정한다. 그리고 그는 현실적으로 모든 것이 평등하지 않은 사회에서 그 사회를 정의로운 사회로 만들기 위해서는 어느 정도의 인위적인 배분은 불가피하다고 주장한다. 예컨대, 경제적 능력이 부족한 사람을 위해 최소한의 사회안전망을 구축하는 것과 같은 것을 의미한다. 그는 공동체의 구성원들이 자신들이 살고 있는 사회를 공정하지 않다고 생각하면 사회의 결속력도 생겨날 수 없고, 민주주의도 성공할 수 없다고 생각한다.

3. 정의로운 조세제도에 대한 인문학적 이해

우리는 법학에 있어서 정의로운 조세제도가 어떤 모습이어야 하는지를 설명하기에 앞서 인문학에서 일반적으로 정의를 이해하는 세 가지 입장, 즉 공리주의와 자유주의 그리고 공동체주의에 따를 때 정의로운 조세제도는 어떤 모습이어야 하는지를 정리해 보고자 한다.

우선, 노직과 같은 자유지상주의자들의 경우이다. 이들은 인간의 생명과 자유, 재산에 대한 권리를 불가침의 인권이라고 생각하고, 사회와 각종 제도들은 이러한 불가침의 인권을 지키려는 한도 내에서만 정당화될 수 있다고 주장하므로 개인의 재산권을 침해하는 조세제도는 최소화하는 것이 정의의 요청이라고 이해한다. 즉, 이들의 입장에서 국가는 개인의 생명과 재산 등 불가침의 인권을 보호하기 위해 존재하는 사회제도이며, 그러한 활동을 수행하기 위한 재원조달 수단으로서의 조세제도는 부분적으로 정당화될 수 있는 여지가 있다. 그러나 조세제도가 그러한 재원조달 기능 이외에 소득재분배 기능을 수행하는 것에 대해서는 반대한다. 이들은 국가가 조세제도를 통하여 소득재분배 기능을 수행하려는 것은 개인의 절대적인 자유영역에 국가가 본래의 기능을 망각하고 침해하는 것으로 이해한다. 즉, 이들의 경우에 조세제도는 개인의 자유를 지키기 위한 국가 본연의 기능 수행을 위한 재원조달 목적에서만 운영되어야 하고, 소득재분배 기능을 위해서 활용되어서는 안 된다고 이해한다.

공리주의자들의 경우에는 사회 구성원 다수에게 더 큰 행복을 줄 수 있는 것이 정의라고 이해하므로 조세제도를 통하여 개인의 재산권을 침해하는 측면이 있다고 하더라도 그 제도를 통해 사회 구성원의 행복이 증대될 수 있다면 이는 정의의 요청에 부합하는 것으로 이해하게 된다. 예컨대, 가능한 한 소수의 부유한 납세자로부터 세금을 많이 징수하여 가난한 다수를 도와준다면 사회 전체의 행복은 증대된다고 할 수 있으므로 공리주의적 시각에서 본다면 이는 정의로운 것이라고 할 것이다. 하지만, 공리주의적 시각에 따른다고 하더라도 벤담과 같은 입장이 아니라 개인의 권리보호를 강조하는 밀의 입장에 따라 정의를 이해한다면 소수의 부유한 납세자에게 세금을 많이 거두고 가난한 다수에게 세금을 무상으로 나누어 준다면 당장의 사회행복은 극대화될 수 있을지 모르지만 장래에는 사회가 매우 위험한 상황에 처할 수 있으므로 신중한 접근을 요구하게 된다. 즉, 이처럼 부유한 소수자에게 많은 세금을 거두어 가난한 다수에게 나누어 주는 사회에서는 어느 누구도 열심히 일을 해서 돈을 많이 벌려고 하지 않을 것이고, 가난한 자도 열심히 일을 하지 않으려고 할 것이므로 사회는 발전할 수 없다.

공동체주의적 정의관에 따르면 현실적으로 모든 것이 평등하지 않은 사회에서 그 사회를 정의로운 사회로 만들기 위해서는 어느 정도의 인위적인 배분은 불가피하다고 보므로 조세제도를 통해 단순히 국가가 필요로 하는 재원을 조달하는 것 이외에 소득재분배를 도모하려 해도 그 자체는 정의로울 수 있다고 본다. 공동체주의적 정의관에 따르면 공동체의 구성원들이 자신들이 살고 있는 사회를 정의로운 사회라고 인식할 수 있게 되면 사회의 결속력도 생겨나고 그러한 사회가 정의로운 사회에 가까운 사회라고 이해하므로 조세제도에 대한 사회적 합의가 중요한 의미를 가진다고 할 수 있다.

4. 인문학에서의 조세정의에 관한 논의가 조세법학에 미치는 영향

인문학에서의 정의(正義)에 관한 논의는 조세제도와 같은 사회제도 운용에 다양한 형태로 영향을 미치게 된다. 그러나 정작 조세제도를 운영하는 사람들은 조세제도의 세부적인 기술들에 주목할 뿐 조세제도의 정당성 문제에 대해 별로 고민하지 않는다. 하지만, 소수의 전문가만이 정당하다고 생각하는 조세제도를 그것을 납득하지 못하는 전체 국민에게 강요하는 사회는 분명 바람직하지 않다.

결국, 세금 징수의 중요성이 더해지면 더해질수록 조세제도의 인문학적 정당성을 확보하는 것이 점점 더 중요해진다고 볼 수 있다. 그런 측면에서 인문학에서의 정의에 관한 논의는 조세제도에 적지 않은 영향을 끼칠 수 있다고 본다.

그러나 현실적으로 조세제도가 인문학의 논의를 모두 수용할 수는 없다. 인문학의 논의는 인간사회가 추구해야 하는 가장 이상적인 방향을 제시하는 역할을 한다. 그런데 현실의 제도는 그러한 인문학의 결론을 당장 수용할 수 없는 경우가 많이 있다. 제도를 한 번 바꾼다는 것이 참 쉽지 않기 때문이다. 다만, 인문학의 결론을 참조하여 더 나은 사회제도를 만들도록 항상 노력할 필요가 있을 것이다.

제4장 | 조세 부담의 정도와 조세정의

1. 의의

세금납부를 즐거워하는 납세자는 거의 없다. 누구에게나 자기 호주머니의 돈은 소중하기 때문이다. 하지만 법률에 근거하여 정당하게 부과된 세금은 내지 않을 수 없다. 대부분의 납세자들은 세금납부가 달갑지는 않지만 법률에 근거하여 정당하게 부과된 이상 납부하지 않는 경우에는 가산금 등 추가적인 제재를 부담하게 되므로 부득이 납부하게 된다.

예컨대, 1년에 1억 원을 번 어떤 사람이 있다고 가정해 보자! 그 사람이 열심히 경제활동을 해서 돈을 벌었다면 그 돈은 자신의 노력에 대한 대가이므로 그의 몫이며, 그 돈을 어떻게 사용할 것인지는 원칙적으로 그의 자유로운 의사에 의해 결정되어야 마땅하다. 그가 그 돈으로 여행을 가고, 마음에 드는 옷을 사고, 맛있는 음식을 사 먹는 것은 돈의 소유자인 개인의 자유의사에 의해 결정되어야 한다. 그런데 그 돈의 일부를 국가가 세금으로 거둔다면 그 금액에 대한 사용처는 납세자가 스스로 결정하는 것이 아니므로 납세자의 자유가 제한되는 것이라고 할 수 있는 것이다.

로버트 노직과 같은 자유지상주의자들은 인간의 생명과 자유, 재산에 대한 권리를 불가침의 인권이라고 생각하고, 사회와 각종 제도들은 이러한 불가침의 인권을 지키려는 한도 내에서만 정당화될 수 있다고 주장한다. 이들의 이론에 따르면 국가의 기능은 근대국가 초기에 등장한 '야경국가' 형태의 최소국가처럼 국방과 치안에 한정되어야 하는 것으로 이해한다. 노직과 같은 자유지상주의자들은 개인의 부는 취득과정의 정당성만 보장된다면 그러한 부를 개인이 향유하는 것은 그의 자유이며, 국가와 사회는 이것을 존중해야 한다고 본다. 따라서 국가가 사회보장제도나 조세제도를 통해 부자에게서 강제로 돈을 거둬 가난한 자에게 나누어 주는 것은 정의에 부합하지 않는 것으로 이해한다. 이러한 자유지상주의자들의 입장에서 본다면 국가가 세금을 거둘 수 있는 경우는 야경국가의 기능을 수행하는 데 필요한 군대와 경찰을 유지하기 위해 재원을 조달하는 경우에 한정된다.

하지만, 이러한 자유지상주의자들을 제외한 대부분의 사상들은 국가가 조세제도를 통해 어느 정도 개인의 자유를 박탈하는 것을 인정한다. 개인의 자유를 중대한 가치로 이해하지만 그러한 자유는 절대적 자유가 아니므로 더 큰 필요성이 있다면 사회를 구성해서 함께 사는 사람들로서는 자기의 마음에 들지 않더라도 받아들이며 살아야 하는 부분이 있다는 것이다.

그러나 이처럼 조세제도를 통해 개인의 자유를 제약한다고 하더라도 그것이 너무 과도한 정도가 된다면 국민들은 그러한 조세제도를 받아들일 수 없을 것이다. 문제는 어떤 경우에 국민들이 이처럼 개인의 자유를 박탈하는 조세제도를 과도한 것으로 인식하게 될 것인가 하는 점이다.

2. 우리나라 국민들의 조세 부담 정도

1) 조세 부담률

우리나라 납세자들은 1년에 어느 정도의 세금을 납부하고 있을까? 한 나

구분	2005년	2006년	2007년	2008년	2009년
한국	**18.9**	**19.7**	**21.0**	**20.7**	**19.7**
일본	17.3	17.7	18.0	17.3	**
미국	20.8	21.3	21.7	20.3	**
영국	29.0	30.3	29.5	28.8	**
독일	20.9	21.9	22.9	23.1	**
프랑스	27.7	27.8	27.4	27.1	**
이탈리아	28.3	29.6	30.4	29.8	**
오스트레일리아	30.8	30.6	30.8	**	**
오스트리아	27.8	27.3	28.0	28.6	**
벨기에	31.0	31.0	30.3	30.3	**
캐나다	28.4	28.4	28.5	27.5	**
체코	21.5	20.8	21.1	20.6	**
덴마크	49.7	48.1	47.7	47.3	**
핀란드	32.0	31.3	31.1	30.8	**
그리스	20.3	20.2	20.4	20.3	**
헝가리	25.7	25.2	26.6	27.1	**
아이슬란드	37.5	38.2	37.7	33.1	**
아일랜드	25.8	27.6	26.1	23.3	**
룩셈부르크	27.2	26.0	26.4	27.5	**
멕시코	15.3	17.5	15.2	18.4	**
네덜란드	25.4	25.1	24.0	**	**
뉴질랜드	37.4	36.7	35.7	34.5	**
노르웨이	34.6	35.2	34.6	33.2	**
폴란드	20.7	21.4	22.9	**	**
포르투갈	23.4	24.3	24.7	24.6	**
슬로바키아	18.8	17.9	17.7	17.4	**
스페인	23.7	24.4	25.1	20.9	**
스웨덴	36.3	36.6	35.7	35.4	**
스위스	22.2	22.7	22.2	22.6	**
터키	18.8	19.0	18.6	17.8	**
OECD 평균	**26.6**	**26.8**	**26.7**	**26.6**	**

표 2 주요 국가의 조세 부담률 비교

* 출처: 『한눈에 보는 국세통계』, 2010, 국세청.

라의 국민이 납부하는 조세의 규모를 비교하는 것으로서 조세 부담률이라는 것이 있다. 조세 부담률은 납세자들이 부담하는 전체 세금액이 국내생산소득에서 차지하는 비중을 말한다. 즉, 공식으로는 (국세+지방세 총액)/GDP가 된다. 2009년 우리나라의 조세 부담률은 19.7%이다. 조세 부담률이 2000

년대 초반에는 지속적으로 증가하다가 2007년에 최고점인 21%를 기록한 후에는 지속적으로 감소하고 있는 추세이다. 이러한 우리나라의 조세 부담률은 OECD 회원국들 중에서는 거의 최하위에 해당하는 수준이다. 조세 부담률과 비교되는 것으로 국민부담률이라는 개념도 있다. 이것은 납세자의 조세 부담뿐만 아니라 국민건강보험료 등 사회보장분담금을 합친 금액이 국내총생산에서 차지하는 비중을 말한다. 우리나라의 국민부담률은 26.8%(2006년) 수준이다.

2) 세금해방일(Tax Freedom Day)의 의미

시장의 역할을 강조하는 민간연구기관으로 자유경제원(2012년 8월에 자유기업원에서 명칭 변경)이 있다.[1] 이 기관은 매년 세금해방일(Tax Freedom Day)을 발표한다. 물론 세계적으로 보면 각 국가에서 이처럼 그 나라의 세금해방일을 공포하는 여러 연구기관이 있다. 대표적으로 캐나다의 프레이저 연구소, 영국의 아담스미스연구소도 그 나라의 세금해방일을 매년 발표하고 있다. 세금해방일은 조세총액을 국민순소득(NNI)[2]으로 나눈 비율을 다시 연간 일수로 분할해 산출한 날이 종료한 후 맞이하게 되는 첫째 날을 말한다. 예컨대, 우리나라의 2013년 조세총액은 278조 5693억 원, 국민순소득은 1184조 3441억 원으로 예상되므로, 국민들은 연간소득의 23.52%를 세금으로 납부하게 된다고 보고서 이에 따라 세금해방일을 계산해 보면, 365일 가운데 85일(≒365×23.52%)이 종료한 후 첫 번째 맞이하는 날, 즉 3월 27일이 된다. 2013년의 경우 1월 1일부터 3월 26일까지 일을 해서 번 돈으로는

1 www.cfe.org/

2 조세 부담률과 달리 분모가 국내총생산이 아니라 국민순소득이다.

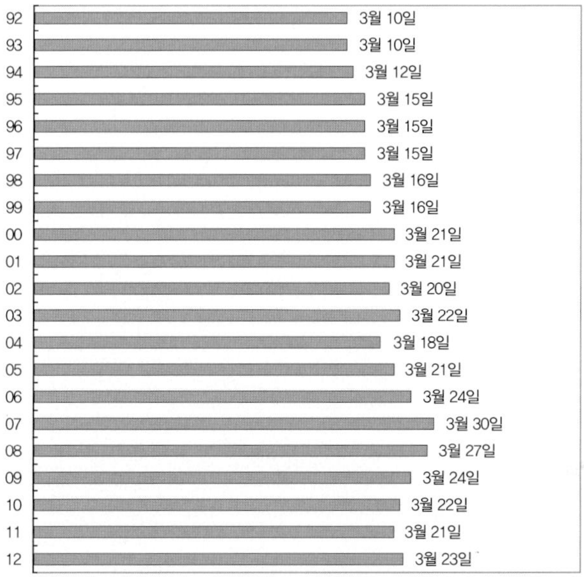

그림 4 우리나라 세금해방일의 변천

* 출처: 자유경제원 홈페이지(www.cfe.org) 세금해방일 관련 보도자료.

오로지 세금만을 내고 세금해방일이 되는 3월 27일부터 12월 31일까지는 세금 없이 경제활동을 할 수 있게 된다는 의미이다.

자유경제원에서 계산한 세금해방일은 1971년은 2월 27일, 1975년은 3월 3일, 1983년은 3월 17일, 1992년은 3월 10일, 2003년은 3월 22일, 2012년은 3월 23일로 지난 30여 년 동안 거의 지속적으로 그 날짜가 늦어지고 있는 추세이다. 즉, 국민순소득 대비 납부해야 하는 세금액의 규모가 커지고 있다는 이야기이다.

또한, 국가의 역할이 점점 증대하고 그 반대로 시장의 역할이 축소되고 있다는 것과도 연결된다고 할 수 있다. 세계 대다수 국가들에서 이러한 추세가 공통적으로 나타나고 있다.

외국의 경우를 보면(2010년 기준), 프랑스의 세금해방일은 7월 26일이

국가	일수	부담률(%)	세금해방일	기준 연도
인도	74	20	3월 14일	2000
알바니아	84	23.1	3월 25일	2011
오스트레일리아	99	27.1	4월 10일	2014
미국	111	30.4	4월 21일	2014
에스토니아	114	31.1	4월 24일	2007
리투아니아	128	35.0	5월 8일	2014
스페인	130	35.6	5월 10일	2013
우루과이	133	38.6	5월 13일	2010
헝가리	140	38	5월 20일	2008
뉴질랜드	141	39	5월 21일	2008
남아프리카공화국	141	38.6	5월 22일	2014
불가리아	147	40	5월 27일	2009
영국	148	40.5	5월 28일	2014
브라질	151	41.37	5월 31일	2014
슬로바키아	152	41.71	6월 1일	2013
캐나다	157	42.6	6월 6일	2009
벨라루스	157	42.9	6월 7일	2014
크로아티아	161	43.7	6월 10일	2010
체코공화국	161	44.1	6월 11일	2007
벨기에	165	44.9	6월 14일	2013
그리스	169	46.3	6월 19일	2012
폴란드	173	47.4	6월 22일	2013
슬로베니아	176	48.3	6월 25일	2011
독일	190	51.7	7월 8일	2008
이스라엘	197	54	7월 14일	2013
터키	194	53	7월 14일	2012
프랑스	197	53.6	7월 16일	2007
노르웨이	210	56.7	7월 29일	2007

표 3 국가별 세금해방일 비교

* 출처: http://en.wikipedia.org/wiki/Tax_Freedom_Day

며, 독일은 7월 8일(48.3%), 네덜란드는 7월 3일(50.2%), 스웨덴은 6월 30일(49.4%)이다. 이 나라들은 우리나라보다 조세 부담률이 두 배 이상 많고 세금해방일도 두 배 이상 늦다. 이 외에도 이탈리아는 6월 18일(46.0%), 핀란드는 6월 15일(45.2%), 캐나다는 6월 6일(42.6%), 영국은 5월 30일(40.9%) 등이다. 우리나라와 비교하였을 때 경제 형편이 낫다고 하기가 힘든 나라들도 대부분 우리나라보다 세금해방일이 늦은 것을 알 수 있다. 예컨대, 헝가

리는 8월 6일, 벨기에는 8월 3일, 슬로바키아는 6월 16일, 리투아니아는 6월 16일이다.[3]

그러나 이러한 수치의 국제적 비교만으로 우리나라의 세금부담이 과도하지 않다고 획일적으로 평가하는 것은 적절치 않은 면이 있다. 왜냐하면 세금부담이 적절한지는 세금의 절대적인 액수도 중요하지만, 그에 못지않게 세금을 내고 국민들이 국가로부터 어떤 서비스를 제공받고 있는지도 중요하기 때문이다. 우리가 같은 가격의 식사를 하더라도 어떤 경우에는 그 가격대에 그러한 식사를 할 수 있었던 것에 대해 감탄을 하지만, 반대로 어떤 경우는 그 가격으로 그러한 식사를 한 것에 대해 분노하는 것과 같은 원리이다. 온 나라를 대도시와 대도시가 아닌 지역으로 나누어, 대도시에는 세금을 엄청나게 투입하니 1년이 멀다하고 도시의 모습이 바뀌지만, 대도시가 아닌 지역의 경우에는 대도시처럼 좁은 지역 안에 큰 금액의 세금을 투입할 수 없다 보니 10년 내지 20년이 지나도 도시의 모습이 크게 변하지 않는 것을 흔히 볼 수 있다. 세금을 많이 납부하여 기업들의 국제 경쟁력을 키운다고 하지만 그렇게 해서 국제 경쟁력이 커지는 것은 일부 기업이고, 그 기업의 경쟁력 강화로 인하여 혜택을 받는 것은 일부 계층에 한정되는 측면이 강하다. 젊은 시절에 사업을 하면서 적지 않은 세금을 납부했지만, 정작 그 사업가가 노후를 맞이하여 경제적 형편이 어려워졌거나, 치매 등 돈이 많이 드는 질병을 앓는 경우에 국가가 그 사업가에게 주는 혜택은 아주 제한적이라고 사람들은 생각한다.

그럼 앞으로는 어떻게 될 것인가? 단언컨대, 정말 획기적인 정치변화가 일어나지 않는다면, 그리고 민주화가 진전되면 진전될수록 아이러니하게도 국민들의 세부담은 늘어날 것이다. 당장 우리가 직면한 위기는 복지지출의 증대이다. 우리 국민들은 대다수가 복지지출의 증대를 희망하고 있다. 실제,

---

3 http://www.mediatoday.co.kr/news/articleView.html?idxno=108302

	실제수준 (A)	준거수준 (F)	지수 (I=100×A/F)	지수(I) 순위
오스트레일리아	18.2	20.5	88.7	24
오스트리아	27.9	25.5	109.5	4
벨기에	29.7	25.2	117.8	2
캐나다	18.1	22.0	82.4	28
체코공화국	20.8	20.2	102.7	10
덴마크	30.6	27.2	112.5	3
에스토니아	18.2	19.8	92.1	22
핀란드	29.2	27.0	108.3	5
프랑스	32.0	27.1	118.1	1
독일	25.9	25.9	100.0	15
그리스	24.4	27.4	89.0	23
헝가리	21.9	21.5	102.1	12
아이슬란드	18.1	22.7	79.7	29
아일랜드	23.3	26.8	87.3	25
이스라엘	15.8	18.3	86.4	27
이탈리아	27.5	26.7	103.0	9
한국	9.1	14.0	65.5	30
룩셈부르크	22.6	22.2	101.5	13
네덜란드	23.4	23.6	99.0	16
뉴질랜드	21.4	21.7	98.7	18
노르웨이	22.4	24.0	93.3	21
폴란드	20.5	19.5	105.2	7
포르투갈	25.0	25.3	98.7	17
슬로바키아	18.1	17.2	105.3	6
슬로베니아	23.7	23.2	102.4	11
스페인	26.4	26.0	101.4	14
스웨덴	27.6	26.4	104.3	8
스위스	19.5	20.5	95.1	20
영국	23.6	24.8	95.2	19
미국	19.6	22.5	86.8	26

표 4 OECD 회원국들의 GDP 대비 복지지출 비중

* 출처 : 진익·곽보영, 『우리나라 사회복지지출 수준의 국제비교평가』, 국회예산정책처, 2014. 12., 31쪽.

우리나라의 국내총생산(GDP) 대비 복지지출 비중은 11.0%로 OECD(경제개발협력기구) 가운데 최하위 수준이다. 스웨덴은 38.2%, 덴마크는 37.9%, 프랑스는 34.9%, 독일과 노르웨이는 33.2%, 벨기에는 32.7%이며, OECD 23개국 평균은 27.4%다. 우리나라 복지지출 비중은 OECD 평균의 3분의 1 수

준밖에 안 된다는 이야기다. 복지지출을 늘려야 한다는 것에 대해서는 동의할 수 있다. 문제는 그 재원을 어디에서 조달할 것인가 하는 것이다. 상당 부분은 조세제도를 통해 조달할 수밖에 없는 것이 현실이다. 물론, 이렇게 늘어난 복지재원을 조세제도를 통해 조달한다는 것이 반드시 조세 부담의 증가로 연결되지 않을 수도 있다. 국방, 외교, 통일, 사회간접자본 시설 투자처럼 복지와 직접적으로 연관이 적은 분야의 지출을 획기적으로 줄일 수 있다면 그렇게 해서 절약한 재원으로 복지재원을 충당하면 된다. 그러나 이는 거의 불가능하다. 미국의 도움에서 벗어나 자주국방을 실현하기 위해서는 국방비의 증액도 필요하고, 최근 다각화되는 국제사회에 효과적으로 대처하기 위해서는 외교 분야의 예산도 축소하기보다는 증액해야 하는 상황이고, 곧 닥칠 수도 있는 통일을 대비해서도 통일예산의 증대는 시급하다. 예산지출의 효율성을 높이고, 비과세 감면을 축소하는 것도 한계가 있다. 이러한 상황에서 국가가 할 수 있는 것은 결국 조세수입의 증대뿐이다. 그런데 복지지출을 늘리기 위해 세금을 더 내라고 하면 좋아하지 않을 납세자가 많을 것이다. 복지지출의 증대가 필요하다는 주장만을 기초로 하여 세금 인상을 밀어붙일 수는 없다. 사회적으로 복지수요 증대와 증세에 대한 공감대 형성 작업이 선행되어야 한다.

3. 세금으로 징수할 수 있는 정도의 한계

1) 의의

국가가 국민들이 요구하는 정부기능을 수행하기 위해서는 불가피하게 세금징수가 필요하다고 하더라도 세금 징수는 납세자의 자유를 침해하는 측면이 있으므로 과도한 세금 징수는 납세자로서는 받아들이기 어렵다고 할 것이다.

예컨대, 국가가 세금을 거두어야 할 필요성이 아무리 크다고 하더라도, 전쟁을 수행하는 등 특수한 상황이 아니라면 국민의 소득 100%를 세금으로 거두는 것은 용납할 수 없다고 할 것이다.

2) 세부담의 한계를 헌법에 직접 규정하는 방법

만약 국가가 국민 소득의 100%를 세금으로 징수하면 납세자들의 입장에서 그러한 세금 징수는 개인의 자유를 전면적으로 부정하는 것이 된다. 이는 적어도 개인의 부의 자유로운 처분을 보장하는 자본주의 경제질서를 채택하고 있는 나라에서는 정의로운 조치로 받아들이기 어렵다. 그런데 만약 납세자의 소득에서 세금으로 거둬가는 비율이 90%가 되고, 80%, 70%, 60%가 되면 어떻게 될 것인가?

2012년 프랑스의 사회당 정부는 100만 유로 이상의 소득이 있는 납세자에 대해서는 소득세 세율을 75%로 하는 법안을 의회에서 통과시킨 적이 있다. 그런데 그 법안은 프랑스 헌법위원회에 의하여 조세형평에 반한다는 이유로 위헌판결을 받아서 시행되지는 못하였다. 위헌판결이 난 이유는 프랑스의 경우에는 우리나라와 달리 기본적으로 소득세를 가족단위로 과세하는데, 당시 프랑스 정부가 추진한 75%의 소득세는 가족을 단위로 하는 것이 아니고 개인을 단위로 하는 것이라서, 예컨대 동일하게 180만 유로의 소득이 있더라도 부부가 맞벌이를 하여 각자 90만 유로씩의 소득이 있는 가정의 경우에는 75% 세율이 적용되지 않는데, 부부 가운데 혼자만이 소득활동을 해서 그 소득이 180만 유로가 된다면 75%의 세율을 적용하도록 되어 있었는데 헌법위원회는 이것이 과세형평에 반한다고 본 것이다. 프랑스 정부가 이 법을 제정하려고 할 때 프랑스의 몇몇 유명인들(만약 법안이 효력을 발했더라면 75%의 세금을 내야 하는 납세자들)이 벨기에, 러시아 등으로 이주를 하거나, 망명을 하는 등 법안에 대해 강력히 저항하였다. 만일 우리나라에서 이런 법안이 통과되었다면 어떻게 되었을까? 개인적으로도 75%의 세율은 국가의 재정상황이 경제위기로 인해 아무리 힘들다고 하더라도 받아들이기가 어려울 것 같다.

실제 대부분의 국가에서 현재 소득세의 최고세율은 30%대이므로 소득의 30%를 세금으로 거둬가는 것에 대해서는 사람들이 용납할 수 있다고 생각하고 있다. 문제는 그 비율이 40%대를 넘어서기 시작하면 과연 그러한 세금 징수를 정당한 세금 징수로 받아들여야 할 것인지가 의문이 들 수 있다.

민주주의 국가에서 세금을 어느 수준으로 거둘 것인지를 결정하는 것은 국민의 대표가 모인 국회와 같은 대의기구의 몫이다. 사실 정치가 정상적으로만 기능한다면 50%가 넘는 세금부과를 국민의 대표들이 동의할 리 없을 것이다. 그런데 민주주의의 역사를 보면 국민의 대표라는 정치인들이 현실정치에서 행하는 의사결정은 표면적으로는 국민을 위한다고 하면서도 사실은 정치인 자신들의 재당선과 그들이 소속한 정당의 재집권을 위해 자신들을 지지하는 이익단체에게 표를 받기 위한 수단으로 사용하는 경향이 강하였다. 그래서 제임스 M. 뷰캐넌(James McGill Buchanan)과 같이 공공선택(Public Choice)이론을 주장한 경제학자들은 정치인들에게 세금 징수의 수준을 결정하게 하는 것은 고양이에게 생선을 맡기는 격이 되므로 적절치 않다고 판단하고, 헌법에 이를 명시할 것을 주장하였다.[4] 그러나 헌법에서 세금을 얼마까지만 부과할 수 있다고 명시한 입법례는 없다. 물론, 미국의 경우에는 주헌법에서 재산세(Property Tax) 부과는 재산가격의 일정 비율까지만 가능하다는 식으로 규정한 경우는 있다.

4 헌법이 아닌 법률에 이를 규정하면 정치인들로 구성된 국회가 법을 개정해 버릴 수 있으므로 그러한 규정은 큰 의미가 없게 된다.

세금부담의 한계를 헌법에 명시하자고 주장하는 이들의 취지에는 공감하지만 실제로 조세 부담의 한계를 명시하는 것은 쉽지 않다. 조세 부담의 한계를 헌법에 직접 명시하지 않고 헌법 해석을 통해 이를 도출해 낼 수 있을 것인가? 실제로 독일에서는 연방헌법재판소가 소위 반액과세원칙(Halbteilungsgrundsatz)을 통해 국가는 수익의 50%를 초과해서 과세할 수 없다는 것을 헌법적 원칙으로 선언한 적이 있다.

독일 연방헌법재판소는 1995년 6월 22일 재산세(Vermögensteuer) 관련 판결을 통해서 반액과세이론을 제시하였다.[5] 이 판결의 핵심 쟁점은 사실 반액과세원칙과 별로 관계가 없다. 이 판결에서 주로 문제가 된 것은 재산의 종류에 따라 어떤 재산은 평가법(Bewertungsgesetz)에 따라 평가하여[6] 재산세(Vermögensteuer)를 부과하고, 또 어떤 재산(예: 금융재산)은 시장가격을 기초로 하여 재산세를 부과하도록 한 것이 헌법상 평등규정에 반하는 것이 아닌지 여부였다. 연방헌법재판소는 이 판결에서 이러한 재산평가의 차이는 헌법상 평등규정에 반한다고 판시하였다. 또한 그 판결문 일부에서 연방헌법재판소는 독일 연방헌법(Grundgesetz) 제14조에 따른 재산권 보호와의 관계에서 국가 등 과세권자가 재산세를 어느 정도까지 부과할 수 있는지, 즉 재산세 부담의 헌법적 상한선을 설정해 준 부분이 있다. 바로 이것이 반액과세원칙과 관련된 부분이다. 반액과세원칙의 핵심은 개인의 재산권은 오로지 개인의 이익을 위해 사용할 수 있는 것이 아니라 사회적 책무를 위해서도 사용해야 하지만, 그렇다고 해서 수익의 50% 이상을 세금으로 징수하는 것은 재산권에 대한 정당한 사회적 책무의 범위를 벗어나는 것으로 이해하는 부분이다. 즉, 적어도 경제활동 성과의 50% 이상은 국가가 아니라 경제활동의 주체인 개인 몫으로 남겨져 있어야 한다는 것을 의미한다. 재산세 판결 내용

5 BVerfGE 93, 121 ff.

6 당시 평가법에 따라 재산평가를 하도록 되어 있었던 부동산의 경우에는 시세의 30~40% 정도의 가격으로 평가를 해서 재산세를 부과하고 있었다.

중 반액과세원칙과 관련된 부분은 다음과 같다.

재산세는 반복해서 부과되는 세금으로 - 보통은 이미 과세된 수입으로부터 형성된 - 정지된 재산을 과세대상으로 하여 설계되었다. 재산세는 재산에 대한 처분권·수익권과 연결된 일반적 행동의 자유(독일 연방헌법 제2조 제1항)에 영향력을 가진다(독일 연방헌법 제14조). 이것은 납세자가 경제활동을 하여 획득한 성과(재산)의 본질적 부분은 납세자에게 남겨져 있어야 한다는 것을 의미한다. 경제활동 성과의 본질적 부분이 납세자에게 남겨져 있어야 한다는 의미는 경제활동 성과는 원칙적으로 경제활동의 주체가 이용하여야 한다는 이용적 측면(Privatnützigkeit)과, 경제활동에 의하여 형성된 재산적 가치가 있는 법적 지위에 대해서는 원칙적으로 경제활동의 주체가 처분 권한을 가져야 한다는 처분적 측면(Verfügungsbefugnis)으로 구성된다고 할 수 있다(vgl. BVerfGE 87, 153〔169〕). 재산적 가치가 있는 법적 지위의 재산권자에의 귀속과 재산의 실체는 보존되어야 한다(vgl. BVerfGE 42, 263〔295〕; 50, 290〔341〕). 이러한 기준에 따르면, 재산은 이미 소득세와 수익세에 의하여, 그리고 구체적인 재산은 대부분 간접세를 통해서도 이미 세부담을 지는 현행 세법에서, 이처럼 여러 차례 다른 조세에 의해 이미 과세된 재산에 대하여 추가적으로 과세할 수 있는 여지는 헌법적으로 적을 수밖에 없다. 재산세는 그것이 그러한 다른 조세 부담과 함께 재산의 실체, 재산의 원본(Vermögensstamm)을 침해하지 않으며, 통상적으로 기대할 수 있고, 가능한 수익(기대가능수익)으로부터 지불될 수 있는 한도에서만 부과될 수 있다. 그렇지 않은 경우에 재산세는 이를 통하여 납세의무자에게 과도하게 부담을 지우고, 그의 재산 상황을 근본적으로 침해하게 되어 결과적으로 점진적인 몰수에 이르게 될 것이다(vgl. BVerfGE 14, 221〔241〕; 82, 159〔190〕; stRspr). 재산세가 이미 과세된 수입으로부터 지불되어야 하는 현행 세법체계에서도 이러한 존속 보호는 관철되어야 한다. 현행 세법상 재산세를 납부하기 위하여 사용한 소득에 대해서는 소득세 계산 시 세액공제를 하여 반영하지도 않고, 소득세 과세표준(Bemessungsgrundlage) 계산에서 공제하지도 않는다. 이러한 사전부담도 재산세 세부담의 산정에 있어서 고려해야 한다.

재산의 원본에 대한 존속 보호와 상관없이 재산에서 생겨나는 수익도 개인적 자유의 기초로서 재산적 가치가 있는 법적 지위의 보호를 받는다. 독일 연방헌법 제14조 제2항에 따르면 재산의 이용은 사적 이용뿐만 아니라 공공복리에 기여하여야 한다.

따라서 재산에서 생겨난 수익은 한편으로는 조세와 같이 공동체를 위한 부담의 대상이 되기도 하지만, 다른 한편으로는 권리주체에게 사적 수익의 이용 가능성이 남아 있어야 한다. 그래서 재산세는 기대가능 수익에 대한 모든 조세 부담 금액을 합한 금액이 유형적 고찰에 의하여 수입, 공제 가능한 비용(손비)과 그 밖의 부담경감을 고찰하였을 때, 사적 이용과 공적 이용 간에 각각 절반 가까이 귀속되도록 부과되어야 한다. 또한 이 경우 응능부담원칙에 따른 세부담의 배분에 반하지 않는 결과를 초래하는 경우에만 소득에 대한 그 밖의 조세에 추가하여 재산세가 부과될 수 있다. …… 예컨대 국가가 예외적인 상황에 처한 경우처럼 특수한 조건에 있는 경우에 헌법은 현행 세법의 틀에서도 재산의 원본에 대한 과세를 허용한다. 그래서 베르사유조약에 의해 부과된 부담의 이행을 위해 1919년 12월 31일 제국긴급구제세(Reichsnotopfergesetz)가 재산의 원본에 대한 과세를 요구할 수 있었다.

그러나 반액과세원칙을 실제 개별적 사례에 적용하려고 하니 여러 문제점들에 봉착하게 되었다. 그래서 2006년 1월에 반액과세원칙이 포함된 재산세 관련 판결을 했던 연방헌법재판소 제2부는 소득세 관련 사건에서 소득세와 관련하여 이와 같은 원칙을 헌법에서 직접 도출할 수 없다고 하여 입장을 바꾸었다.[7]

3) 소결

반액과세원칙과 같은 구체적인 기준설정이 어렵다고 판단하여 입법자가 세법 규정을 통하여 과도한 세부담을 과하려고 할 때 그러한 세부담이 헌법적으로 용인되는 것인지를 검증하는 규범적 과정은 비례원칙(Verhältnismäßigkeitsprinzip)밖에 없다. 즉, 목적의 정당성을 검토한 후, 방

7 독일 세법상 반액과세원칙에 대한 자세한 설명은 이동식, 「독일세법상 소위 반액과세원칙에 대한 검토」, 『조세법연구』 제15-1집, 한국세법학회, 2009, 7쪽 이하 참조.

법의 적정성과 피해의 최소성, 법익균형성을 종합적으로 검토하여 그러한 조세부과를 헌법적으로 용인해야 할지를 결정해야 한다. 비례원칙 자체가 단지 절차적 통제를 가하는 것일 뿐 실체적 내용이 있는 것이 아니어서 과도한 세부담을 지우고 있는 세법 규정을 이 원칙에 반한다는 이유로 위헌으로 선언하기는 쉽지 않은 측면이 있다.

하지만, 규범 외적으로 보았을 때에는 국가의 과세권 한계를 설정할 수 있는 기준은 여러 가지가 있을 수 있다. 복지의 확대가 아무리 필요하고 좋다고 하지만, 복지정책의 '남용'이 경제의 활력을 잃게 하고 건전한 노동을 기피하게 하는 수준이 된다면 이는 결국 함께 망하는 길이 될 수밖에 없다. 그래서 사회적으로 절실한 복지재원 조달 등을 위하여 세금을 부과한다고 하더라도 근로의욕을 상실케 하는 수준의 세금부과, 경제의 활력을 상실하게 하는 수준의 세금부과를 해서는 안 될 것이다.

4. 국가의 세원발굴권의 한계

앞에서 언급한 내용은 주로 국가가 세금을 부과하는 세목 자체는 정당한데, 그 세목을 통해 국가가 거두어들일 수 있는 세금액 수준이 적절치 않은 것을 문제 삼는 것이었다. 반면, 여기에서 언급하고자 하는 것은 국가가 특정 세목으로 납세자의 어떤 행위를 규율하는 것 자체가 개인의 자유를 과도하게 제한하는 것이 되어 정당하지 못한 것으로 이해될 수 있는 경우는 없는가 하는 문제이다.

국가가 가지는 과세권 가운데 세원발굴권(Steuererfindungsrecht)은 국가가 납세자의 어떤 행동에 대해 세금을 부과할 것인지를 결정하는 권한이다.

납세자의 어떤 행위가 과세대상이 되는지도 매우 흥미로운 일이다. 전통적인 조세에 있어서는 주로 소득의 획득행위, 소비행위, 재산의 보유가 과세 대상이었다. 그러나 소위 유도적·조정적 조세에 있어서는 그러한 행위 이외에도 사회유도적 필요성이 있는 행위들도 과세대상이 되고 있다. 대표적인 경우가 음주행위, 흡연행위 등과 같은 것들이다.

우선은 세금부과와 납세자의 행동의 자유와의 관계 일반론에 대해 살펴볼 필요가 있다. 우리는 앞에서 세금부과 자체는 개인의 자유를 구속하는 측면이 있다고 하였다. 그러나 여기서 세금부과가 납세자의 행동의 자유를 구속하는지의 문제는 그러한 의미에서가 아니라 국가가 과세대상이 되는 행위에 대해 세금을 부과하는 것이 국가의 규제 내지 유도행위로 이해할 수 있는지를 말한다. 소득세, 부가가치세와 같은 전통적인 세금의 경우에는 세금을 부과하는 것이 이러한 의미에서의 납세자의 행동의 자유를 제약하는 것이 아니라고 할 것이다. 식당을 경영하는 납세자에게 소득세를 부과한다고 해서 국가가 식당 경영을 제한하는 것은 아닌 것이다. 하지만, 유도적·조정적 조세의 경우에는 다르다. 이러한 유형의 세금에 있어서는 납세자들의 행동을 사회가 희망하는 방향으로 의도적으로 유도하기 위하여 세금을 부과하는 것이고, 그렇다면 이는 세금의 중과 혹은 감면을 통해서 납세자의 행동의 자유에 제한을 가하는 경우라고 할 것이다.

행동의 자유 그 자체는 일반적으로 헌법 제10조에서 규정하고 있는 행복추구권의 일환으로 보장되는 국민의 기본권에 해당한다. 그러나 헌법상 국민의 기본권은 그 본질이 훼손되지 않는 합리적인 범위 내에서는 법률의 형식으로 제한할 수 있다. 그래서 행동의 자유를 제한하는 유도적·조정적 조세에 있어서 헌법상 기본권 제한 법리에 의해 정당화될 수 있는 수준의 조세는 정당하고, 그 수준을 초과하는 경우에는 법적으로도 허용될 수 없는 것이 된다. 이와 같은 한계 설정은 사실 매우 모호한 측면이 있다. 예컨대, 현재 부과되고 있는 주세, 담배소비세와 최근 우리 사회에서 도입 문제가 논란이 된 바 있는 소위 '비만세'와 관련하여 이러한 세금부과가 개인들의 행동의 자유를 정부가 과도하게 제한하는 것이 아닌가 하는 논란이 있다. 이처럼 술, 담배, 도박, 경마 등과 같이 사회에 부정적인 영향을 주는 것들에 대해 세금을 부과해서 가격을 인상시키고, 그것을 통해서 국민들로 하여금 그러한 행위를 자제하도록 유도하는 세금을 죄악세(Sin Tax)라고도 한다.

5. 주세, 담배소비세와 소위 '비만세'를 둘러싼 논쟁

1) 의의

국가가 조세제도를 통해 개인의 행동의 자유를 과도하게 침해하는 것인지 여부가 논란이 된 예로 주세, 담배소비세와 소위 '비만세'를 들 수 있다.

술을 마실지, 흡연을 할지, 또 자신의 몸매를 건강하게 유지할지 비만상태로 살아갈지는 개인의 판단에 따라 결정해야 하는 것이지, 이것에 대해 굳이 국가가 조세제도를 통해 개입할 필요가 있는지 혹은 그러한 개입이 정당한 것인지가 논란이 된 것이다. 자유로운 인격체인 개인의 행동의 자유를 과도하게 제한하는 국가제도는 분명 정의롭지 못한 것이라고 할 것이다.

2) 주세, 담배소비세를 둘러싼 논쟁

음주를 하는 사람은 일반 소비세인 부가가치세 이외에 주세를 추가로 납부하여야 하고, 담배를 피우는 사람도 부가가치세 이외에 개별소비세, 담배소비세 등을 추가로 납부해야 한다. 주세는 국세이고, 담배소비세는 지방세이다.

현재 우리나라의 술과 담배 가격의 상당 부분을 세금과 각종 공과금이 차지하고 있다. 술(소주의 출고가를 기준으로)의 경우 그 수준이 약 50%, 담배(제1종 궐련 20개비)의 경우에는(2014. 12. 23. 법 개정으로 담배 관련 세금이 인상된 상태를 기준으로) 약 74%에 달한다.

(단위: 원)

	출고가 및 유통마진	제세·부담금						판매 가격
		담배 소비세	지방 교육세	건강증진 부담금	개별 소비세	VAT 등	계	
현행	950	641	321	354	-	234	1,550	2,500
인상	232	366	122	487	594	199	1,768	2,000
변경 후	1,182	1,007	443	841	594	433	3,318	4,500

표 5 2015년 담배 가격 인상 후 세금, 공과금의 변화

* 출처: 기획재정부 홍보자료(http://mosfnet.blog.me/220120038577).

술을 마시는 행위와 담배를 피우는 행위가 내포하고 있는 사회적 의미는 조금 다르므로 양자를 나누어 살펴볼 필요가 있다. 먼저, 술을 마시는 행위로 인하여 음주 교통사고, 알코올 중독 등 사회적 유해성이 유발될 수 있지만, 술을 마시는 행위 자체가 국가적으로 금지되는 것은 아니다. 술을 과도하게 마시는 것은 분명 유해하지만 그렇다고 음주행위를 '규제'한다는 차원에서 주세를 운영하는 것은 문제가 있다고 할 것이다. 국가가 개인들의 음주행위까지 공권력을 동원하여 '규제'한다는 것은 과도한 공권력의 개입이기 때문이다. 우리나라 사람들이 술을 많이 마시는 것으로 알려져 있지만 최근의 언론보도에 따르면 우리나라의 술 소비량이 점점 줄어들고 있다. 2011년 국내 주류 출고 및 수입량을 근거로 우리나라 15세 이상 1인당 알코올 소비량을 계산한 결과 약 9.18리터(공식소비량 9.14리터, 비공식 소비량 0.04리터)인 것으로 나타났는데, 이는 OECD 34개 회원국 가운데 22위에 해당하는 수준이라고 한다. 따라서 술 소비량을 줄이기 위해 주세를 인상해야 한다는

주장은 옳지도 않고 별로 설득력도 없다고 본다. 2013년 박근혜 정부가 출범한 후 일부 경제부처에서 "과도한 술 소비로 인한 사회적 부담을 줄이고 국민건강을 증진하기 위해서 주세를 인상해야 한다."라고 주장하기도 했다. 하지만, 이러한 정책은 단순히 세금을 더 거두겠다는 의도를 우회적으로 표현한 것에 불과하고 술 소비 억제 자체에 정책의 진정한 주안점이 있다고 보기는 어려운 것이 아닌가 하는 의심이 든다.

담배를 피우는 행위는 술 마시는 행위와는 다른 측면이 있다. 담배를 피우는 행위는 담배를 싫어하는 주변 사람들에게 영향을 끼치는 경우가 많다. 그리고 술을 마시는 것보다는 국민건강에 미치는 위험성도 더 직접적이고 크다고 할 수 있다. 그래서 국민건강증진법에서는 음주와 흡연이 모두 국민건강에 해로운 것이라고 판단하면서도 흡연과 달리 음주는 '과다한 음주'가 문제임을 분명하게 밝히고 있다. 국민건강증진법에서는 음주의 경우와 달리 흡연의 경우에는 일정한 구역을 정해서 그 구역 내에서 흡연을 '금지'시키고 있고, 광고에 대한 규제에 있어서도 음주와 달리 흡연을 억제하는 상당히 자세한 규정을 두고 있다. 이러한 사실적인 상황과 규범적인 상황을 고려할 때 주세와 달리 담배소비세는 담배소비 억제 차원에서 운영될 수 있는 여지가 있다. 다만, 실제로 흡연을 억제하는 정책을 집행해야 하는 행정기관이 시·군인데, 담배소비세가 현재 시·군세이면서 해당 자치단체의 지방세 세목 가운데 세 번째 정도로 중요한 세목이므로, 시·군의 입장에서는 자신들의 흡연 억제 행위가 결국 자신들의 세수 감소를 초래하게 되는 결과를 초래하게 된다. 따라서 자치단체들이 좀 더 적극적으로 금연운동을 펼치는 것에 한계가 있는 상황이다. 이러한 문제점을 해소하기 위해서는 국세와 지방세의 세목을 전체적으로 재조정해서 담배소비세는 국세로 하고, 다른 적정한 세원을 자치단체에 이전해 주는 조치가 필요하다고 본다.

3) 소위 '비만세'의 도입을 둘러싼 논쟁

세목의 신설이 국민의 행동의 자유를 과도하게 제한하는 것이 아닌지가 문제되는 것으로 소위 '비만세'(fat tax) 관련 논쟁도 중요한 의미를 가진다. 얼마 전 우리사회에서 문제가 되었던 '비만세'라는 것은 엄밀한 의미에서 조세는 아니었다.

비만세 논쟁은 2013년 5월 국회에 국민건강증진법 개정안이 제출되면서 그 법안에 고열량·저영양식품을 만들거나 수입 또는 유통, 판매하는 자에게 보건복지부장관이 부담금을 부과, 징수할 수 있도록 한 조문이 추가되면서 발생한 것이다. 즉, 당시 언론에서 비만세라고 부른 것이 엄밀한 의미에서는 '부담금'이고, 조세는 아닌 것이었다. 부담금도 아무런 반대급부 없이 국가 등이 부과를 한다는 점에서 조세와 유사한 측면이 있지만, 양자는 이론적으로는 상당히 다른 제도이다. 일단 그와 관련된 논의를 제외하고 과연 국가가 금전적 부담을 과하여 비만을 억제하도록 하는 것이 개인의 자유를 과도하게 제한하는 것이 아닌지에 대해 논의해 볼 필요가 있다. 패스트푸드 등이 진정으로 비만의 원인이 되고, 국민들의 비만 정도가 심각한 수준에 이르렀다면 패스트푸드의 광고 제한, 위험성 공고 등 소비자들이 스스로 그러한 위험성을 인식하고 소비를 줄이도록 유도하는 조치가 우선되어야지, 그러한 것 없이 오로지 부담금 부과를 통해 이와 같은 제품의 소비를 억제하겠다고 하는 것은 적절하지 못한 판단이다.

만일 이와 같은 상황에서 그냥 비만세를 신설한다면 패스트푸드 등의 소비가 줄어드는 것이 아니라 판매가격만 인상되어, 결국 상대적으로 패스트푸드를 더 많이 소비하는 저소득층의 가계비 부담만 늘리는 꼴이 되고 말 것이다.

제5장 | 법률에 근거한 세금부과와 조세정의

1. 조세법률주의와 정의

독일의 법철학자 구스타프 라드브루흐(Gustav Radbruch, 1878~1949)는 법의 이념을 정의, 합목적성, 법적 안정성이라고 이해한다. 그는 이 중 하나만 없어도 법이라고 할 수 없다고 본다.[1] 법의 이념은 법의 존재 이유 또는 법이 추구하는 목적이라고 할 수 있다. 법은 무엇을 위해 존재하는가? 왜 우리는 법을 만드는가? 바로 이러한 질문들이 법의 이념과 관련된 질문이라고 할 수 있다.[2] 그렇다면 결국 법은 정의를 실현하기 위하여 존재하는 것이라고 할 수 있다.

납세자의 재산을 반대급부 없이 박탈하는 측면을 가지고 있는 세금은 다른 어느 사회문제보다도 더 법률에 의해 규율되어야 할 필요성이 강하다. 법의 이념이 정의의 실현이라면, 세금 문제를 규율하는 세법의 이념도 조세정의의 실현에 있다고 할 수 있다. 그렇다면 조세정의의 중요한 출발점은 조세법률주의라고 할 수 있다. 물론 조세정책에 대한 토론은 조세법률주의를 뛰어넘을 수도 있지만, 그러한 정책적 논의가 현실화될 수 있기 위해서는 해당

1 홍성방, 『법학입문』, 신론사, 2007, 94쪽.
2 홍성방, 『법학입문』, 신론사, 2007, 92쪽.

내용이 법조문화되어야 한다. 우리는 현실에서 성문법규에 구현된 조세정의에 만족할 수밖에 없는 측면이 있다.[3] 조문화되지 않은 조세정의 논의는 이상에 머무를 수밖에 없다.

세금이 법률에 근거하여 부과되는 것을 공리주의적 측면에서 설명해 본다면, 세법을 만드는 국회는 다수결로 법률을 제정·개정하는 것이므로 어떤 경제적 거래 행위에 대해 세금을 부과한다는 규정을 만들었다면, 다수가 그러한 규정의 필요성을 긍정한 것이므로 정의라고 할 수 있다. 또, 자유주의적 측면에서 설명해 보면, 개인의 자유를 최대한 존중하는 방법은 스스로 자기를 구속할 수 있는 규범을 제정하는 데 관여할 수 있도록 보장해 주는 것이 중요한데, 조세법률주의는 비록 간접적인 형태이긴 하지만 그러한 것을 가능케 해 주므로 정의의 요청에 부합하는 것으로 볼 수 있다.

전근대국가에서는 세금 징수가 납세자의 동의와는 별로 관련이 없었다. 물론 마그나 카르타의 제정 과정에서 볼 수 있는 것처럼 유럽 중세시대에는 일부 부유한 계층의 경우 자신의 동의를 전제로 하여 세금을 납부한 적은 있었다.

법치주의가 보편화된 오늘날 납세자의 동의 없이 거둬지는 세금을 정의로운 세금으로 인식하는 사람은 없을 것이다. 즉, 나의 대표자가 동의하지 않았다면 나는 세금을 내지 않아도 된다고 생각하는 것이다. 그런 측면에서 조세법률주의는 조세정의의 가장 기본이 되는 요소라고 할 수 있다.

조세법률주의는 헌법상 법치행정원리가 조세법에서 구현된 것을 말한다. 납세자인 국민은 법치행정원리를 통해 간접적으로나마 자신에게 부과될 세금의 내용에 대해 통제 권한을 가지게 된다.

우리나라 헌법은 법치행정원리 자체에 대해서는 명시적인 규정을 두고 있지 않지만 조세법률주의에 대해서는 별도의 규정을 두고 있다. 헌법 제38조는 "모든 국민은 법률이 정하는 바에 의하여 납세의 의무를 진다."라고 규정

3 대법원 1963. 8. 31. 선고 63누113 판결.

하고 있고, 헌법 제59조는 "조세의 종목과 세율은 법률로 정한다."라고 규정하고 있다. 이 두 규정이 조세법률주의를 규정하고 있는 헌법조문으로 이해되고 있다. 헌법 제38조는 일본국헌법과 마찬가지로 국민의 기본의무의 일종으로서 납세의무를 규정하는 형태이고, 헌법 제59조는 국회의 권한의 일부로서 조세입법권을 규정하고 있는 것이다. 이 두 규정이 별도로 존재해야 할 실질적인 이유는 없다. 외국의 헌법 규정을 살펴보았을 때 앞으로 헌법개정이 있다면 헌법 제38조를 삭제하는 것이 바람직하다고 할 것이다.[4]

조세법률주의는 흔히 형식적 조세법률주의와 실질적 조세법률주의로 나누어 설명할 수 있다. 전자는 조세부과의 근거가 되는 형식은 국회에서 제정한 '법률'이 되어야 한다는 것을 핵심 내용으로 하는 것이고, 후자는 과세요건을 규정하는 법률의 '내용'이 헌법에 합치되어야 한다는 것을 말한다. 현대 국가에서는 단순히 국회가 법률의 제정 또는 개정 절차에 의하여 일정한 사항에 대해 조세를 부과하는 규정을 두었다는 것만으로는 부족하고, 그 법률의 내용이 국회에게 입법권을 부여한 헌법에 반하지 않아야 한다는 측면이 더욱 중요하다. 그런데 조세법률주의의 '기본'은 어디까지나 형식적 조세법률주의이다. 실질적 조세법률주의는 기본권과 같은 개별 헌법 규정들이 조세법규와 연관된 내용을 일컫는 용어로서 그 핵심은 기본권의 효력의 일부이다. 그래서 예컨대, 부부의 소득을 합산과세하는 소득세법 규정이 헌법에 위반되는지를 검토할 때는 조세법률주의를 규정한 헌법 제38조와 제59조가 아니라 혼인의 자유를 규정한 헌법 제36조에 위반되는지를 검토하게 되는 것이다.

---

4 미국, 독일, 프랑스 등은 헌법에서 국회입법권을 설명하면서 조세에 관한 규정을 둘 뿐 국민의 기본의무라는 차원에서 조세에 대해 별도 규정을 두고 있지는 않다. 우리와 유사한 방식으로 국민의 기본의무의 일종으로 납세의 의무를 헌법에서 규정한 예로는 일본을 들 수 있다.

2. 우리나라 조세법률주의의 역사

우리나라에 있어서 조선왕조까지는 근대적 의미의 조세법률주의를 운영하지 않았다. 또한 자유민주주의를 기반으로 하는 현재의 국가형태와 전제왕조 체제인 조선은 전혀 다른 정치조직이다. 조선왕조 이후에 한반도는 일제의 불법적인 지배를 받게 된다. 하지만 1919년 3·1운동 이후 비록 한반도가 아닌 곳이긴 하지만 임시정부가 수립되었고, 일제강점기에 꾸준히 우리나라의 독립을 위해 고군분투하였다.

대한민국 임시정부는 헌법과 법률을 바탕으로 민주적 공화체제로 운영되었으며, 현행 헌법도 전문(前文)에서 현재의 대한민국이 임시정부의 법통을 계승하였음을 명문으로 인정하고 있다.[5] 그래서 우리나라에서 근대적인 조세법률주의가 언제부터 시작되었는지를 물으면 대부분의 사람들은 해방 이후의 시점을 거론하지만, 이는 옳지 않다.

우리나라에서 근대적 의미의 조세법률주의가 시작된 것은 임시정부 때부터이다. 1919년 9월 11일에 시행된 대한민국임시헌법[6] 제5조에서는 입법권은 의정원이, 행정권은 국무원이, 그리고 사법권은 법원이 행사한다고 규정하였다. 또한 동 헌법 제10조는 국민들은 법률에 근거하여 납세, 병역, 교육의무를 부담한다고 규정하여 국민들의 납세의무를 명문화하였다. 동 헌법 규정에 의거하여 입법기관인 의정원에서 세법을 제정한 것으로 보인다. 국사편찬위원회의 자

5 헌법 전문: "유구한 역사와 전통에 빛나는 우리 대한국민은 3·1운동으로 건립된 대한민국임시정부의 법통과 불의에 항거한 4·19민주이념을 계승하고, 조국의 민주개혁과 평화적 통일의 사명에 입각하여 정의·인도와 동포애로써 민족의 단결을 공고히 하고, 모든 사회적 폐습과 불의를 타파하며, 자율과 조화를 바탕으로 자유민주적 기본질서를 더욱 확고히 하여……"

6 현행 헌법이 전문에서 "유구한 역사와 전통에 빛나는 우리 대한국민은 3·1운동으로 건립된 대한민국임시정부의 법통과 불의에 항거한 4·19민주이념을 계승하고……"라고 규정하고 있으므로 대한민국임시정부 수립의 근거가 되었던 1919년 대한민국임시헌법은 비록 그 제정 절차가 진정한 의미에 있어서 민주적 헌법이라고 볼 수 있는지 여부가 논란이 될 수 있지만 법적으로는 유효한 헌법으로서 인정받고 있는 것이다.

료를 보면 임시의정원의 의결에 의거하여 국무회의에서 '임시징세령'이 제정된 것을 발견할 수 있다. 입법기관인 임시의정원에서는 임시징세령을 제정한다는 의결만 하고 실제 임시징세령을 제정한 것은 국무회의였다. 이 임시징세령에서는 대한국민의 만 20세 이상의 남녀에게 1인당 1년에 금화 1원으로 하여 연 2회 분납 징수하도록 규정하고 있다. 이 임시징세령의 세칙(細則)은 재무부에서 정한다고 규정하고 있다.[7] 하지만 이러한 세법에 따라 산정된 세금이 실제로 국내에 있는 국민들에게 부과되고 징수되기는 현실적으로 어려웠을 것이다.

국민들의 대표가 모인 의회에서 개별세법이 제정되고 그 세법에 따라 세금 징수가 실제적으로 가능하게 된 것은 우리가 제헌헌법 또는 건국헌법이라고 부르는 대한민국헌법(헌법 제1호)이 제정된 1948년 7월 17일 이후이다. 이 헌법은 제29조에서 "모든 국민은 법률의 정하는 바에 의하여 납세의 의무를 진다." 라고 규정하여 조세법률주의를 규정하였다. 이 헌법이 발효된 이후 소득세법(1949. 7. 15.), 법인세법(1949. 11. 7.), 상속세법(1950. 3. 22.) 등 개별 세법이 제정되었다. 그 후 여러 번 헌법이 개정되었지만 제헌헌법 제29조와 유사한 규정은 계속 승계되었다. 1963년 12월 17일 시행된 헌법에서는 조세와 관련하여 "조세의 종목과 세율은 법률로 정한다."라는 내용으로 제55조가 신설되었다.

3. 조세법정주의

1) 조세정의의 출발점

조세법률주의를 조세정의의 출발점이라고 한다면 실질적으로 세법에서

7 임시징세령 참조. http://db.history.go.kr

정해야 하는 가장 중요한 부분은 어떤 경우에 누구에게 얼마의 세금을 부과할 수 있도록 법률이 허용할 것인지와 관련된 것이다. 이것이 여기서 설명하고자 하는 조세법정주의의 핵심이다.

헌법 제38조, 제59조가 조세법률주의의 규범적 근거라고 하였는데 이 규정의 문언에 따를 때에도 조세법률주의의 핵심은 납세의무자, 과세표준, 세율과 같은 과세요건은 법률에서 규정해야 한다는 것을 알 수 있다. 헌법 제59조는 "조세의 종목과 세율"만을 언급하고 있다. 하지만 조세와 관련하여 법률로 규정해야 하는 것에는 종목과 세율 이외에도 구체적 납세의무의 크기를 결정하는 중요한 요소들이 모두 포함되는 것으로 해석해야 한다. 왜냐하면 조세의 종목과 세율이 납세의무의 크기를 결정하는 중요한 요소이기는 하지만 이것 이외에도 필요경비, 소득공제 등 납세자의 구체적 납세의무의 크기를 결정하는 요소는 엄청 많이 존재한다. 이러한 요소들도 당연히 국민들의 대표가 모인 국회에서 결정해야 정의의 이념에 부합하게 된다.

이것을 일반적으로는 과세요건법정주의라고 부른다. 그러나 여기서 우리는 '조세법정주의'라고 부르고 있다. 여기서 조세법정주의(좁은 의미의 조세법률주의)의 '핵심적 내용'은 다른 문헌에서 언급되는 과세요건법정주의와 동일하다. 그럼에도 불구하고 조세법정주의라고 한 이유는 과세요건법정주의라는 용어가 가지는 의미의 편협성 때문이다. '과세요건'법정주의라는 용어는 그 용어가 포섭하여야 하는 내용에 비해 너무 좁은 의미를 가지고 있다. 조세법 영역에서 법치행정원리가 적용된다고 할 때 가장 중요한 것은 과세요건, 즉 '세금부과'를 위해 필요한 요건을 법률로 정하는 것이다. 하지만 현재의 세법 상황에서 과세요건만을 법률로 규정해야 한다는 것은 부적절하다. 영국 등 서구 여러 나라에서 근대적 의미의 세법이 의회에 의해 처음 만들어질 때는 오로지 세금부과를 위해 필요한 최소한의 요건만을 규정하는 단순한 형태로 조세법률주의가 출발했을 수 있다. 그러나 현재는 대부분의 나라들이 세법에서 과세요건 이외에 복잡한 비과세·감면규정을 함께 규정하고 있다. 이러한 상황에서는 과세요건뿐만 아니라 비과세·감면요건도 납세자에게 매우 중요하다. 따라서 판례와 다수설은 비과세·감면요건도 법률로 규정해야 한다고 보고 있다.

결국 다른 문헌에서 사용하는 '과세요건법정주의'라는 용어와 이 책에서 사용하는 '조세법정주의'라는 용어가 포섭하고자 하는 핵심적 내용(=과세요건은 법률로 규정하여야 한다.)은 동일하다고 할 수 있다. 하지만 '조세법정주의'라는 용어는 과세요건 이외에 비과세·감면요건도 법률로 규정되어야 한다는 것을 강조할 수 있다는 점에서 차이가 있다.

이 책에서 말하는 '조세법정주의'란 과세요건, 비과세요건, 감면요건 그리고 세법적 효과를 국회에서 정하는 '법률'로 규정해 두어야 한다는 것을 의미한다. 이때 법률은 원칙적으로 국회에서 제정한 법률을 의미하지만 행정기관이 제정한 행정법규도 일정한 범위에서는 여기에 포함될 수 있다. 행정법규가 조세에 대해 규정할 수 있는 범위를 어느 정도까지 허용할 것인가 하는 문제는 나라별로 사정이 다르다. 또한 성문법규뿐만 아니라 불문법도 다른 행정법 영역에 비해서 그 허용 범위가 좁긴 하지만 일정한 조건에서는 조세행정의 근거가 될 수 있다. 흔히 과세요건법정주의를 일반 행정법 영역에서 법치행정원리의 내용으로 설명하는 '법률유보'와 같은 내용이라고 소개한다.[8] 틀린 설명은 아니지만 일반 행정법 영역에서는 법치행정원리의 내용을 법률유보와 법률우위로 나누어 설명하는데[9] 법률유보만을 과세요건법정주의에서 설명한다면 세법 영역에서 법률우위 원칙은 어디에서 설명해야 하는지가 문제가 된다. 따라서 이 책에서는 과세요건법정주의라는 용어를 '조세법정주의'라는 용어로 대체하고, 그 개념은 법률유보의 문제뿐만 아니라 법률우위의 문제까지 포함된 것으로 이해하고자 한다. 그렇게 되면 결국 조세

---

8 김성수, 『세법』, 법문사, 2003, 66쪽. 법률유보 일반론에 대해서는 박균성, 『행정법론(상)』, 박영사, 2009, 22~27쪽; 홍정선, 『행정법원론(상)』, 박영사, 2009, 51~60쪽 참고.

9 법률의 법규창조력이라는 부분도 있지만 이것은 의회입법원칙에 따라 별도로 설명될 필요가 없는 부분이다.

법정주의가 법치행정원리를 의미하는 용어가 된다. 그래서 조세법정주의에 '좁은 의미의 조세법률주의'라는 명칭을 붙이고자 한다.

2) 반드시 국회에서 스스로 결정해야 하는 과세요건 등 중요사항

세법 규정을 들여다보면, 모든 과세요건 등이 국민들의 대표가 모인 국회에서 제정·개정하는 법률에 규정되어 있는 것은 아니라는 것을 알 수 있다. 조세법 전문가들이 많이 보고 있는 조세법전은 삼단식의 편제로 편집이 되어 있다. 가장 왼쪽이 소득세법과 같은 법률이 있고, 중간에 소득세법시행령과 같은 대통령령이 있고, 가장 오른쪽에는 소득세법시행규칙과 같은 기획재정부령이 위치하고 있다. 하나의 세목에 대하여 대부분 이 세 개의 법령이 한 개의 세트로 규정되어 있다. 그중 소득세법시행령과 소득세법시행규칙을 행정입법이라고도 한다. 법적 구속력은 있는데, 소득세법처럼 국회에서 제정·개정하는 것이 아니고, 대통령(소득세법시행령)이나 기획재정부장관(소득세법시행규칙)과 같은 행정기관이 제정·개정하기 때문에 붙여진 명칭이다. 요즘은 이러한 삼단대조식의 법률서비스를 법제처 홈페이지에서도 제공하고 있다.

헌법 제40조에서 국회입법원칙을 규정하고 있음에도 불구하고 모든 입법사항을 국회가 스스로 결정할 필요는 없고, 또 그렇게 하는 것이 현실적으로도 불가능하다. 즉, 헌법상 국회입법원칙에도 불구하고 일부 사항의 경우에는 일정한 방식에 따라 행정기관에서 행정입법의 형식으로[10] 규정하는 것이 허용된다. 그런데 학자들은 일정한 사항에 대해서는 반드시 입법권을 가지고 있는 의회가 스스로 결정해야 한다고 보고 있다. 이것을 의회유보원칙

---

10 행정기관에서 제정하는 행정입법은 법규명령과 행정규칙이 있다. 이 책에서는 특별한 전제가 없는 한 행정입법이라 함은 규범성이 있는 법규명령을 의미하는 것으로 사용하기로 한다.

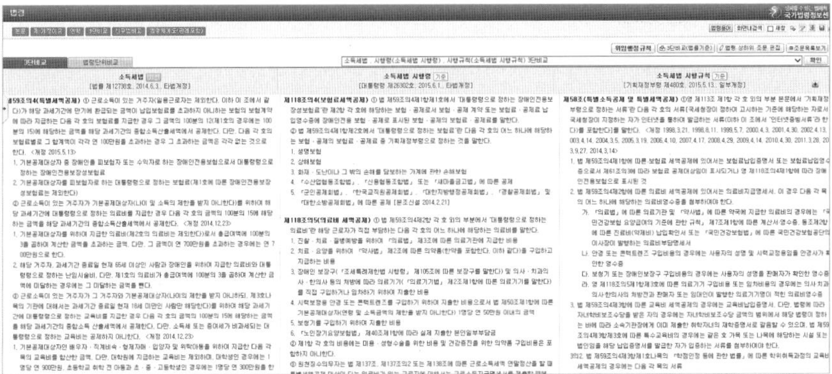

그림 5 인터넷을 통한 삼단대조식 법률제공 서비스

* 출처: 법제처 홈페이지(www.moleg.go.kr)

(Parlamentsvorbehalt)이라고 한다. 의회유보사항에 대해서는 반드시 형식적 법률에서 규정해야 한다. 즉, 의회유보사항은 어떤 형태로든 위임이 허용되지 않는다. 헌법재판소가 텔레비전 방송수신료의 금액에 대하여 국회가 스스로 결정하거나 결정에 관여함이 없이 한국방송공사가 결정하여 문화관광부장관의 승인을 받도록 규정하고 있던 구 한국방송공사법 제36조 제1항을 위헌이라고 판시한 것은 바로 이러한 의회유보원칙을 우리 헌법상의 원칙으로 선언한 예로 볼 수 있다(헌재 1999. 05. 27. 선고 98헌바70 결정). 문제는 구체적으로 어떤 사항이 우리 헌법상 의회유보 대상인지 여부이다. 흔히 학자들은 헌법상의 소위 '법규사항(또는 법률사항)'[11]은 의회에서 반드시 정해야 한다고 주장한다.[12] 하지만 이는 타당하지 않다. 학자들이 법규사항으로 언급하는 것 중에, 예컨대 형벌요건도 법규명령에 위임하는 경우가 많으며

11 이는 헌법 규정에서 명시적으로 '법률'로 규정하도록 선언하고 있는 항목이다. 이러한 항목으로는 처벌·보안처분·강제노역을 규정하는 것(헌법 제12조 제1항), 재산권의 내용과 한계 및 보상의 기준(헌법 제23조), 선거권(헌법 제24조), 공무담임권(헌법 제25조), 납세의무(헌법 제38조), 국방의 의무(헌법 제39조) 등이 있다.

12 홍성방, 『헌법학』, 박영사, 2006, 767~768쪽.

조세요건도 법률의 위임으로 법규명령에서 규정하는 경우가 빈번하다.

법규사항 이외에 '중요사항'이라는 것이 의회유보의 대상인지 문제가 된다. 중요사항이라는 개념은 행정법에서 법률유보의 범위를 결정하는 학설인 중요사항유보설(본질성설)에서 등장한 것이다. 이 학설에 따르면 공동체와 개별시민들의 생활관계에 미치는 영향이 광범위하거나, 국민의 기본권에 직접적으로 관련된 사항 또는 기본권에 관련된 사항은 아니지만 국민들의 법률생활에 있어서 기본적이고 본질적인 사항이 중요사항에 해당한다.[13] 다만, 어떤 사항이 중요사항에 해당하면 그것은 반드시 형식적 법률로 규정해야 하는지 문제가 된다. 현재 다수설은 중요사항이라고 하여 모두 국회에서 '법률'로 규정해야 하는 것은 아니라고 보고 있다. 중요사항도 다시 그 정도의 차이에 따라 스펙트럼 형태로 다양한 단계구조를 가지고 있다고 보고 있으며,[14] 그중 일부만이 반드시 형식적 법률로 규정될 사항이 된다. 중요사항 중 형식적 법률로만 규정해야 할 사항과 행정입법에 위임할 수 있는 사항의 구별은 규율하고자 하는 사안의 중요도의 정도, 즉 국민의 권익 또는 공동체의 이익에 미치는 영향의 정도와 행정입법의 필요성 등을 종합적으로 고려하여 사안별로 결정해야 할 문제이다.

3) 법률과 행정입법의 관계

(1) 법률에 의한 포괄위임금지

조세법률주의를 조세정의의 핵심 문제라고 이해한다고 하더라도 조세와 관련

13 정하중, 『행정법개론』, 법문사, 2009, 32쪽; 박균성, 『행정법론(상)』, 박영사, 2009, 24~25쪽; 홍정선, 『행정법원론(상)』, 박영사, 2009, 54~57쪽; 헌재 2006. 03. 30. 선고 2005헌바31 결정, 판례집 제18권 1집 상, 362쪽 이하; 대법원 2007. 10. 12. 선고 2006두14476 판결.

14 유지태·박종수, 『행정법신론』, 박영사, 2009, 58쪽; 박균성, 『행정법론(상)』, 박영사, 2009, 24쪽; 정하중, 『행정법개론』, 법문사, 2009, 32쪽.

한 사항 전부를 국민들의 대표가 모인 국회에서 결정해야 한다는 것은 아니다.

현재 대부분의 국가는 조세법 영역에서도 대통령령, 부령과 같은 행정입법을 허용하고 있다. 이처럼 행정입법이 허용되는 이유로 학자들은 첫째, 전문적·기술적 입법사항이 증대한다는 점, 둘째, 행정현상의 급격한 변화에 대응하기 위한 탄력성 있는 입법의 필요성이 생겨난다는 점, 셋째, 국회입법으로는 지방별·분야별 특수사항을 규율하기 어렵다는 점, 넷째, 전시·비상시에 예외적으로 행정권에 대한 광범위한 수권이 불가피한 점을 들고 있다.[15] 다만 어느 범위에서 행정입법이 허용되는지는 나라에 따라 다르다. 우리나라의 경우도 법률의 위임에 의해 행정입법에서 국민의 자유와 권리를 제한하는 사항을 규정할 수 있다. 하지만 우리 헌법상 행정입법이 구속력 있는 규범으로서 국민의 자유와 권리를 제한할 수 있기 위해서는 일정한 한계 내에서 제정되어야 한다고 보고 있으며, 그 한계 중의 하나로 언급되는 것이 바로 포괄위임금지원칙이다. 이 원칙은 국회가 법률로 규정하여야 하는 사항을 스스로 결정하지 않고 행정부에 위임하더라도 그 위임이 포괄적인 형태로 이루어지면 안 된다는 것이다.[16]

우리나라에서는 헌법 제75조 때문에 포괄위임이 금지된다. 이 조문은 "대통령은 **법률에서 구체적으로 범위를 정하여 위임받은 사항**……에 관하여 대통령령을 발할 수 있다."라고 규정하고 있다. 이 규정이 포괄위임을 금지한

15 정하중, 『행정법개론』, 법문사, 2009, 121쪽.

16 다만, 헌법재판소는 조례와 같은 자치법규에의 위임과 공법적 단체 등의 정관에의 위임의 경우에는 포괄위임금지원칙이 적용되지 않는 것으로 보고 있다. 헌재 2001. 4. 26. 선고 2000헌마122 결정, 판례집 13-1, 962, 972: "헌법재판소는 조례의 경우, 조례의 제정권자인 지방의회는 선거를 통해서 그 지역적인 민주적 정당성을 지니고 있는 주민의 대표기관이고 헌법이 지방자치단체에 포괄적인 자치권을 보장하고 있는 취지로 볼 때, 조례에 대한 법률의 위임은 법규명령에 대한 법률의 위임과 같이 반드시 구체적으로 범위를 정하여 할 필요가 없으며 포괄적인 것으로 족하다(헌재 1995. 4. 20. 선고 92헌마264등 결정, 판례집 7-1, 564, 572)고 판단한 바 있는데, 법률이 공법상의 법인의 정관에 위임한 경우에도 그것이 그 법인의 자치적인 규율 사항이라고 보는 한 같은 법리가 적용된다고 할 수 있다."

이론적 배경에 대해 헌법재판소는 법률로 규정하여야 할 사항을 대통령령 등 하위법규에 위임하는 경우에 일반적이고 포괄적인 위임을 허용한다면 이는 사실상 입법권을 백지 위임하는 것이나 다름없어 의회입법의 원칙이나 법치주의를 부인하는 것이 되고 행정권의 자의로 말미암아 기본권이 침해될 위험이 있기 때문이라고 설명하고 있다(헌재 2009. 2. 26. 선고 2006헌바65 결정).

총리령과 부령의 헌법적 근거인 헌법 제95조는 "국무총리 또는 행정각부의 장은 소관 사무에 관하여 법률이나 대통령령의 위임 또는 직권으로 총리령 또는 부령을 발할 수 있다."라고 규정하여 헌법 제75조와는 조문표현이 약간 다르다. 하지만 학자들은 포괄위임이 금지되는 그 취지를 고려할 때 총리령과 부령에 대해서도 포괄위임이 금지된다고 보고 있다.[17]

이와 같은 헌법 규정에 의한 명시적인 포괄위임금지원칙은 1948년 헌법부터 존재하였다. 현행 헌법 제75조의 전신이라고 할 수 있는 1948년 헌법 제58조는 "대통령은 법률에서 일정한 범위를 정하여 위임을 받은 사항과 법률을 실시하기 위하여 필요한 사항에 관하여 명령을 발할 수 있다."라고 규정하고 있었다. 현행 헌법 제95조의 전신이라고 할 수 있는 1948년 헌법 제74조는 "국무총리 또는 행정각부장관은 그 담임한 직무에 관하여 직권 또는 특별한 위임에 의하여 총리령 또는 부령을 발할 수 있다."라고 규정하고 있었다. 이러한 조문은 그 후 유신헌법을 포함하여 여러 번의 헌법개정 때에도 거의 변경되지 않고 승계되어 왔다.

현행 헌법상 포괄위임금지원칙에 따르면 일단 시민들의 법률생활과 국가공동체에 중요한 사항 일부에 대해서만 국회는 형식적 법률로 규정하고, 그 외의 사항에 대해서는 행정입법에 법적 규율을 위임할 수 있다. 다만 이 경우 입법자는 헌법 제75조와 제95조에 따라 구체적으로 범위를 정하여 위임하여야 한다. 구체적으로 범위를 정하여 위임한다는 의미에 대해 헌법재판

17 홍정선, 『행정법원론(상)』, 박영사, 2009, 210쪽.

소는 "법률에 대통령령 등 하위법규에 규정될 내용 및 범위의 기본사항이 가능한 한 구체적이고도 명확하게 규정되어 있어서 누구라도 당해 법률 그 자체로부터 대통령령 등에 규정될 내용의 대강을 예측할 수 있어야 함을 의미하고(헌재 1991. 7. 8. 91헌가4, 판례집 3, 336, 341 참조), 이러한 예측가능성의 유무는 당해 특정조항 하나만을 가지고 판단할 것은 아니고 관련 법조항 전체를 유기적·체계적으로 종합 판단하여야 하며, 각 대상 법률의 성질에 따라 구체적·개별적으로 검토하여야 한다. 따라서 법률조항과 법률의 입법 취지를 종합적으로 고찰할 때 합리적으로 그 대강이 예측될 수 있는 것이라면 위임의 한계를 일탈하지 아니한 것으로 판단되어야 할 것이다(헌재 1994. 7. 29. 93헌가12, 판례집 6-2, 53, 59, 헌재 2009. 02. 26, 2006헌바65등 참조)."라고 판시하고 있다. 즉, 위임을 하고 있는 법률의 규정만 보아도 대통령령 등에 규정될 내용의 대강을 예측할 수 있어야 한다고 보고 있다. 그런데 예측의 주체와 관련하여 헌법재판소는 '누구라도'라는 표현을 사용하고 있는데, 이는 아마 조세법 전문가가 아닌 납세자 일반을 지칭하는 것으로 보인다.

포괄위임이 아닌 한 행정입법은 허용되는데 이 경우 입법권을 가진 의회로부터 규범 정립을 할 수 있도록 허락받은 행정기관이 실제 규범 정립 행위를 하는 경우 이것이 '입법권'의 행사인지 아니면 '특수한 형태의 법집행 권한'의 행사인지가 이론적으로 논란이 될 수 있다.

또, 포괄위임금지와 관련하여 한 가지 유념할 것은 입법사항과 해석사항의 구분이다. 행정기관이 전자에 대해 일반적이고 추상적인 규범을 정립하려고 하면 포괄위임금지원칙의 적용을 받는다. 하지만 행정기관이 해석사항에 해당하는 것에 대해 일반적이고 추상적인 규범을 정립한다면 우리나라 헌법상으로도 포괄적인 위임이 가능하다. 심지어 해석사항의 경우에는 명시적인 법률상의 위임이 없어도 행정청은 법집행을 위해 필요한 법해석을 할 수 있다. 다만 이러한 행정청의 법해석 권한은 원칙적으로 사법부를 구속하지 못한다.[18] 왜냐하면 우리 헌법상 법률해석에 대한 최종적인 권한은 행정부가 아니라 사법부에 귀속되어 있기 때문이다.[19]

(2) 행정입법 제·개정상 한계

세무공무원은 대통령령과 같은 행정입법에 근거하여 세금을 부과하고 징수할 수도 있다. 하지만, 이처럼 세무행정의 근거가 되는 규범으로서의 대통령령 등 행정입법은 상위법령과 조화를 이루어야 한다. 즉, 상위법령이 위임한 범위 내에서 제정되어야 하고, 또 상위법령에 반하지 않아야 한다. 이때 상위법령에는 관련 헌법 규정과 권한을 위임해준 '법률'이 대표적으로 해당된다(대법원 1994. 3. 8. 선고 92누1728 판결). 법률 등 상위법령에 근거가 없는 행정입법은 원칙적으로 법규범으로서 효력이 없다. 다만, 권리의 제한이나 의무부과를 하는 내용이 아니고 법을 집행하는 데에 필요한 기술적인 사항일 경우에는 법률 등 상위법령에 근거가 없는 경우에도 하위법령에서 규정할 수 있다.

그리고 대통령령 등 행정입법은 자신이 법률 등으로부터 위임받은 사항의 규율을 포괄적으로 하위 법령에 재위임할 수 없다(헌재 1996. 2. 29. 선고 94헌마213 결정). 예를 들어, 법률이 대통령령에 위임한 사항을 대통령령이 포괄적으로 부령에 위임한다는 것은 실질적으로 법률의 규정내용을 대통령령이 임의적으로 수정하는 것이 되고 이는 하위법령이 상위법령의 내용을 변경시키는 것이 되어 허용할 수 없는 것이다.

---

18 사법부가 어느 정도 행정청의 법해석 권한을 존중하는지의 문제는 별개이다.

19 법령의 해석·적용은 사법권의 본질적 내용을 구성하며, 그 사법권은 현행 헌법상 법원에 귀속되어 있다. 헌법 제101조 제1항.

4. 명확한 조세법규의 필요성

1) 실질적인 법적 안정성의 담보

과세요건을 법률로 규정하는 것이 조세정의의 요청이라면, 이때 과세요건을 규정한 법률규정은 명확해야 한다. 이것도 분명히 조세제도가 정의로워지기 위해서는 반드시 필요한 것이다. 국회에서 세법을 제정하기는 하였지만 과세요건을 규정한 세법 규정이 너무나 난해하여 심지어는 세법을 만드는 국회의원마저도 자신이 만든 세법이 어떤 내용인지를 모르는 상황이라면 그것이 법으로서 기능한다고 할 수 있는가? 오로지 소수의 조세기술 전문가만이 알 수 있는 암호와 같은 문장들로 과세요건이 꾸려져 있다면 이는 분명 정의와는 거리가 먼 세법이다.

조세에 관한 사항을 법률에 규정해 두는 이유는 국민들이 거래 행위를 함에 있어서 예측가능성과 법적 안정성을 보장해 주기 위해서이다. 그러기 위해서는 국민들은 자신들의 대표가 만든 세법 규정을 보고서 자신들이 어떤 거래를 하면 얼마 정도의 세금을 납부해야 하는지를 미리 알 수 있어야 한다. 만일 이것이 불가능하다면 굳이 조세부과의 요건을 법률에서 규정해 두어야 할 이유가 별로 없을 것이다.

그래서 우리 헌법재판소도 조세법률주의의 내용으로 조세와 관련한 요건들이 단순히 법률로 규정될 것 이외에 그 법률에 규정된 요건이 명확할 것을 요구하고 있다. 이것을 '과세요건명확주의'라고 한다.

조세법률주의의 내용으로 법규정의 명확성을 요구하는 이유는 국민들에게 법적 안정성과 예측가능성을 '실질적'으로 확보해 주기 위해서이다. 과세요건 등을 법률로 규정하게 하고서 그 법규정의 내용이 불명확하다면 과세요건을 법률로 규정한 원래 취지는 아무런 의미가 없어져 버릴 것이다.[20] 사실 법규정의 명확성 요구는 세법에만 존재하는 것이 아니고 모든 법영역에 유효한 것이다. 하지만 우리나라에서 법규정의 명확성이 특별히 문제되고 있는 영역은 세법과 형법뿐이다. 이는 세법과 형법에서 특별히 다시 한 번 법규정의 명확성을 강조하고자 하는 의미라고 이해한다.

> 오직 이해할 수 있는 법만이 정당한 법이다. 이 명제는 현행 세법을 근본적으로 개혁하려는 경우에 있어서 하나의 구체적인 목표를 제시해 주고 있다. 현재로서 조세정의는 개별적 사정을 고려한 불평등취급규정을 통해서가 아니라 단순화를 통해 달성될 수 있다. 세금은 납세자가 과세근거를 인식하고 그것을 이해할 수 있을 때에만 정당한 것이 된다.[21]
>
> (Nur verstehbares ist gerechtes Recht. Damit gewinnt das Vorhaben, das Steuerrecht grundlegend zu erneuern, ein konkretes Ziel. Gegenwärtig kann die Steuergerechtigkeit nicht durch weitere Differenzierungen, sonderen nur durch Vereinfachung erreicht werden. Eine Steuer ist nur gerecht, wenn der Steuerpflichtige den Belastungsgrund erkennen und verstehen kann.)

2) 과세요건 명확성을 어떻게 이해할 것인가?

과세요건 등을 규정한 세법 규정이 명확하여야 한다는 원칙에 대한 국내 학자들의 견해는 크게 네 가지 유형으로 나눌 수 있다. 첫째 유형은 헌법재판소와 동일하게 조세법률주의의 핵심 내용으로 과세요건법정주의와 함께

---

20 그런 측면에서 본다면 과세요건법정주의와 과세요건명확주의를 별개로 설명하지 않고 후자를 전자의 일부로 이해하자는 논지는 상당히 설득력이 있다고 본다. 김재길, 『세법학이론』, 박영사, 2008, 304쪽 이하.

21 Paul Kirchhof, *Der Einfluß des Verfassungsrechts auf die Entwicklung des Steuerrechts*, Die Steuerberatung 1995 Nr. 2, Stollfuß Verlag, Bonn, S. 66.

과세요건명확주의를 인정하면서 세법 규정의 목적적 해석, 차용개념의 독자적 해석 인정 여부 등 세법 규정의 해석 범위 결정과 관련하여 중요한 의미를 가지는 법적 쟁점들에 대해 상당히 소극적인 입장을 취하는 견해이다.[22] 이 입장이 현실화되기 위해서는 세법 규정이 복잡한 해석이 필요 없는 상태, 즉 문언만으로 그 의미가 명확해지는 개념들로 규정되어 있어야 한다. 하지만 이러한 견해를 취하는 학자들도 급변하는 경제현상을 규율해야 하는 세법의 특수성으로 인해 불명확한 개념을 사용하는 것이 어느 정도 불가피하다는 것을 인정하고 있다.[23] 다만, 이처럼 불명확한 개념을 사용해야 할 불가피성이 있더라도 조세법률주의의 본질적 기능이 납세의무의 한계를 명백히 하고 법적 안정성과 예측가능성을 보장하는 데에 있다고 보므로 그러한 본질적 기능이 손상되지 않아야 한다는 조건을 제시한다.[24] 이러한 견해가 합헌이라고 보는 불명확개념은 경험개념으로서의 불명확개념을 의미하며 이것은 얼핏 보아 불확정적인 것처럼 생각되지만 법의 취지나 목적에 비추어 **'논리적 해석'**을 하면 그 규정의 개념·의미 내지 내용이 명확해지는 것을 의미한다.[25] 이 견해에 따르면 허용될 수 있는 불명확개념은 단순히 논리해석

22 최명근·김두형 교수는 조세법률주의의 영향으로 조세법규의 해석은 엄격하게 문자 중심의 해석을 해야 한다는 입장을 취하고 있고, 따라서 차용개념의 독자적 해석을 원칙적으로 부정하고, 유추해석·확장해석도 허용되지 않는 것으로 이해한다. 다만 최명근·김두형 교수는 국세기본법 제14조상 실질과세원칙에서의 실질에 대해서는 경제적 실질설을 취하고 경제적 실질에 따른 법해석을 목적적 해석으로 긍정하는데 그렇게 되면 차용개념의 독자적 해석, 탄력적 법해석이 불가피하다고 보는데 이 부분은 본인들의 세법 규정 해석에 대한 기본입장과 조화가 되지 않는 것이 아닌가 판단된다. 최명근, 『세법학총론』, 세경사, 2001, 92쪽(차용개념의 독자성부정), 195~199쪽(유추해석금지 등 엄격해석원칙); 김두형, 「조세법에 있어서 경제적 관찰방법의 의의와 본질」, 『조세연구』 제1집, 한국조세연구포럼, 세경사, 77~92쪽; 김두형, 「조세법의 해석원칙」, 『조세법연구』 제3집, 한국세법학회, 세경사, 342~345쪽.

23 임승순, 『조세법』, 박영사, 2009, 32~34쪽; 최명근, 『세법학총론』, 세경사, 2001, 88쪽. 본문 아래에서 검토하는 바와 같이 포괄주의입법이 과세요건명확주의에 반한다고 주장하는 최명근 교수도 '경험개념'으로서의 불명확개념을 사용하는 것은 세법의 특수성상 불가피한 면이 있다는 것을 인정한다.

24 최명근, 『세법학총론』, 세경사, 2001, 88쪽.

25 최명근, 『세법학총론』, 세경사, 2001, 87쪽. 이러한 경험개념의 예시로 최명근 교수는 부당행위

을 하면 충분히 그 의미가 파악되어야 하고, 확장해석이나 유추해석(보충해석)을 해야 그 의미가 밝혀질 수 있는 정도에 이르면 명확성원칙에 반하는 것으로 이해한다.[26]

둘째 유형은 조세법률주의의 내용에 대해서는 첫째 유형과 동일한 입장을 취하지만 차용개념의 독자적 해석, 세법 규정의 목적적 해석 등을 적극적으로 인정하는 입장이다.[27] 이 입장을 취하는 경우에는 조세법 규정의 명확성원칙이 엄격한 의미에서는 납세자의 예측가능성, 법적 안정성을 확보해 주기가 어렵게 된다. 이 견해를 취하는 입장은 결국 납세자에게 예측가능성, 법적 안정성을 보장해 주는 가치보다, 탄력적인 세법 규정의 해석을 통해 조세공평을 실현하는 것이 전체 납세자들에게 더 중요하다고 생각하는 것이다.

셋째 유형은 조세법률주의의 핵심적 내용은 과세요건 등을 법률로 규정하는 것만이라고 이해하고, 세법 규정이 명확하여야 한다는 원칙은 조세법률주의의 내용으로서가 아니라 모든 법규정에 요구되는 '법규정의 명확성 요구(Bestimmtsheitsgebot)'에서 도출되는 것으로 이해하는 입장이다.[28]

마지막으로 넷째 유형은 헌법재판소나 다수의 세법학자들이 주장하는 세법 규정이 명확하여야 한다는 원칙은 논리상으로는 '형식적 법치주의'라는 개념 아래에서 설명할 수 있는 것으로 이해하지만 내용적으로는 헌법재판소

계산부인규정에 있어서 「조세의 부담을 부당하게 감소시키는 것으로 인정」, 국세기본법 제20조상의 「일반적으로 공정타당하다고 인정되는 것」 그리고 질문검사권 관련규정에서 규정한 「직무수행상 필요한 때」(예: 소득세법 제170조 제1항) 등을 그러한 경험개념의 예로 제시하고 있다. 최명근, 『세법학총론』, 세경사, 2001, 87~88쪽.

26 최명근, 「포괄증여의제규정의 위헌성 소고-상속세및증여세법 제42조를 중심으로-」, 『조세법연구』 III, 한국세법학회, 1997. 9., 484쪽.

27 이태로·안경봉, 『조세법강의 신정4판』, 박영사, 2001, 23~26쪽. 임승순 변호사는 과세요건명확주의를 조세법률주의의 핵심적 내용으로 이해하지만 세법 규정의 목적적 해석의 불가피성을 인정하고, 또 아주 신중한 표현을 사용하긴 하지만 차용개념의 독자적 해석의 필요성도 인정하고 있다. 하지만 임승순 변호사는 실질과세원칙에 대해서는 법적 실질설을 취하고 있는데, 법적 실질설을 취하면서도 차용개념의 독자적 해석, 세법 규정의 목적적 해석이 어느 범위까지 가능할지에 대해서는 의문이다. 임승순, 『조세법』, 박영사, 2009, 44~51쪽.

28 김성수, 『세법』, 법문사, 2003, 113~114쪽.

가 판시하는 것처럼 과세요건이 명확해질 것을 요구한다는 것이 현실적으로 불가능하다는 입장이다.[29] 이 견해를 취하는 입장은 조세법률주의의 내용으로서는 아니더라도 모든 법률규정에서 당연하게 요구되는 '법률규정의 명확성 요청'에 대해 이것이 세법에서 어떤 의미를 가져야 하는지에 대해서는 분명하게 설명하지 않고 있다.

3) 조세법규명확주의에 대한 헌법재판소의 입장

조세법 규정의 명확성은 조세법률주의의 한 내용이고, 조세법률주의는 헌법적 원칙인 법치행정원리의 또 다른 표현이므로 결국 조세법규의 명확성 문제는 헌법적 문제라고 할 수 있다. 이처럼 조세법규명확주의 혹은 과세요건명확주의[30]가 헌법적 요청이므로 과세요건명확주의를 어떻게 이해할 것인지와 관련하여 우리나라에서 최종적인 헌법해석 권한을 가지고 있는 헌법재판소의 입장이 어떤지가 중요하다.

헌법재판소는 조세법규명확주의(과세요건명확주의)와 관련하여 "과세요건명확주의 문제는 납세자의 입장에서 어떠한 행위가 당해 문구에 해당하여 과세의 대상이 되는 것인지 예견할 수 있을 것인가, 당해 문구의 불확정성이 행정관청의 입장에서 자의적이고 차별적으로 법률을 적용할 가능성을 부여하는가, 입법 기술적으로 보다 확정적인 문구를 선택할 것을 기대할 수 있을 것인가 여부 등의 기준에 따른 종합적인 판단을 요한다."라고 판시하고 있다(헌재 2002. 5. 30. 선고 2000헌바81 결정). 이러한 헌법재판소의 판단은 논

29 이창희, 『세법강의』, 박영사, 2008, 23~28쪽.

30 일반적으로는 '과세요건명확주의'라는 용어를 사용하지만, 개인적으로는 조세법규명확주의라는 용어가 더 적절하다고 본다. 이에 대해서는 이동식, 『일반조세법』, 준커뮤니케이션즈, 2013, 124쪽 이하 참고.

리적으로 첫째, 조문에 어느 정도의 불명확성이 존재하는지 여부, 둘째, 현재보다 더 명확한 조문을 만들 것을 기대할 수 있을 것인지의 순서로 검토해 볼 수 있다. 그중 첫 번째 판단과정에서 문제가 되는 것은 하나의 세법조문이 조문의 문구 자체만으로 내용이 명확하여야 하는지, 아니면 일반적인 법해석 방법을 통하여 명확하게 될 '가능성'이 있으면 충분한지 여부이다.[31] 이에 대해 헌법재판소는 후자 입장을 취하고 있다.[32]

헌법재판소는 과거 적지 않은 사례에서 세법 규정을 조세법규명확주의에 반한다는 이유로 위헌결정을 하였다.[33] 흥미로운 것은 위헌결정은 주로 1990년대에 있었고, 2000년대에 와서는 한 건의 결정, 그것도 헌법불합치결정이 있은 것 이외에는 세법 규정이 불명확하다는 이유로 위헌결정된 사건이 없다는 점이다.

4) 조세법규명확성의 한계

(1) 의의

조세법 규정이 명확해야 한다는 것은 너무나 당연한 명제이다. 하지만, 실제로 어느 나라 세법을 보더라도 세법 규정이 그리 명확하지는 않다. 우

---

31 이동식, 「포괄주의조세입법의 헌법적 쟁점」, 『조세법연구』 XIV-3, 한국세법학회, 2008, 238~239쪽.

32 헌법재판소 2006. 6. 29, 2005헌바76, 판례집 제18권 1집 하, 311: "어떠한 법률이 명확성의 원칙에 위반되는지를 심사함에 있어서 법률은 일반성, 추상성을 가지는 것으로서 법률규정에는 항상 법관의 법 보충작용으로서의 해석을 통하여 그 의미가 구체화, 명확화될 수 있다는 점에 유의해야 한다. 이는 조세법률주의가 적용되는 조세법 분야에 있어서도 다를 바 없으므로, 조세법규정이 당해 조세법의 일반이론이나 그 체계 및 입법 취지 등에 비추어 그 의미가 분명해질 수 있다면 이러한 경우에도 명확성을 결여하였다고 하여 그 규정이 과세요건명확주의에 위반되어 위헌이라고 할 수는 없다고 할 것이기 때문이다."

33 구체적인 수치에 대해서는 이동식, 「포괄주의조세입법의 헌법적 쟁점」, 『조세법연구』 XIV-3, 한국세법학회, 2008, 239~240쪽 참고.

리나라 세법 규정의 경우에는 전문가 입장에서 보더라도 이해하기 쉽지 않은 조문들이 상당수 존재한다. 하지만 그러한 세법 규정이 모두 명확하지 않아서 위헌이라고 해야 할지는 의문이다. 세법 규정이 명확해야 하지만 그 명확성의 정도가 한글을 아는 일반인이 세법조문을 읽어보았을 때 무엇이 과세대상이고, 무엇이 과세대상이 아닌지를 한눈에 파악할 수 있어야 한다는 정도의 명확성은 아니라고 할 것이다. 실제로 그러한 세법조문을 만들면 좋겠지만 아마 그러한 세법조문의 입법은 여러 가지 현실적 제약하에서 입법작업을 해야 하는 현재 상황에서 보면 그 어떤 나라에서도 불가능하다고 할 것이다.

(2) 법해석의 범주와 조세법규명확성

헌법재판소는 조세법규의 명확성이라는 것이 문제의 세법조문이 그 조문의 문구 자체만으로 내용이 명확해야 하는 것이 아니고, 일반적인 법해석 방법을 통하여 명확하게 될 '가능성'이 있으면 충분하다고 보고 있다.[34] 법해석이라는 것이 단지 법조문을 문언대로 해석하는 것에 그치는 것이 아니고 법규정의 취지 내지는 목적을 추적하여 그에 기초하여 해석하는 것이다 보니, 법해석의 범주는 상당히 모호한 측면이 있다. 법해석이 이처럼 쉽지 않은 작업이므로 일반인들은 법해석의 전문가인 변호사의 도움을 받으려고 하는 것이기도 하다.

헌법재판소의 태도에 따르면 어떤 조세법 규정이 명확하지 않아 위헌인지를 판단하기 위해서는 '법해석 방법의 범위'가 중요한 역할을 하게 된다. 미국이나 독일의 경우에는 우리나라보다 상대적으로 세법해석의 범위가 넓은 편이다. 그렇기 때문에 동일한 표현이더라도 우리나라에서는 불명확한 조문이 미국이나 독일에서는 명확한 조문이 될 수 있는 것이다.

34 헌법재판소 2006. 6. 29, 2005헌바76, 판례집 제18권 1집 하, 311.

(3) 자유 vs. 공평

납세자의 입장에서 보면 조세법 규정이 명확해야 하지만, 한편으로는 조세법이 결국 조세 부담을 납세자들 사이에 공평하게 배분하는 기준이므로 그러한 세법 규정에 따라 세금을 부과한 결과가 공평하게 조세 부담을 배분한 것이 되어야 한다.

조세법 규정의 명확성을 강조하면 할수록 납세자의 행동의 자유는 더 폭넓게 보장될 수 있지만, 그만큼 조세의 공평한 배분은 어려워지게 된다. 세법 규정이 명확하고, 또 세법해석의 범주가 좁으면 좁을수록 조세회피행위를 통하여 부당하게 세부담을 면할 수 있는 가능성은 더 높아지게 된다.

따라서 조세법 규정의 명확성만을 무한정 강조하여 납세자의 행동의 자유만을 강조할 수는 없고, 세법의 근본적 존재 이유인 세금의 공평한 부과가 가능할 수 있도록 어느 정도 해석의 여지를 항상 남겨 놓아야 한다. 자유와 공평의 구체적 한계 설정은 각각의 사회가 그 시대적 요청에 따라 결정하게 될 것이다.

5. 조세법집행의 형평성(Equity, Billigkeit) 확보의 중요성

1) 입법의 불완전성과 법집행의 형평성 확보 필요성

어느 나라를 막론하고 세금의 부과·징수는 법률에 근거하고 있다. 법률에는 성문법과 불문법이 있지만 세금 부과·징수의 근거가 되는 법률은 원칙적으로 성문법을 말한다. 물론 판례와 같은 불문법도 세법에서 부분적으로 법원(法源)으로서 역할을 할 수 있지만 민법 등 다른 법률영역과 비교하였을

때 그 역할은 아주 제한적일 수밖에 없다.[35]

예를 들어 미국과 같은 나라는 불문법국가이기 때문에 일반적으로는 성문화된 법률보다 법원의 재판을 통해 형성되는 판례법이 더 중요한 역할을 하는 경우가 많다. 하지만, 적어도 세법 영역에서만큼은 미국의 경우에도 아주 방대한 분량의 성문법 규정을 두고 있다.

이와 같이 성문화된 세법 규정은 납세자들에게 어떤 경우에 국가가 세금을 부과할 것이라는 것을 명확하게 알려 주는 기능을 하며, 반대로 과세권자인 국가의 입장에서는 그러한 성문법에 근거가 없는 과세를 할 수 없는 제약기능을 가진다.

명문화된 법률규정에 근거하여 세금을 부과하는 제도는 여러 가지 장점이 있지만, 문제점도 적지 않다. 그러한 문제점 가운데 가장 두드러지는 것은 입법의 불완전성이다. 입법자가 신이 아닌 이상 입법을 하는 단계에서는 입법 이후 발생하는 모든 사정들을 알 수 없다. 따라서 과거 어느 시점에 제정된 법률은 시대적 상황이 바뀐 현재 시점에서는 항상 어느 정도의 내용적인 불완전성을 가지고 있을 수밖에 없다.

성문법 규정이 이와 같은 불완전성을 내포하고 있더라도 일단 세법 규정이 만들어지면 공무원은 그 세법 규정에 기초하여 엄정하게 법집행을 해야 하는 것이 원칙이다. 그런데 그러한 불완전한 법률에 기초하여 엄정하게 법집행을 하다 보면 특수한 사정에 처한 납세자는 그러한 과세 내용을 받아들이기 어렵게 될 수도 있다.

법의 이념이 정의의 실현에 있다고 할 때 다름 아닌 법률이 이와 같이 불합리한 결과를 발생시키는 원인이 된다는 것은 법의 존재 이유인 정의의 실현과 부합되지 않으므로 무언가 특별한 제도가 필요하게 된다.

물론 이러한 입법의 불완전성은 합리적인 법해석을 통해서도 극복할 수 있는 여지가 있다. 하지만, 법해석도 한계가 있어서 일반적인 법해석의 한계

35 이동식, 『일반조세법』, 준커뮤니케이션즈, 2013, 33쪽.

밖에서 일어나는 입법의 불완전성은 어떻게 할 것인가 하는 문제가 발생한다. 이러한 입법의 불완전성은 새로운 입법을 통해 시정하는 방법 밖에 없다고 보는 입장도 있을 수 있다. 하지만 입법의 불완전성이 문제되는 경우 가운데에는 그 사례가 놓인 아주 특수한 상황 때문에 그러한 불완전성이 문제되는 경우도 있는데 그러한 경우들마저도 모두 새로운 입법을 통해서만 극복하게 한다는 것이 바람직한가 하는 의문이 있을 수 있다. 또한, 이처럼 새로운 입법을 통해 기존 입법의 불완전성을 극복해야 한다는 주장은 적어도 문제가 된 그 사안에서는 현행법대로 과세할 수밖에 없다는 것을 전제로 하는 것이므로 국민들이 부여한 공권력을 이용하여 불완전한 세법 규정을 강제하는 데 사용한다는 것은 납세자들 입장에서는 받아들이기 쉽지 않은 측면이 있다. 그래서 이러한 입법의 불완전성이 해석을 통해 극복되지 않는 경우라도 형평성에 기초한 법집행을 할 수 있는 특수한 제도를 마련해 둘 필요가 있다는 주장이 생겨나게 된다.

2) 형평성의 의미

'형평성을 고려한 법집행'이라는 말에서 '형평성'이라는 개념은 영어로는 'Equity'라고 하고, 독일어로는 'Billigkeit'라고 한다. 'Billigkeit'라는 독일어는 동사 'billigen'의 명사형이다. 사전에 따르면, billigen은 '옳은 것이라 인정하다(gutheißen)', '동의하다(genehmigen)', '납득하다(einverstanden sein)' 등의 의미를 갖고 있다고 정의되어 있다.[36]

한글로 '형평'이라는 단어에 대해 국어사전에서는 '균형이 맞음 혹은 균형이 맞은 상태'라고 정의하고 있다. 균형에 맞지 않는다는 것은 비교 대상이

36 Wahrig, *Deutsches Wörterbuch*, Bertelsmann Lexikon Verlag, 2000, S. 275.

있어야 한다. 세법과 같은 법의 집행과 관련하여 형평이라 함은 합리성과도 연결성이 있다. 예컨대 '통상적으로 법적용이 문제되는 사례에서의 법집행 결과'(A)와 '특수한 사정으로 인하여 형평성이 문제되는 사례에서의 법집행 결과'(B)가 일반국민의 입장에서 법을 떠나 상식으로 생각해 보아도 너무나 불합리하게 보이는 경우를 형평에 어긋나는 경우라고 말한다.

결론적으로 형평성 있는 법집행은 통상적인 법해석 결과에 따를 때 어떤 사례(A 사례)에 적용되어야 하는 조세법 규정이 존재할 때 그 규정이 통상적으로 적용되는 경우(B 사례)에 있어서의 법적용 결과와 비교하였을 때 당해 사례(A 사례)에 이 규정을 적용한다는 것은 무언가 이성적으로 납득하기 어렵고 그래서 이해관계가 없는 제3자의 입장에서 보더라도 그러한 법적용 결과를 옳다고(richtig) 할 수도 없고, 납득하기도(einverstanden) 어려운 경우에 그러한 사례(A 사례)에는 해당 규정을 적용하지 않는 것이라고 할 수 있다.

이처럼 법집행의 형평성 확보를 위한 조치는 아래에서 살펴보는 바와 같이 영미법계, 대륙법계 모두에서 그 흔적을 발견할 수 있다.

3) 영미법상 법집행의 형평성(Equity) 고려 방법

(1) 영미법의 특색

영국과 미국을 대표로 하는 법계가 영미법계이다. 대륙법계와 비교하였을 때 영미법계가 가지는 특색으로는 ① 선례구속의 원칙의 인정 ② 배심제도의 인정 ③ 공사법의 구별 부인 등을 들 수 있다.[37] 그중 여기서는 선례구속 원칙을 특히 강조하고자 한다. 영미법계에서는 구체적 사건해결 결과인 판례가 법규범으로 매우 중요한 역할을 한다. 대륙법계는 로마법을 계수하여

37 피정현, 「영미법상 Common Law」, 『법학연구』 제16집, 원광대학교 부설 법학연구소, 1999, 28쪽.

중요한 법규범들을 미리 성문화해 두고 그 법규범을 해석·적용해서 법적 분쟁을 해결하는 반면, 영미법계에서는 선례에서의 해석 결과가 마치 하나의 법규범처럼 되어 그 뒤 발생하는 사건에 적용되는 방식이다.

윌리엄(William) 1세가 1066년 헤이스팅스 전투(Battle of Hastings)에서 승리하여 영국을 정복한 뒤 종래 개별 지방을 중심으로 운영되던 법률제도와 사법체제를 중앙집중식으로 정비하기 위하여 런던에 국왕법원(royal court)을 설치하고, 기존 지방법원과 영주법원의 재판관할권을 박탈하였다. 국왕법원의 판결이 축적되면서 종래 지방에 따라 내용이 달랐던 법률제도가 통일되기 시작하였다. 보통법이라고도 불리는 Common Law는 영국의 어느 지방(잉글랜드, 웨일즈 등)에서도 공통적으로 적용되는 법이라는 의미를 가지고 있으며, 이 법은 바로 국왕법원의 판결을 통해 축적되어 왔다.

(2) 보통법(Common Law) 제도의 문제점

영국에서 보통법(Common Law) 체제는 11세기에 시작되었다고 할 수 있다. 처음 보통법 체제가 출범하였을 때에는 사법질서를 통일시켰다는 공적이 있었지만 다음과 같은 문제점을 가지고 있었다. 첫째, 영장제도(Writ System)의 문제점이다. 당시 보통법 체제에서 시민들이 자신의 권리구제를 희망하여 국왕법원(royal court)에 민사소송을 제기하는 경우에는 국왕의 이름으로 대법관(Chancellor)이 발부한 성문명령, 즉 영장(Writ)을 획득하여야 한다. 이것을 소송개시영장(Original Writ)이라고도 번역하는데, 이 명령은 피고에게 법정에 출두할 것과 동시에 피고는 왜 원고에게 원고가 주장하는 권리구제를 해주지 않는지 그 이유를 밝힐 것을 내용으로 한다.[38] 소송유형별로 영장이 다양하게 존재해야 하는데 사회환경의 변화로 새로운 유형의 소송이 필요하게 되어도 영장이 존재하지 않으면 소송이 불가능해지는 문

---

38 최대권, 『영미법』, 동성사, 1986, 236쪽.

제점이 있다. 둘째, 당시 보통법 체제에서는 민사상 불법행위에 대하여 금전배상만 인정하고, 불법행위로 빼앗긴 물건 자체의 반환을 청구할 수도 없었다. 셋째, 12세기까지만 해도 상소제도가 없어서 국왕법원이 판결을 잘못하면 권리구제를 받을 수가 없었다.

(3) 영미법상 형평법의 등장

13세기경 영국에서는 기존의 보통법 체제와 다른 형평법(Equity) 체제가 등장한다. 형평법은 영국의 일반법인 보통법(Common Law)의 결함을 도덕률에 의하여 보정(補正)한 법률이라고 정의할 수 있다. 영국에서 보통법 체제가 출범했을 당시에는 그 법규범을 만드는 법원인 국왕법원(royal court)의 재판이 잘못되어도 이에 대해 다시 한 번 다툴 수 있는 절차가 없었다. 그러나 13세기부터 국왕법원의 잘못된 판결에 대해서 직접 국왕에게 상소할 수 있는 제도가 만들어졌다. 그 기본 취지는 당시 사람들은 국왕을 정의구현자(fountain of justice)로 이해하고 있었는데, 국민들이 다툼으로 고통을 받는 경우 정의구현자인 국왕은 자신의 신하들로 구성된 국왕법원으로 하여금 자신을 대신하여 그 사건에서 무엇이 정의인지를 판단해 줄 것을 명령하였지만, 그러한 국왕법원의 판단 역시도 정의의 정신에 부합하지 않는다면 결국 마지막 정의수호자인 국왕에게 직접 사건의 재판을 요구할 수 있게 한 것이다. 14세기 말경에는 왕의 업무가 증가하자, 국왕은 국왕법원의 판결에 대한 상소를 대법관(Chancellor)에게 맡겼다. 대법관은 법률전문가가 아니라 종교적 승려에 가까웠다. 그는 세속적인 법률보다는 도덕(morality) 혹은 정의(natural justice)에 기초하여 재판을 하였다.

국왕의 신하인 대법관은 추밀원(Council)의 최고사법관으로서 보통법상의 불완전한 구제를 보완하는 은혜적인 구제를 제공하였다고 할 수 있다. 이러한 과정에서 보통법과는 구별되는 새로운 법체계가 정립되었는데 이것이 형평법이다. 형평법을 만드는 대법관은 보통법적인 기술성에 구속되지 않고,

영장(Writ) 체제에 의하여 제한되지도 않고, 오로지 대법관이 공정·정당하다고 판단하는 대로 재판을 하였다.[39] 형평법은 보통법과 달리 법의 기술적인 측면에 별로 구속되지 않고 자유로운 입장에서 무엇이 옳은지를 판단하여 분쟁을 해결하였다. 그래서 보통법과 비교하였을 때 형평법 체제는 융통성(flexibility)을 큰 장점으로 하고 있었다. 대신, 대법관이 교체되면 판결 내용이 변경되어 법률 내용이 불확실해진다는 단점이 있었다. 그 후 형평법의 내용을 정형화하는 여러 가지 보완 조치들이 이루어졌다.

영국에서는 한동안 보통법과 형평법이 병존하다가 1800년대에 접어들어서 두 법을 통합하여 현재의 체계를 이루게 되었다.

형평법과 보통법을 통합할 당시에 전제는 형평법과 보통법의 결론이 다른 경우에는 형평법에 따른 결론을 우선한다는 것이었다. 그 결과로 영국에서의 재판은 일반적인 법리에 따른 결론이 불합리하다고 판단되면 형평법 정신에 따라 재판이 가능하도록 되어 있다.

4) 독일 조세법상 형평면제제도

(1) 의의

독일법은 소위 대륙법계에 속한다. 독일은 우리나라가 법제를 운영함에 있어서 가장 많이 참조하는 나라 가운데 하나이다. 그래서 우리나라도 법체계는 대륙법계에 속하는 것으로 평가하고 있다. 독일과 같은 대륙법계의 경우에는 추상적인 성문법 규정을 제정해 두고 그 규정을 개별적 사례에 적용하는 방식으로 법을 운용한다. 영미법계와 달리 선례구속원칙이 없으므로 법원의 판결은 당해 사건에서만 구속력이 있을 뿐이다.

---

39 피정현, 「영미법상 Common Law」, 『법학연구』 제16집, 원광대학교 부설 법학연구소, 1999, 34쪽.

독일에서는 이러한 법률규정이 통상적인 사례에서는 아무런 문제가 없지만 특수한 사정에 처해 있는 개별적인 사례에서는 그 적용 결과를 납득하기 어려운 경우가 발생할 수 있는 여지가 영미법계보다 더 높다고 할 수 있다. 그래서 독일에서는 좀 더 합리적인 법적용을 위하여 법집행 단계에서 형평성을 고려할 수 있는 일반규정을 별도로 두고 있다. 즉, 일반적인 법집행은 통상의 법규정에 기초하여야 하지만, 만일 그러한 법규정에 따른 일반적 법집행이 형평성을 고려했을 때 문제가 있는 경우에는 그러한 일반규정이 아니라 형평성을 참작하여 특별하게 법적용 결론을 낼 수 있도록 해 둔 별도규정을 적용하는 방식이다. 이러한 형평성 고려조항은 조세법 분야처럼 행정청이 법률규정에 엄격하게 구속되는 행정영역에서 특히 문제가 된다.[40]

독일 조세법 분야에서 형평성을 고려하여 법집행을 할 수 있도록 허용하고 있는 특별규정은 독일 조세통칙법(Abgabenordnung) 제163조와 제227조이다. 제163조는 조세채무를 확정(Feststellung)하는 단계에서 형평성을 고려할 수 있도록 한 조문이고, 제227조는 확정된 조세채무의 징수(Erhebung) 단계에서 형평성을 고려할 때 문제가 있는 경우에 이미 확정된 조세채무를 면제할 수 있도록 한 규정이다.

(2) 입법 연혁

형평성을 고려하여 세금을 면제할 수 있도록 한 규정이 독일에서 처음 입법된 배경은 19세기 프로이센 국왕의 특정 귀족집단에 대한 인지세 사면에서 촉발되었다고 한다. 국왕은 특정 귀족집단에 대해 세금을 '사면'하려고 하였는데, 당시 법령에 따를 때 형벌만 사면의 대상이 될 뿐 조세는 사면의 대상이 되지 않았고, 따라서 별도의 입법이 있어야만 조세 사면이 가능하다는

40 행정청에게 재량이 인정되는 영역의 경우에는 재량권 행사를 통하여 그러한 문제를 해결할 수 있는 여지가 많다. 행정청의 재량행위에 대해서는 이동식 외 3인, 『행정법총론』, 준커뮤니케이션즈, 2013, 264쪽 이하 참조.

주장이 있었다. 그 결과 마침내 1895년 인지세법 제25조 제2항에서 형평성을 고려하여(aus Billigkeitsgründen) 인지세를 면제할 수 있도록 하는 규정이 입법되었다. 그러한 규정이 인지세뿐만 아니라 다른 모든 세목으로 확대된 것은 형평성을 고려한 조세감면 규정이 1919년 제국조세통칙법 제108조에 입법되면서부터이다. 그 조문은 아래와 같다.

> 재무부장관은 상황에 따라 조세를 거두는 것이 형평정신에 부합하지 않는 경우에는, 그 조세의 전부 혹은 일부를 면제하거나 기납부한 조세에 대해서는 환급 또는 충당할 수 있다.
> 이러한 재무부장관의 권한은 특별한 경우에 주(州) 재무부장관이나 개별 세무서의 세무공무원들에게 위임될 수 있다.
> 재무부장관은 연방상원의 동의를 받아 특별한 경우에 있어서 형평을 이유로 일반적으로 조세를 면제 혹은 감면하거나 기납부한 조세를 환급 혹은 충당함을 미리 규정화할 수도 있다.
>
> (Der Reichsminister der Finanzen kann für einzelne Fälle Steuern, deren Einziehung nach Lage der Sache unbillig wäre, ganz oder zum Teil erlassen oder in solchen Fällen die Erstattung oder Anrechnung bereits entrichteter Steuern verfügen. Die Befugnis hierzu kann für bestimmte Arten von Fällen den Landesfinanzämtern oder den Finanzämtern übertragen werden.
> Für Fälle bestimmter Art kann der Reichsminister der Finanzen mit Zustimmung des Reichsrats aus Billigkeitsgründen allgemein Befreiungen oder Ermäßigungen von Steuern sowie die Erstattung oder Anrechnung bereits entrichteter Steuern vorsehen.)

이 조문은 그 후 1931년 제국조세통칙법에서는 제131조로 조문 번호가 변경되었다. 그리고 제2차 세계대전 이후 조세통칙법을 전면 개정하면서 조세확정 단계와 조세징수 단계로 나뉘어 각각 제163조와 제227조에 규정하게 되었다. 이 두 개 조문의 구성요건은 거의 동일하다.

제163조: 조세의 징수가 구체적 사례가 처한 상황에 비추어 형평성에 부합하지 않는다면, 세금은 낮게 확정될 수도 있고 세금액 인상의 기초가 되는 과세사실을 세액확정 시에 고려하지 않을 수 있다. 소득에 대한 과세에 있어서 납세자의 동의가 있다면 세액인상의 근거가 되는 과세사실은 추후의 과세연도에 반영하도록 할 수 있으며 세액감면의 근거가 되는 과세사실은 원래 반영되어야 하는 과세연도보다 앞선 과세연도에 반영할 수 있다. 이와 같은 원래의 과세확정과 상이한 방법으로 과세하는 것에 대한 결정은 세액확정처분과 결합해서 이루어질 수 있다.

(Steuern können niedriger festgesetzt werden und einzelne Besteuerungsgrundlagen, die die Steuern erhöhen, können bei der Festsetzung der Steuer unberücksichtigt bleiben, wenn die Erhebung der Steuer nach Lage des einzelnen Falls unbillig wäre. Mit Zustimmung des Steuerpflichtigen kann bei Steuern vom Einkommen zugelassen werden, dass einzelne Besteuerungsgrundlagen, soweit sie die Steuer erhöhen, bei der Steuerfestsetzung erst zu einer späteren Zeit und, soweit sie die Steuer mindern, schon zu einer früheren Zeit berücksichtigt werden. Die Entscheidung über die abweichende Festsetzung kann mit der Steuerfestsetzung verbunden werden.)

제227조: 조세행정청은 세금의 징수가 개별적 상황에 비추어 형평정신에 부합하지 않는다고 판단되면 조세채무관계에서 발생하는 청구권의 전부 혹은 일부를 면제할 수 있다. 동일한 조건하에 이미 징수한 세액은 환급 혹은 충당될 수 있다.

(Die Finazbehörden können Ansprüche aus dem Steuerschuldverhältnis ganz oder zum Teil erlassen, wenn deren Einziehung nach Lage des einzelnen Falls unbillig wäre; unter den gleichen Voraussetzungen können bereits entrichtete Beträge erstattet oder angerechnet werden.)

(3) 입법 취지

독일 조세통칙법 제163조와 제227조의 외형적인 입법 취지는 조세감면의 법적 근거를 분명하게 한다는 것이다. 조세법률주의에 따라 세금을 부과하고 징수하는 경우에 법적 근거가 있어야 하고, 감면의 경우에도 법적 근거가 있어야 하는데 이 두 개 조문은 감면의 규범적 근거를 분명하게 제공하는 기능을 한다.

독일 조세통칙법 제163조와 제227조가 형평성을 이유로 조세감면을 인정하는 이유는 개별적 사례에서 정당성(Gerechtigkeit) 혹은 합리성(Vernünftigkeit)을 확보하기 위함이라고 하고 있다.[41] 일반적이고 추상적인 법률규정은 단지 일반적인 경우에 있어서 이렇게 과세하는 것이 정의에 부합하고 합리적인 것이라는 취지에서 입법된 것인데, 개별적 사례에서는 그러한 과세가 비합리적이고 납득하기 어려운 경우가 발생할 수 있다는 것이다. 제163조와 제227조는 이런 경우에 일반적인 경우를 상정하여 제정된 엄격한(starr) 법률의 적용을 완화하는 역할을 하며, 추상적인 규율의 집행을 중지시키며, 법적용이 문제된 구체적 상황을 고려하게 하는 역할을 한다.[42]

(4) 형평면제 규정의 적용 요건

① 의의

형평면제 규정이 적용되기 위한 전제조건은 추상적인 법률규정을 일반적인 법해석·적용방법에 따라 해석·적용하면 불합리한(unbillig) 결과가 발생한다는 것이다. 독일 조세통칙법 제163조와 제227조에서는 어떤 경우에 이와 같은 '불합리한' 결과가 발생한다고 할 수 있을 것인지에 대해 별도로 언급하지는 않고 있다. 학설과 판례는 아래와 같이 사물적(sachlich) 불형평성과 인적(persönlich) 불형평성으로 나누어 설명하고 있다. 둘 중 하나에 해당하면 불형평성 요건이 갖추어진 것으로 본다.

41 Seer, in: Tipke/Lang, *Steuerrecht 21*, Auflage, 2013, Verlag Dr. Otto Schmidt, § 21 Rn. 329.

42 Seer, a.a.O., Rn. 329.

② 사물적 불형평성

사물적 불형평성(Sachliche Unbilligkeit)이라 함은 납세의무자 혹은 납세의무자의 경제적 형편과 무관하게 법률규정 자체에서 도출되는 불형평성을 말한다. 이러한 사물적 불형평성은 다시 목적일탈(Zweckverfehlung), 기본권 침해(Grundrechtseingriff), 신뢰보호(Vertrauenschutz) 유형으로 나누어 설명된다.

목적일탈에 해당하는 경우는 입법 당시에 예상할 수 없었던 특수한 사례에 법률규정을 적용함에 있어 일반적인 법해석 방법에 따라 해석·적용하면 그 법률규정을 통해 추구하고자 했던 입법 목적에 부합하지 않는 결과가 발생하는 경우를 말한다. 우리 세법상 정당한 사유가 있는 가산세 감면이 바로 이러한 경우에 해당한다고 할 수 있다.

조세법 규정의 적용이 기본권 침해에 해당하여 형평성 위반이 된다는 것은 그 규정 자체가 바로 기본권 침해를 하는 것이 아니라[43] 그 법률을 제정했던 입법자가 예상하지 못했던 특수한 사례에 그 법률규정을 일반적인 법해석·적용방법에 따라 해석·적용하면 그것이 납세자의 기본권을 침해하는 결과가 되는 경우를 말한다. 예컨대, 이자소득에 대해 필요경비를 인정하지 않고, 소득공제도 하지 않고 분리과세만으로 소득세 과세문제를 종결하는 제도 자체는 보통의 사례에서는 합리성이 있지만, 만일 납세자가 이자소득만으로 생활을 영위하는 경우라면 이러한 경우에 필요경비공제라든지 소득공제를 인정하지 않고 명목소득으로 이자소득에 대해 과세하는 것은 납세자의 기본권을 침해하는 것이라고 할 수 있다.

마지막으로 신뢰보호가 문제되는 경우는 법규정의 변경으로 인하여 납세자의 행동이 제약된 경우에 발생한다. 납세자가 기존 법률규정을 신뢰하고 일정한 행동을 했는데 그 후 법률이 개정되어 이러한 납세자의 기존 신뢰가

43 이 경우에는 해당 조세법 규정 자체가 위헌이 된다.

유지될 수 없게 된 경우를 말한다. 물론 이런 경우에 신뢰보호원칙이나 소급입법금지원칙에 의하여 납세자의 신뢰를 보호할 수 있을 때에는 그러한 원칙으로 해결할 것이고, 형평성 면제규정은 그렇지 못한 경우 가운데 일정한 역할을 할 수 있게 되는 것이다. 이처럼 납세자의 신뢰보호가 형평성 차원에서 문제가 되는 경우에 입법자는 대부분 경과규정을 두어 이 문제를 해결하려고 한다. 이러한 경과규정이 존재하지 않거나 존재하지만 형평성 차원에서 납세자의 신뢰보호를 위해 충분하지 않은 수준일 때 형평면제규정에 의한 문제해결이 논의될 것이다.

③ 인적 불형평성

인적 불형평성(persönliche Unbilligkeit)이라 함은 특수한 상황에 처한 납세의무자의 개인적 형편 혹은 납세의무자의 경제적 상황이 일반적인 법해석에 따른 과세를 불합리한 것으로 만드는 경우를 말한다.

독일의 법원은 인적 불형평성을 이유로 세금감면이 이루어지기 위해서는 감면의 필요성(Erlassbedürftigkeit)과 감면의 정당성(Erlasswürdigkeit)이 인정되어야 한다고 본다. 예컨대, 세금을 체납한 납세자에 대해 강제집행을 해야 하는데 만일 법률규정대로 강제집행을 해서 납세자의 인간다운 생존 혹은 납세자가 다시 독립적으로 경제활동을 재개하기가 어려워지는 상황이 된다면 세금의 강제집행을 면제해 주어야 할 필요성이 인정된다.[44] 이러한 세금감면의 필요성이 인정된다고 하더라도 독일의 판례는 감면의 정당성이 인정되지 않는다면 감면을 인정할 수 없다고 본다. 독일 판례는 그러한 감면의 정당성이 인정되기 위해서는 납세자가 세금을 납부할 수 없는 경제적 상태에 이르게 된 것에 대해 납세자의 귀책사유가 없어야 하고, 또 납세자의 행동으로 인하여 명시적으로 공공의 이익에 반하는 상황을 초래하지 않아야

44 Seer, a.a.O., Rn. 339.

한다고 본다.[45]

(5) 형평면제규정의 한계

위와 같이 독일 세법에서는 형평정신에 기초하여 일반적이고 추상적인 세법 규정이 개별적인 경우에 문제가 되는 것을 해소할 수 있는 법적 근거를 두고 있다. 그러나 이 규정은 세법 규정 자체는 형평정신에 비추어 보아서 일반적으로 문제가 없는데 특별한 사정에 처한 구체적 사례에 그 규정을 적용하려고 할 때 문제가 되는 것을 해소하는 것이어야지 일반적으로 문제가 있는 규정을 행정작용 단계에서 그 문제를 시정하기 위해서 사용할 수 있는 조문은 아닌 것이다.

이 규정을 빌미로 하여 과세행정청이나 법원이 자신들의 정의관을 입법자의 정의관으로 대체할 수는 없다. 이 규정들은 어디까지나 법률이 의도하지 않았던 특수한 사정에서의 과도한 부담을 입법자의 의도를 헤아려 면제하는 것이지, 입법자의 의사와 전혀 무관하게 행정청이나 법원이 자의적으로 감면 여부를 결정하게 하고자 하는 것은 아니라는 것이다. 그래서 이 규정에 따라 감면 여부를 결정함에 있어서는 입법자가 만일 이러한 사례를 사전에 인식하였다면 어떻게 그 사례에 대해 과세하려고 하였을지를 고민해 보아야 하는 것이다. 물론 이러한 고민은 목적적 해석 등 일반적인 법해석에 있어서 법해석자가 흔히 하는 고민이지만, 형평면제조항은 그러한 해석 결과가 일반적인 해석의 한계를 초과하더라도 이러한 규정에 기초하여 다시 한 번 면제할 수 있는 법적 근거를 마련해 두고 있다는 점에 의의가 있는 것이다.

45 BFH BStBl. 1958, 153; 1981, 726; BFH/NV 1988, 695; 1989, 432; 2010, 656; 2012, 552.

5) 현행 세법상 형평성을 고려한 규정들

(1) 의의

현재 우리나라 세법에는 독일세법상 형평면제조항에 해당하는 조문도 없고, 영국과 같은 형평법의 전통도 없다. 반대로, 우리나라에서 과세행정은 엄격하게 법률에 기속되는 행정분야로 이해되어 과세당국은 기계적으로 법을 집행하는 측면이 강하다. 그래서 가끔은 세금부과를 하는 공무원마저도 "좀 억울해 보이지만 법이 그렇게 되어 있어서 어쩔 수 없네요."라는 말을 하면서 과세를 하는 경우도 있다. 공무원이 억울함을 이해한다면 당사자인 납세자는 얼마나 억울할까? 과연 민주국가에서 국민들의 대표가 만든 법률이, 그리고 국민들의 권리보호를 위해 만든 법률이 '억울함'의 원인이 된다는 것이 바람직한 것일까? 국민을 위해서 법률을 만든 것인데, 그 '법률 때문에' 국민에게 억울함이 생긴다는 것은 법률을 전공하는 학자로서는 받아들이기가 쉽지 않다. 물론, 절도를 한 범죄자를 사법당국이 단죄해서 처벌하는 데 절도범은 억울하다고 생각할 수 있다. 그러나 여기서 언급하는 억울함은 그러한 종류의 억울함은 분명 아니다. 법을 집행하는 공무원을 포함하여 시민 대다수가 저러한 법집행은 올바르지 못하다는 것을 공감할 수 있는 경우를 가정하고서 이야기를 전개하고자 한다.

현재 우리 세법에 독일세법상 형평면제조항에 해당하는 조문도 없고, 영국법과 같은 형평법의 전통이 있는 것도 아니지만 실정 세법 조문에는 형평정신을 고려하여 입법된 개별 조문들이 상당수 있다. 가장 대표적인 것으로 정당한 사유에 의한 가산세 감면과 납세자의 개인적 사정을 고려한 납기 연장을 들 수 있다.

(2) 정당한 사유가 인정되는 경우에 있어서 가산세 감면

세법에는 법률에 규정된 세금을 신고·납부해야 할 의무를 포함하여 사업

개시 시 사업자등록 의무, 기장 의무, 거래 시 세금계산서나 영수증을 교부하여야 할 의무 등 납세자의 다양한 협조 의무가 규정되어 있다. 납세자들이 이러한 협조 의무를 잘 이행해 주어야만 과세당국에서 공평한 세금부과를 할 수 있게 되므로 협조 의무의 이행은 중요한 의미를 가지고 있다. 그래서 세법은 납세자가 세법에 규정된 협조 의무를 이행하지 않는 경우에는 가산세를 부과한다. 이러한 가산세의 법적 성질은 의무불이행에 대한 행정 제재라는 것이 다수설과 판례의 입장이다.

국세기본법 제48조 제1항은 '정당한 사유'가 있는 경우에 이러한 가산세 부과를 하지 않는다고 규정하고 있다. 이때 정당한 사유라 함은 납세의무자가 그 의무를 알지 못한 것이 무리가 아니었다고 할 수 있는 사정이 있거나, 그 의무의 이행을 당사자에게 기대하는 것이 무리라고 하는 사정이 있을 때 등 그 의무 해태를 탓할 수 없는 정당한 사유가 있는 경우를 말한다.[46] 결국 정당한 사유라는 것이 비록 외형상으로 법상 의무위반이 있어서 가산세 부과를 위한 객관적 요건이 충족되었다고 볼 수 있지만, 납세자의 개인적 사정을 고려할 때 그 사정에 있는 납세자에게 가산세를 부과하여 행정제재를 가한다는 것이 불합리하다고 판단되는 경우를 말한다. 이는 형평성을 고려한 법집행을 요구하는 규정으로 이해할 수 있다.

정당한 사유에 의한 가산세 감면규정이 성문법에 등장한 것은 2006년 12월 30일의 법개정을 통해서이다. 그 이전에도 대법원 판례(대법원 1995. 11. 14. 선고 95누10181 판결)는 법적 근거가 없음에도 불구하고 정당한 사유가 있는 경우에는 가산세 감면을 해 주고 있었다. 그 당시 과연 법원에게 이러한 권한이 있는 것인지를 둘러싸고 논쟁이 있었다. 그래서 그러한 시빗거리를 없애기 위하여 법률규정에 그 근거를 명시한 것이다.

46 대법원 1995. 11. 14. 선고 95누10181 판결.

(3) 국세기본법상 기한 연장

국세기본법 제6조 제1항은 천재지변이나 그 밖에 대통령령으로 정하는 사유로 세법에서 규정하는 신고, 신청, 청구, 그 밖에 서류의 제출, 통지, 납부를 정해진 기한까지 할 수 없는 경우에는 관할 세무서장이 기한 연장을 해 줄 수 있는 법적 근거를 마련해 두고 있다.

> 국세기본법 제6조(천재 등으로 인한 기한의 연장) ① 천재지변이나 그 밖에 대통령령으로 정하는 사유로 이 법 또는 세법에서 규정하는 신고, 신청, 청구, 그 밖에 서류의 제출, 통지, 납부를 정해진 기한까지 할 수 없다고 인정하는 경우나 납세자가 기한 연장을 신청한 경우에는 관할 세무서장은 대통령령으로 정하는 바에 따라 그 기한을 연장할 수 있다.
>
> ② 제1항에 따라 납부기한을 연장하는 경우 관할 세무서장은 납부할 금액에 상당하는 담보의 제공을 요구할 수 있다. 다만, 대통령령으로 정하는 사유가 발생한 경우에는 그러하지 아니하다.
>
> ③ 이 법 또는 세법에서 정한 납부기한 만료일 10일 전에 제1항에 따른 납세자의 납부기한 연장 신청에 대하여 세무서장이 신청일로부터 10일 이내에 승인여부를 통지하지 아니한 때에는 그 10일이 되는 날에 납부기한의 연장을 승인한 것으로 본다.

국세기본법 제6조 제1항에 따라 세무서장이 기한 연장을 해 줄 수 있는 사유에 대해서는 국세기본법 시행령 제2조 제1항에서 규정하고 있다. 예컨대, 납세자가 화재, 전화(戰禍), 그 밖의 재해를 입거나 도난을 당한 경우, 납세자 또는 그 동거가족이 질병으로 위중하거나 사망하여 상중(喪中)인 경우를 그러한 기한 연장 사유의 하나로 열거하고 있다. 이러한 경우에 원래 정해진 기한 내에 신고 등의 이행을 요구하는 것은 불합리하다고 할 것이다. 그런 측면에서 이 규정들도 형평성을 고려한 세법 규정이라고 할 수 있는 것이다.

6) 구체적 사례의 검토

(1) 수원교차로 사건

① 사실관계

구원장학재단(원고)은 ㈜수원교차로를 창업한 H씨가 지난 2002년 8월 수원교차로의 주식 90%(약 180억 원 상당)와 현금 15억 원을 기부해 만든 장학재단이다.

수원세무서장은 원고와 같은 공익법인이 내국법인의 의결권 있는 발행주식총수의 5%를 초과하여 출연 받은 경우에는 상속세및증여세법 제48조 제1항 단서에 따라 그 초과분에 대해 증여세를 부과하도록 되어 있고, 원고의 경우가 이에 해당한다고 판단하여 약 140억 원의 증여세를 부과하였다.

> 상속세및증여세법 제48조(공익법인등이 출연받은 재산에 대한 과세가액 불산입등)
> ① 공익법인등이 출연받은 재산의 가액은 증여세 과세가액에 산입하지 아니한다. 다만, 공익법인등이 내국법인의 주식등을 출연받은 경우로서 출연받은 주식등과 다음 각 호의 어느 하나의 주식등을 합한 것이 그 내국법인의 의결권 있는 발행주식총수등의 100분의 5(성실공익법인등에 해당하는 경우에는 100분의 10)를 초과하는 경우(제16조제2항 각 호 외의 부분 단서에 해당하는 경우는 제외한다)에는 대통령령으로 정하는 방법으로 계산한 초과부분을 증여세 과세가액에 산입한다.
> 1. 출연자가 출연할 당시 해당 공익법인등이 보유하고 있는 동일한 내국법인의 주식등
> 2. 출연자 및 그의 대통령령으로 정하는 특수관계인(이하 이 조에서 "특수관계인"이라 한다)이 해당 공익법인등 외의 다른 공익법인등에 출연한 동일한 내국법인의 주식등

이러한 수원세무서장의 세금부과는 법령의 문언에 따를 때 적정한 세금부과이다. 그런데, 이에 대해 증여자와 장학재단 측은 이 건의 증여는 증여세 회피 의도가 있는 것이 아니고 순수하게 장학사업을 위한 것이었는데 수원세무서장이 증여세를 부과하면 재단은 장학사업을 포기할 수밖에 없는 처

지라서(180억 원가량의 증여주식과 현금 15억 원이 재단재산인데 그것으로 140억 원의 증여세를 납부하여야 하는 상황임) 이러한 결론은 어느 모로 보나 불합리한 것이라고 주장하였다.

② 법원의 판단

이 사건에 대해 1심법원은 납세자의 주장을 받아들였고(수원지법 2010. 7. 15. 선고 2009구합14096 판결), 2심법원은 반대의 결론이었다(서울고등법원 2011. 8. 19. 선고 2010누26003 판결). 현재 이 사건은 대법원에서 소송이 진행 중이다(2011두21447사건).

수원지방법원의 판단 요지는 내국법인이 공익법인에 주식을 출연한 경우 증여세를 부과하는 제도는 공익법인을 지주회사화함으로써 경제력을 집중하거나 경제력을 세습시킬 가능성이 크기 때문이지만, 이 사건 주식출연은 경제력 세습 등의 의도가 아닌 순수한 장학사업을 위한 것이므로 이러한 경우에는 형평성을 고려하는 합헌적 법률해석을 해서 증여세 부과의 예외로 인정해야 한다는 것이었다.

반면, 서울고등법원은 이 사건에서 원고가 증여를 받은 행위는 상증세법 제48조 제1항 등의 요건을 갖추었음이 분명한데 이런 경우에도 원고에 대한 증여세 부과를 취소시킬 수 있는 근거로 소송에서 주장된 헌법 제107조 제2항과 관련하여 이 규정은 "명령·규칙 또는 처분이 헌법이나 법률에 위반되는 여부가 재판의 전제가 된 경우에는 대법원은 이를 최종적으로 심사할 권한을 가진다."라고 규정하고 있는데, 이 사건에서 원고에 대한 처분은 헌법에 위반되어졌다고 볼 수 있는 사정이 있다고 보기 어려우며 오히려 합헌적인 법률을 근거로 하여 행하여진 것으로 볼 수 있다고 판단하였다. 또한 설령 소외 증여자(H)의 원고에 대한 이 사건 주식의 출연이 상증세법에서 금지하고자 하는 경제력 집중이나 경영권의 편법 승계와 무관함에도 불구하고 이 사건처분으로 인하여 이 사건 주식의 78%가량을 국가가 거두어 가게 되는 결과가 발생할지라도 이러한 결과가 원고의 존속 자체를 어렵게 만드는 매우 불합리한 면이 있을지언정 위헌적인 결과라고 보기는 어렵다고 판단하였다. 더구나 합헌적 조세법 규정을 적법하게 적용하여 한 과세처분이 구체적인 경우에 형평에 반하는 등의 위헌적인 결과에 이른다고 할지라도 독일 조세통칙법 제163조와 제227조와 같이 입법을 통한 구체적인 구제제도가 없는 이상 헌법 제107조 제2항에 의하여 법원에게 이를 시정할 권한이 주어졌다고 볼 수도 없다고 판단하였다.

③ 평가

이 사건에서 증여세부과처분의 근거가 된 상증세법 제48조 제1항의 입법취지는 공익법인에게 재산을 증여하는 경우 증여세를 면제하는 제도를 악용하여 공익법인에게 내국법인 주식을 출연한 후 공익법인을 통하여 간접적으로 회사를 지배하는 등 사실상 회사지배를 계속하면서 그 재단에 대한 실질적 지배를 증여자가 계속하게 된다면 세금부담 없이 부의 세습이 가능하게 되는 문제점이 있으므로 그것을 막기 위한 것이다.

이 사건 사실관계 자체는 상증세법 제48조 제1항에 따른 과세를 피하기 어렵다고 할 것이다. 문제는 이 사건에서 증여자(H)는 원고를 통하여 (주) 수원교차로를 지배하고 세금부담 없이 경제력을 승계시키기 위한 목적으로 이러한 증여를 한 것이 아니라 장학금 지급 사업을 하기 위해 증여를 하였으며, 피고가 행한 증여세 부과처분이 정당하다면 결국 증여자가 증여한 대부분의 주식(78%)을 국가가 증여세로 거두어가게 되어 증여자는 장학사업 목적으로 증여를 하였지만 그 재원은 대부분 국고에 귀속되고 장학사업은 불가능하게 된다는 점이다.

서울고등법원도 이러한 결론은 매우 불합리하다는 것을 인정하면서 그럼에도 불구하고 증여세 부과 처분은 적법하다고 보고 있다. 이러한 고등법원의 결론이 타당하다면 공평한 세금배분을 위해 국민들의 대표가 제정한 법률이 이 사회의 갈등을 해소하고 문제를 해결하는 것이 아니라 문제를 초래하는 원인이 될 수 있다는 것을 법원 스스로가 인정하는 꼴이 된다. 물론 법이론적으로 불가피한 경우에는 법을 해석 적용해야 하는 사법부로서도 행동에 제약을 받게 된다. 만약 독일 조세통칙법(AO) 제163조와 제227조 같은 규정이 있었다면 법원은 그 규정을 통해 피고의 증여세 부과처분을 취소시킬 수 있었을 것이다.

결론적으로 법률이 사회적 문제를 해결하는 수단이 되는 것이 아니라 문제를 발생시키는 원인을 제공하는 것을 용인해서는 안 된다고 본다. 사회문제를 해결하는 것이 기존 법률규정에 대한 정상적인 해석론을 통해 불가능하다면 독일 국세기본법 제163조, 제227조와 같은 규정을 신설하는 것도 검토해보아야 한다. 이것이 정의를 이념으로 하는 법의 정신에 부합하는 것이다.

(2) 부부 간의 자산명의이전과 감면취득세의 추징

지방세특례제한법은 부동산 취득세의 다양한 감면 사유들을 규정하고 있으면서[47] 동시에 그러한 사유로 부동산 취득세를 감면받아 부동산을 취득한 후 법 소정의 기간(2년) 내에 그 부동산을 매각·증여하면 감면된 취득세를 추징하도록 규정하고 있다.[48] 감면된 세금에 대해 추징을 하는 이유는 처음에 일정한 정책적 이유로 세금을 감면해 주었을 때는 그 용도로 계속 해당 부동산을 사용할 것을 전제한 것인데, 아주 짧은 기간에 그 부동산을 타인에게 매각하거나 증여한다는 것은 취득자가 처음부터 그 사업을 지속적으로 수행할 의사 없이 해당 부동산을 취득한 것이라고 볼 수 있으므로 그러한 경우에는 굳이 조세감면제도를 통해 해당 사업자를 지원해 주지 않겠다는 것이다. 이러한 입법자의 입법 의도가 잘못되었다고 할 수는 없다. 그런데 이

47 지방세특례제한법 제2장.

48 지방세특례제한법 제178조.

러한 규정을 구체적 사례에 적용하다 보면 불합리한 경우가 발생한다.

예컨대, 어린이집이나 유치원을 운영하기 위하여 토지와 건축물을 취득하면 취득세를 면제받고, 이렇게 면제받고 난 뒤 2년 이내에 그 부동산을 매각하거나 증여하면 처음 면제받았던 취득세를 행정기관은 추징하게 된다. 만일 부동산을 취득하여 어린이집이나 유치원을 운영한 납세자가 제3자에게 해당 부동산을 매각하거나 증여하였다면 이러한 경우에는 면제된 취득세를 추징하는 것이 타당하다고 본다. 그런데 이와 같은 부동산의 매각·증여의 당사자가 부부일 때도 이 규정을 그대로 적용할 것인지가 실제 사례에서 문제가 된 경우가 있었다. 배우자 일방이 처음 어린이집을 운영할 목적으로 부동산을 취득하면서 취득세를 감면받았고 그 후 그 배우자 측에 불가피한 사정이 생겨 자신의 배우자에게 어린이집 명의를 넘겨 운영케 할 목적으로 부동산을 증여한 경우에 처음 감면받은 취득세를 추징해야 할 이유가 있다고 할 것인지가 문제가 된다. 감면된 세금의 추징요건을 규정하고 있는 지방세특례제한법 제178조는 ① 정당한 사유 없이 그 취득일부터 1년이 경과할 때까지 해당 용도로 직접 사용하지 아니하는 경우, 혹은 ② 해당 용도로 직접 사용한 기간이 2년 미만인 상태에서 매각·증여하거나 다른 용도로 사용하는 경우에는 추징을 한다고 규정하고 있다. 앞의 사유에서는 해당 부동산 취득일부터 1년이 경과할 때까지 처음 감면받았던 용도로 직접 사용하지 아니하는 경우에도 만일 '정당한 사유'가 존재하면 감면받은 세금을 추징하지 않는다. 그러나 또 다른 사유, 즉 해당 용도로 직접 사용한 기간이 2년 미만인 상태에서 해당 부동산을 매각·증여하거나 다른 용도로 사용하는 경우에는 이에 대해 정당한 사유가 존재하는지를 불문하도록 되어 있다. 이러한 조문에 충실한다면 부부간에 어린이집용 부동산의 명의를 최초 취득일로부터 2년 이내에 매각 혹은 증여를 이유로 이전하면 처음 감면받은 취득세는 추징당하게 된다.

그러나 과연 이러한 경우에 취득세를 추징해야 하는 이유가 있는지에 대해서는 의문이다. 실무적으로는 이러한 경우에도 취득세를 추징하고 있다.[49] 이러한 경우에는 실정법의 해석을 통해 추징을 면제하는 것이 어렵다면 형평성 차원에서라도 감면을 유지하는 것이 더 바람직하다고 본다.

> 지방세특례제한법 제19조(영유아어린이집 및 유치원에 대한 감면) ① 「영유아보육법」에 따른 영유아어린이집 및 「유아교육법」에 따른 유치원(이하 이 조에서 "유치원 등"이라 한다)을 설치·운영하기 위하여 취득하는 부동산에 대해서는 취득세를 2014년 12월 31일까지 면제한다.(이하 생략)

> 제178조(감면된 취득세의 추징) 부동산에 대한 감면을 적용할 때 이 법에서 특별히 규정한 경우를 제외하고는 다음 각 호의 어느 하나에 해당하는 경우 그 해당 부분에 대해서는 감면된 취득세를 추징한다.
> 1. 정당한 사유 없이 그 취득일부터 1년이 경과할 때까지 해당 용도로 직접 사용하지 아니하는 경우
> 2. 해당 용도로 직접 사용한 기간이 2년 미만인 상태에서 매각·증여하거나 다른 용도로 사용하는 경우

6. 소급과세의 문제

1) 소급과세의 의의

세법에서 일정한 요건하에 소급과세는 금지된다. 이것을 소급과세금지원칙이라고 한다. 소급과세금지원칙을 용어 그대로 풀어서 이해해 보면 과세가 소급하여 이루어지면 안 된다는 것을 의미한다. 세금을 내지 않아도 된다

49 대구광역시 지방세심의사건 제2013이-6호.

고 하여 일정한 거래 행위를 하였는데 그 후 다시 법이 변경되거나 해석이 변경되었다고 하면서 세금을 납부하라고 하면 납세자는 그러한 과세를 받아들일 수 없을 것이다.

소급과세금지가 문제되는 경우는 세법의 개정에 따라 이루어지는 경우도 있고, 법률의 변경 없이 단순히 법해석에 대한 과세행정청의 견해의 변경에 따라 이루어지는 경우도 있다. 후자는 흔히 신뢰보호원칙에서도 다룬다. 조세법률주의의 내용으로 분리하여 소급과세금지원칙을 거론하는 경우는 주로 입법상의 소급과세를 의미하는 것으로 이해하고 있다.

유의할 점은 소급과세는 '원칙적으로' 금지되는 것이지만 '예외적으로' 일정한 경우에는 허용된다는 점이다. 그것이 개별 납세자에게 유리한 경우는 물론이고, 불리한 경우라고 하더라도 일정한 조건하에서는 소급과세가 허용된다는 것이 판례의 입장이다. 소급과세금지원칙은 헌법적 가치를 가지는 법원칙이다. 만일 우리가 이러한 소급과세금지원칙을 '절대적으로' 소급과세는 허용되지 않는다는 식으로 설명하면 불가피한 경우에 있어서 국민들의 대표들이 소급입법을 하려고 하는 경우까지 모두 제한하는 것이 되어 오히려 법이 정의의 실현에 방해가 되는 상황을 초래할 수도 있게 된다.

소급과세금지를 의미하는 '소급'은 어느 시점을 기준으로 판단하게 되는지가 문제가 된다. 대체적으로 우리나라에서는 법률의 발효시점을 기준으로 소급과세 여부를 결정하는 것으로 이해하고 있다. 하지만 독일 연방헌법재판소는 최종적인 입법절차를 완료한 시점, 즉 우리나라의 절차를 예로 들자면 본회의에서 법안이 의결된 시점을 기준으로 소급과세 여부를 결정해야 한다고 보고 있다.[50] 이러한 시점 이전에 납세자의 행위가 행해진 경우에 그 이후에 제정·개정된 법률은 소급하여 납세자의 행위를 규율할 수 없게 되는 것이다.

소급적 법률, 또는 소급적 과세는 왜 원칙적으로 허용되지 않는지를 생각해

50 BVerfGE 13, 261, 272; 30, 272, 287; 31, 222, 227; 72, 200, 261; 95, 64, 87.

볼 필요가 있다. 이는 법치주의가 왜 필요한가와 같은 이유이다. 법의 적용을 받는 국민들의 법률생활에 예견가능성을 부여하고, 이를 통해 법적 안정성과 국민들의 법률에 대한 신뢰를 보호하기 위함이다. 따라서 신뢰보호원칙과 소급과세금지원칙은 밀접한 연관을 가지게 된다. 물론 양자가 일치하는 것은 아니다.[51]

2) 소급과세금지원칙의 법적 근거

소급과세금지원칙의 법적 근거로 일부에서는 헌법 제13조 제2항 또는 국세기본법 제18조 제2항을 드는 경우도 있지만 이는 다음과 같은 이유로 적절하지 않다. 첫째, 헌법 제13조 제2항에서 소급입법에 의해 납세자의 재산권을 박탈할 수 없다고 하는데 과세권 행사가 소급적으로 되든 소급적으로 되지 않든 간에 기본적으로 납세의무 부과가 납세자의 재산권을 '박탈'하는 것은 아니라는 점, 역사적으로 이 규정의 취지가 정치적 탄압을 통해 재산권을 사후적으로 몰수하는 것을 금지하기 위해 도입된 규정이라는 점, 그리고 소급과세금지(=소급입법에 의한 과세 금지)라는 것이 명문의 헌법 규정이 없다고 해서 효력이 없어지는 것이 아니라는 점을 고려할 때 굳이 부적절한 헌법 제13조 제2항을 그 근거로 들 필요가 없는 것이다.[52] 둘째, 국세기본법 제18조 제2항에서 소급과세금지원칙(=소급입법에 의한 과세 금지 원칙)에 대해 규정하고 있는 것은 분명한 사실이다. 하지만 이 원칙이 헌법적 원칙이기 때문에 이 원칙의 내용이 국세기본법 제18조 제2항의 법 문구에 따라 제

---

51 납세자의 보호가치 있는 신뢰는 소급입법에 의해서 침해되기도 하지만 신뢰에 반하는 새로운 행정처분에 의해서 침해되기도 한다. 실제 사례에서 신뢰보호가 문제되는 것은 대부분 후자에 해당하는 사례이다.

52 가능한 한 현행 헌법 규정의 효력범위를 넓게 해야 한다는 논거가 있을 수 있지만 그것은 그야말로 '가능한 한'이지, 소급과세금지의 경우처럼 부적절한 경우까지 억지로 연결해서 해석해야 한다는 것은 아니라고 본다.

한되어서는 안 되는 것이다. 그런 의미에서 국세기본법 제18조 제2항이 바로 소급과세금지원칙의 근거 조문이라는 주장에 대해서는 부분적으로만 인정하여야 한다.[53]

소급과세금지원칙의 법적 근거를 거론하라고 한다면 조세법률주의를 규정하고 있는 헌법 제38조와 제59조를 언급하고 싶다. 소급과세금지원칙은 조세법률주의의 당연한 내용이지 그것이 별개의 헌법규범에 의해 정당화될 필요가 있는 것은 아니라고 할 것이다.

3) 소급과세금지원칙의 내용

납세자에게 유리한 법규정의 소급적용은 허용된다는 것이 판례와 다수설의 입장이다(대법원 1996. 1. 26. 선고 93누17911 판결). 납세자에게 유리한 소급과세는 왜 허용되는가? 이는 소급과세가 왜 금지되어야 하는 것인지와 연결되는 문제이다. 소급과세금지라는 것이 결국 납세자의 행위 당시의 법률생활을 보호하기 위한 것이므로 지금보다 더 불리한 법을 사후적으로 제정·개정하여 소급적으로 적용하는 경우에 문제가 되는 것이지 종래보다 더 유리한 법을 제정·개정하여 소급 적용하는 경우에 저항할 납세자는 원칙적으로 없을 것이기 때문이다.

대법원 1996. 1. 26. **선고** 93**누**17911 **판결**

1. 원심판결 이유에 의하면 원심은, 원고가 1977. 9. 15. 서울 강남구 대치동 889의 36 대지 121.4㎡의 1/5 지분(이하 이 사건 토지라고 한다)을 취득하여 소유하고 있는

53 여기서 부분적으로 긍정한다는 것은 국세기본법 제18조 제2항이 소급과세금지원칙에 대해 규정하고 있는 것은 사실이지만, 동 원칙이 이 법률규정에 근거하여, 또는 이 법률규정의 문구 범위 내에서만 비로소 효력을 가지는 것은 아니라는 의미이다.

데 서울특별시장이 1987. 2. 4. 이 사건 토지 일대를 도시설계구역에 편입시켜 위 토지 단독으로는 그 지상에 건축을 할 수 없고 인접한 대지와 공동으로 개발하도록 하는 내용의 도시설계를 확정하여 공고한 사실을 인정한 다음, 이 사건 토지는 인근토지와 공동하여 건축할 수 있는 길이 열려 있는 이상 도시설계에 의하여 단독건축이 금지되어 있다는 사유만으로는 그 사용이 구 토지초과이득세법시행령 제23조 제1호 소정의 법령의 규정에 의하여 금지되거나 제한된 토지에 해당한다고 할 수 없다고 판단하였다.

2. 그런데 헌법재판소는 1994. 7. 29. 92헌바49, 52(병합) 사건에서 구 토지초과이득세법(제정 1989. 12. 30. 법률 제4177호, 개정 1993. 6. 11. 법률 제4561호, 1993. 6. 11. 법률 제4563호, 이하 "토초세법"이라고 줄여 쓴다) 전부에 대하여 헌법에 합치되지 아니한다는 결정을 하면서, 입법자에게 법의 폐지 혹은 개정은 물론, 법을 개정하는 경우에 있어서 미실현이익의 과세 문제, 이중과세 문제, 과세대상의 범위 문제 등 결정이유에서 제기된 여러 가지 위헌적 요소의 제거와 그 밖에 위헌시비가 있는 부분의 개선까지를 광범위하게 입법자의 재량에 위임하였고, 이에 따라 1994. 12. 22. 법률 제4807호로 위 결정에서 위헌성이 있음이 구체적으로 지적된 조항을 포함한 여러 토초세법 조항이 개정되었으며, 이를 계기로 하여 하위법령에 있어서도 그 취지가 반영되어 1994. 12. 31. 대통령령 제14470호로 토초세법시행령이, 1995. 5. 19. 총리령 제506호로 토초세법시행규칙이 각 개정되었다.

따라서 구 토초세법령 중에서 위와 같이 입법자가 헌법불합치결정에 따라 그 결정에서 지적된 위헌적 요소를 제거하거나 그 개선을 위하여 개정한 모든 법, 시행령 및 시행규칙의 각 조항은 그것이 납세의무자에 불리하게 적용되지 아니하는 한 당해 사건 등에 대하여 적용된다고 보아야 할 것이다.

3. 원심이 적법하게 확정한 바와 같이, 토지의 취득 후 이 사건 토지가 도시설계구역으로 지정됨으로 인하여(1991. 5. 31. 법률 제4381호로 개정되기 전의 구 건축법 제8조의2에 근거한 것이다) 반드시 인근 토지와 공동으로만 이를 개발할 수 있게 되어 있다면, 이는 당해 토지의 용도에 따른 통상적인 제한의 범위를 넘어 특별히 사용이 제한된 것이라고 할 것이므로(대법원 1994. 3. 25. 선고 93누2988 판결, 1994. 5. 24. 선고 93누17928 판결 등 참조), 토초세법 제8조 제3항, 개정 토초세법 시행령(1994. 12. 31. 대통령령 제14472호로 개정된 시행령) 제23조 제1호가 정하는 토지의 취득 후 법령의 규정에 의하여 사용이 금지되거나 제한된 토지에 해당하여 그 사용이 금

지 또는 제한된 기간은 유휴토지 등에서 제외된다고 할 것이다.

이와 달리 원심이 이 사건 토지가 법령의 규정에 의한 사용이 금지 또는 제한된 것이 아니라고 판단하였음은 이에 대한 법리를 오해하였을 뿐만 아니라, 위 헌법불합치 결정에 따라 구 토초세법령을 개선하기 위하여 개정한 개정 토초세법시행령 제23조 제1항을 적용하지 아니하고 구 토초세법시행령 제23조 제1항을 적용함으로써 정당한 법령의 적용을 그르친 결과가 되었다고 할 것이다.

다만 **개별 납세자**에게 유리한 소급입법이지만 그것이 **전체적으로** 조세공평을 침해할 수 있는 경우에는 조세법규불소급의 원칙에 의해 제한을 받지 않더라도 조세공평의 원칙 등에 의한 제한을 받을 수 있다.[54]

납세자에게 불리한 소급과세는 다시 진정소급과 부진정소급으로 나누어 검토해야 한다. 학설은 대체적으로 납세자에게 불리한 진정소급은 일반적으로 금지된다고 본다. 다만 일부에서는 진정소급이라 하더라도 일정한 경우에는 허용될 수 있다는 입장도 있다.

대법원 1983. 4. 26. 선고 81누423 판결

새로운 납세의무나 종전보다 가중된 납세의무를 규정하는 세법조항의 소급적용은 과세요건을 실현하는 행위 당시의 납세의무자의 신뢰가 합리적 근거를 결여하여 이를 보호할 가치가 없는 경우, 그보다 중한 조세공평의 원칙을 실현하기 위하여 불가피한 경우 또는 공공복리를 위하여 절실한 필요가 있는 경우에 한하여 법률로써 그 예외를 설정할 수 있다.

독일 연방헌법재판소도 다음과 같이 일정한 경우에는 진정소급과세도 허용하고 있다.[55]

54 대법원 1983. 4. 26 선고 81누423 판결 참고: "조세의무를 감경하는 세법조항에 대하여는 조세공평의 원칙에 어긋나지 않는 한 소급효가 허용된다 할 것이다."

55 BVerfGE 13, 261, 271 f.; 18, 429, 439; 30, 367, 387 ff.; 37, 363, 397.

○ 납세자가 소급적인 법률규정에 의해 법률효과가 소급될 시점에 그 새로운 소급규정을 예상하였어야만 할 때
○ 현재의 법이 불명확하고 혼란스러울 때
○ 납세자가 현재의 불명확한 법규정으로부터 도출되는 외형적 법적 효과에 신뢰를 주어서는 안 되는 경우
○ 법적 확실성 요청보다 더 상위의 공익적 요청이 소급적 법률규정을 정당화하는 경우

4) 기간과세되는 세목에 있어서 과세기간 중에 법이 개정되는 경우

소득세나 법인세처럼 기간과세가 되는 세목에 있어서 한 과세기간 중간에 납세자에게 불리한 세법개정이 있었을 때, 그 개정세법이 현재 과세기간 초로 소급 적용될 수 있는가? 대법원은 이에 대해 긍정적인 입장을 취하고 있다(대법원 1984. 5. 15. 선고 83누580 판결). 논거로는 납세의무가 성립한 후에 새로운 법을 제정하여 이미 성립한 납세의무에 대해 추가적인 부담을 요구하는 것이 소급과세로서 금지되는 것인데(국세기본법 제18조 제2항), 기간과세되는 세목의 조세채무는 세법이 정하는 과세요건이 충족되는 과세연도가 경과해야만 성립하는 것이고(국세기본법 제21조 제1항 제1호, 제7호), 따라서, 이미 과세기간이 시작되었다 하더라도, 기간이 만료하기 전에 새로운 법을 제정하여 그 과세기간의 처음부터 새로운 법규정을 적용하여 종래보다 더 가혹한 세금부과를 하더라도 이것은 법적으로 금지되는 소급과세가 아니라는 것이다.

헌법재판소도 이 문제에 대해 원칙적으로 부진정소급과세는 허용된다는 입장(헌재 1997. 6. 26. 선고 96헌바94 결정)이다. 하지만 예외적으로 94헌바12 결정에서는 다른 입장을 취하여 주목을 받았다.

그런데 일부에서는 이러한 문제는 부진정소급과세 문제가 아니고 진정소급과세 문제로 이해해야 한다고 주장하기도 한다. 그 이유로 "부진정소급과

세라 함은 새로운 조세법령의 시행일 이전부터 계속되고 있는 사실 또는 법률관계에 대하여 새로운 조세법령을 적용하는 경우인데, 기간과세에 있어서 과세기간 개시일부터 새로운 법령의 공포일(시행일)까지의 기간 동안 성립된 과세요건사실은 새로운 조세법령의 시행일 이전부터 계속되고 있는 사실 또는 법률관계에 해당하지 않는다."라고 한다.[56] 이 견해를 주장하는 이는 이 문제를 부진정소급과세로 이해하는 견해에 대하여 '납세의무의 성립'과 '사실 또는 법률관계의 성립'을 혼동하는 오류를 범하고 있다고 주장한다.

그 외에 헌법재판소 1999. 7. 22. 선고 97헌바76 결정, 98헌바50·51·52·54·55 결정; 2003. 4. 24. 선고 2002헌가6 결정에서는 부진정소급은 '원칙적으로' 허용되지만 공익과 사익의 교량과정에서 신뢰보호라는 사익에 의해 입법자의 형성권에 제한을 가하게 된다고 판시하고 있다. 이는 헌법재판소가 부진정소급이 허용되지 않을 수 있는 일반적 기준으로 소급효의 인정필요성(=새로운 법제정의 필요성)이라는 공익보다 신뢰보호라는 납세자의 이익보호가 더 중요한 경우를 확실하게 제시하는 것이 아닌가 판단된다.

다음으로 조세특례제한법 등에서 과세권자가 일정한 행위를 사회적으로 유도할 목적으로 비과세, 소득공제 등 조세우대 규정을 두었고, 그 규정을 신뢰하고 납세자가 일정한 행위를 한 경우 그 행위 후 법의 개정에 의하여 행위자가 기대했던 조세우대를 박탈·축소할 수 있는가 하는 문제가 발생한다.

이 문제를 일부에서는 "특정한 사업의 창업·특정한 자산의 취득 또는 특정지역으로의 공장 이전 등과 같이 이미 완결된 사실 또는 법률사실에 대해 개정된 조세법령을 소급 적용함으로써 기득권을 박탈 또는 제한한 것으로 진정소급과세에 해당한다."라고 주장하기도 한다.[57]

---

56 김완석, 「부진정소급과세의 위헌성」, 『조세판례백선』, 박영사, 2005. 7., 21쪽.

57 김완석, 「부진정소급과세의 위헌성」, 『조세판례백선』, 박영사, 2005. 7., 19쪽.

7. 납세자의 신뢰보호

1) 신뢰보호의 필요성

많은 경우에 있어서 납세자들은 세법이 어디에 어떻게 규정되어 있는지도 모르며, 자신의 거래 행위에 대해 어떤 내용의 과세가 이루어지는지도 모른 채 살아간다. 이런 상태에서 납세자가 자신이 행하는 거래 행위의 조세법적 효과에 대해 과세행정청에 문의하였다면 자신의 문의에 대한 과세당국의 답변에 대해 강한 신뢰를 하게 된다. 그럼에도 불구하고 과세당국이 처음 자신이 답변해 준 내용을 사후적으로 수정하는 경우, 즉 자신들이 이미 행한 답변이 위법하므로 취소하고 정말로 법에 적합한 형태로 새로이 세금을 부과한다면 납세자는 어떻게 하여야 하는지 문제가 된다. 이 경우에 조세법률주의의 일반원칙에 따르면 과세당국의 주장이 분명 옳다. 공무원은 법에 위반되는 행위를 하였으면 그것을 취소하고 법에 적합한 행위를 하여야 한다. 그런데 만일 우리들 각자가 과세당국에 문의한 납세자 본인이라고 가정하면, 이러한 경우에 법률과 과세당국이 적법 행정을 이유로 본인에게 부여했던 신뢰를 전혀 보호해 주지 않는다면 이는 매우 불합리하다고 생각할 것이다. 예컨대, 집을 한 채 가지고 있는 직장인이 근무지를 옮기게 되었고, 자신의 종래 근무지 가까이에 있던 주택이 옮긴 직장에서는 너무 멀어 기존의 주택을 처분하고 새로운 주택을 매입하려고 하는 경우를 생각해 보자! 이 경우 납세자는 기존 주택을 처분할 때 양도소득세를 납부해야 한다면 당장 그 주택을 판매할 생각이 없다. 납세자가 자신이 소유하고 있는 기존 주택을 처분하면 1세대 1주택으로서 양도소득세를 비과세 받을 수 있는지 여부를 국세청에 문의하였는데, 국세청은 비과세 혜택을 받을 수 있다고 답변을 하였고, 그래서 그 답변을 신뢰하고, 자신의 기존 주택을 처분하고, 다른 주택을 매입하였는데 그 후 세무서에서 자신의 기존주택을 처분한 것에 대해 양도소득세를 납부하라는 고지서를 보내왔다면 일반 납세자들은 이러한 고지서의 정당성에 대해 동의하기가 어려울 것이다. 여기서 정의의 문제와 결부된 사회적 갈등이 발생한다. 이 문제를 법학에서는 신뢰보호원칙이라는 개념으로 설명한다.

과세행정청은 납세자의 적법한 신뢰에 반하는 행위를 해서는 안 된다는 것이 신뢰보호원칙이다. 이 원칙은 일반 행정법에서도 법치행정원리의 한 내용으로 중요하게 언급되는 것이다. 특히, 이 원칙이 우리나라에서는 기본적으로 세법 영역의 판례를 통해 발전되었다는 점에서 세법에서 가지는 의미가 남다르다고 할 수 있다. 다만, 세법상 신뢰보호원칙과 일반행정법상 신뢰보호원칙의 차이점은 후자의 경우에는 행정청이 신뢰보호원칙을 주장하는 국민에게 특정의 선행처분을 하였음을 반드시 전제하고 있지만, 세법은 그렇지 않은 경우에도 신뢰보호원칙을 인정하는 경우가 있다는 점이다. 국세기본법 제18조 제3항을 세법상 신뢰보호원칙의 법적 근거로 이해할 때 판례가 이 규정의 적용 요건으로 설명하고 있는 부분을 검토해 보면 이 부분은 분명해진다.

2) 신뢰보호원칙의 법적 근거

신뢰보호원칙의 법적 근거로는 흔히 국세기본법 제15조 제2문과 국세기본법 제18조 제3항을 든다. 일부에서는 국세기본법 제15조 제2문과 국세기본법 제18조 제3항을 별개의 조문으로 이해하여 전자는 신뢰보호원칙의 법적 근거로 이해하고, 후자는 행정상 소급과세금지의 법적 근거로 이해하기도 한다.[58] 국세기본법 제18조 제3항은 문언상으로는 행정상 소급과세금지

58 송쌍종, 『조세법학총론』, 도서출판 나라, 2010, 235~256쪽. 송쌍종 교수는 국세기본법 제15조 제

에 관한 규정이다.[59] 다만, 소급과세를 금지하는 이유도 결국 납세자의 신뢰보호를 위한 것이므로 신뢰보호와 같은 맥락에서 이해할 수 있을 것이다. 신의성실원칙과 신뢰보호원칙의 관계가 어떻게 되는지가 논란이 된다. 신뢰보호원칙과 신의성실원칙은 사실 이론적으로 그 연원이 동일하다.[60] 판례도 특히 세법 영역에서 많은 경우에 신뢰보호원칙과 신의성실원칙을 구별하지 않고 있다.[61] 하지만, 우리 세법 조문으로는 양자가 마치 구별되는 것처럼 규정되어 있다.[62] 양자를 굳이 구별한다면 신뢰보호원칙은 과세 행정청의 행위에 대한 납세자의 보호를 위한 측면에서 발전된 원칙으로 한정해서 이해하고, 신의성실원칙은 과세행정청의 행위가 아니라 납세자의 행위에 대한 과세행정청의 신뢰보호를 위해 필요한 법원칙으로 이해하면 될 것이다.

3) 신뢰보호원칙의 적용 요건

과세행정청의 행위에 대해 신뢰보호원칙이 적용되기 위해서는 일정한 요건이 충족되어야 한다. 신뢰보호원칙의 적용 요건은 현재 대법원 판례의 입

2문의 문제를 신뢰보호원칙이라는 표현으로 설명하지 않고, 국세기본법상의 법 문구에 충실하게 신의·성실의 원칙이라는 제목으로 설명한다. 하지만, 그 내용은 행정법에서 설명하는 신뢰보호원칙이다. 행정법적으로 신뢰보호원칙은 사법상의 신의성실원칙과 구별하고 있으므로 비록 국세기본법 제15조가 문언에 충실하면 신의성실원칙이라는 제목으로 설명해야 하지만, 내용적으로는 신뢰보호원칙이라는 제목으로 설명하는 것이 타당하다고 본다.

59 소급과세는 주로 입법과 관련하여 문제가 되는데, 이것은 국세기본법 제18조 제3항과는 무관한 것이다.

60 행정법 영역에서 발전된 신뢰보호원칙의 이론적 근거로 크게 법적 안정성설과 신의칙설이 있는데 다수설과 판례는 전자의 입장을 취하고 있다.

61 대법원 1993. 7. 27. 선고 90누10384 판결: "국세기본법 제15조, 제18조 제3항의 규정이 정하는 신의칙 내지 비과세의 관행이 성립되었다고 하려면……"

62 국세기본법 제15조의 문구 참조. 물론 국세기본법과 다르게 행정절차법 제4조 제1항은 행정청의 행위에 대해 신의성실을 요구하고 있다. 이 규정을 행정법 학자들은 신뢰보호원칙을 성문화한 조문으로 이해하고 있다.

장을 따를 때 두 가지 경우로 나누어 살펴보는 것이 필요하다. 첫째는 행정청의 적극적인 선행조치가 존재하는 경우이고, 둘째는 행정청이 행한 일정한 비과세조치를 전제로 하여 신뢰보호원칙을 주장하는 경우이다.

먼저, 과세행정청이 적극적으로 일정한 과세처분을 해 두었다가 추후 다시 그와 다른 내용의 처분을 하여 납세자의 신뢰를 침해하는 경우이다. 이 경우가 신뢰보호원칙이 적용되는 가장 전형적인 경우라고 할 수 있다.

판례는 이 경우에 있어서 신뢰보호원칙이 적용될 수 있기 위해서는 네 가지 요건이 충족되어야 한다고 본다. 첫째, 과세관청이 납세자에게 신뢰의 대상이 되는 공적인 견해 표명을 하여야 하고, 둘째, 과세관청의 견해 표명이 정당하다고 신뢰한 데 대하여 납세자에게 귀책사유가 없어야 하며, 셋째, 납세자가 그 견해 표명을 신뢰하고 이에 따라 무엇인가 행위를 하여야 하고, 넷째, 과세관청이 위 견해 표명에 반하는 처분을 함으로써 납세자의 이익이 침해되는 결과가 초래되어야 한다(대법원 1985. 4. 23. 선고 84누593 판결 등 참조).

첫째 요건과 관련하여 구체적인 사실관계의 법적용에 대한 과세행정청의 외부적인 의사표명이 있어야 한다. 추상적인 의견 표명과 행정청의 내부적인 의견 표명에 대해서는 신뢰보호원칙이 성립될 수 없다. 따라서 판례는 단순히 기획재정부, 국세청 등 과세관청의 예규나 해석, 기본통칙 등에 규정되어 있다는 점만으로는 신뢰보호의 대상이 되는 과세관청의 세법해석 또는 국세행정 관행이 존재한다고 볼 수 없다고 본다(대법원 1987. 5. 26. 선고 86누96 판결). 물론 2009년 신설된 세법해석 사전답변제도와 같은 것은 구체적인 사실관계에 대한 과세행정청의 견해 표명이므로 이에 대해서는 신뢰보호원칙이 적용될 수 있게 된다.[63]

둘째 요건과 관련하여, 납세자가 과세청의 언동을 신뢰하는 것이 보호할 가

63 실제로 세법해석 사전답변제도를 규정하고 있는 법령사무처리규정(국세청훈령) 제25조에서도 세법해석 결과에 대한 행정청의 준수 의무를 규정하고 있다.

치가 있는 정당한 신뢰여야 하고, 그렇게 신뢰한 것이 무리가 아니라고 인정할 만한 사정이 있어야 한다. 그래서 예컨대 뇌물을 주고 비과세 통지를 받은 경우에 그 통지로부터는 보호할 가치가 있는 신뢰가 형성되지 않는다. 신뢰보호원칙이 적용되기 위해서는 납세자가 단순히 과세행정청의 언동을 신뢰하였다는 주관적인 측면만이 존재해서는 안 된다. 납세자가 과세행정청의 언동을 신뢰하고 그것에 기초하여 일정한 조치를 취했어야 한다. 예컨대, 과세행정청이 세금부과가 되지 않는다고 하여 그것을 신뢰하고 원래 의도하였던 거래 행위를 하는 것과 같이 신뢰에 기초한 납세자의 후속조치가 있어야 한다.

셋째 요건과 관련하여, 납세자의 행동에 대해 과세행정청이 비록 자신의 과거 언동에는 반하지만, '적법한' 새로운 조치를 취하여야 한다. 마지막으로, 과세행정청의 적법한 조치가 유지되면 납세자에게 불이익이 발생해야 한다. 세금부과가 되지 않는다고 하여 거래 행위를 하였더니 과세행정청이 예상치 않았던 세금을 부과해 버린 경우가 이에 해당한다.

과세행정청이 일정한 조세부과 처분을 하여야 함에도 불구하고 위법하게 비과세조치를 하고 있다가 상당한 시간이 경과한 후 그 처분을 한 경우에 부분적으로 신뢰보호원칙이 적용될 수 있다. 바로 이러한 경우가 행정상 소급과세금지원칙이 적용되는 경우이다. 행정상 소급과세금지원칙이 적용되는 경우는 결국 과세행정청에 의해 일정한 관행이 존재하는 경우 납세자의 신뢰보호 등을 위해 그 관행을 존중케 한다는 측면에서 행정법에서 논의하는 '행정의 자기구속법리'와 비슷한 구조를 취하고 있다.[64] 다만, 행정상 소급과세금지원칙은 주로 행정청의 관행이 위법한 경우를 전제한 것이지만 행정의 자기구속법리는 행정청의 행위가 적법한 것을 전제한다는 측면에서 차이가 있다(대법원 2009. 6. 25. 선고 2008두13132 판결: 위법한 행정처분이 수차례에 걸쳐 반복적으로 행하여졌다 하더라도 그러한 처분이 위법한 것인 때

64 행정의 자기구속법리에 대해서는 홍정선, 『행정법특강』, 박영사, 2011, 34~36쪽 참조.

에는 행정청에 대하여 자기구속력을 갖게 된다고 할 수 없다).

문언상으로는 국세기본법 제18조 제3항이 규율하고자 하는 경우가 바로 행정상 소급과세금지원칙이 적용되는 경우이다. 현재 대법원 판례에 따를 때 이러한 요건의 충족을 이유로 신뢰보호원칙이 적용되는 경우는 다시 두 유형으로 분류할 수 있다. 첫 번째 유형은 과세행정청이 신뢰보호원칙을 주장하는 특정 납세자에게만 예외적으로 일정한 비과세조치를 한 경우이다. 이러한 경우에 있어서 신뢰보호원칙의 적용 요건으로 판례는 "장기간에 걸쳐 어떤 사항에 대하여 과세하지 아니하였다는 객관적 사실이 존재할 뿐만 아니라 과세관청 자신이 그 사항에 대하여 과세할 수 있음을 알면서도 어떤 특별한 사정에 의하여 과세하지 않는다는 의사가 있고 이와 같은 의사가 대외적으로 명시적 또는 묵시적으로 표시될 것임을 요한다."라고 해석하고 있다(대법원 1993. 7. 27. 선고 90누10384 판결). 이것을 정리하면 다음과 같은 세 가지 요건으로 설명할 수 있다. 첫째, 상당한 기간에 걸쳐 과세를 하지 아니한 객관적 사실이 존재하여야 한다. 둘째, 행정청이 문제의 사실관계가 과세됨을 알면서도 어떤 특별한 고려에 의해(예: 수출촉진) 과세를 하지 않았어야 한다(대법원 90누10384 판결). 과세관청이 요건 사실이 있음을 알지 못했기 때문에 과세하지 않았다면 비록 과세 누락이 장기간 계속되었다 하더라도 비과세 관행이 성립되었다고는 볼 수 없다(대법원 1983. 4. 26. 선고 82누531 판결; 대법원 1983. 12. 27. 선고 83누297 판결). 셋째, 이러한 공적인 견해나 의사는 명시적 또는 묵시적으로 표시되어야 한다.

대법원 1993. 7. 27. **선고** 90**누**10384 **판결**

국세기본법 제15조, 제18조 제3항의 규정이 정하는 신의칙 내지 비과세의 관행이 성립되었다고 하려면 장기간에 걸쳐 어떤 사항에 대하여 과세하지 아니하였다는 객관적 사실이 존재할 뿐만 아니라 과세관청 자신이 그 사항에 대하여 과세할 수 있음을 알면서도 어떤 특별한 사정에 의하여 과세하지 않는다는 의사가 있고 이와 같은 의사가 대외적으로 명시적 또는 묵시적으로 표시될 것임을 요한다고 해석되며, 특히 그 의사표시가 납세자의 추상적인 질의에 대한 일반론적인 견해표명에 불과한 경우에는 위 원칙의 적용을 부정하여야 할 것이다(당원 1990. 10. 10. 선고 89누3816 판결, 1985. 5. 14. 선고 84누59 판결등 참조).

원심이 같은 취지에서 국세청장이 원고로부터 휴양숙박시설인 콘도미니엄업을 영위하는 회사가 가입자에게 콘도미니엄의 건물 및 토지를 공유지분별로 분양해 주고 가입자의 자산관리와 부대시설 및 서비스를 제공하여 각 지역의 콘도미니엄 시설을 가입자로 하여금 상호이용하게 하는 구조로 관리·운영하는 경우 일정한 관리운영기간에 해당하는 가입자의 자산(토지 및 건물)관리와 부대시설 및 서비스 제공의 대가로 지급받는 시설관리료를 위 콘도미니엄 분양에 따른 토지 및 건물의 양도가액으로 보아 특별부가세를 부과할 수 있는지의 여부에 대한 질의를 받고 위와 같은 시설관리료에 대하여는 특별부가세가 부과되지 않는다고 회답한 사실이 있으나 그것만으로는 그 과세대상에 관한 비과세의 관행이 확립표명된 것으로 볼 수 없다고 판단한 것은 기록에 비추어 정당하고 거기에 신의칙 내지 비과세관행에 관한 법리오해의 위법이 있다고 볼 수 없다.

신뢰보호원칙의 두 번째 유형으로 특정납세자가 아니라 불특정의 일반납세자에게 일정한 비과세 관행이 정당한 것으로 인식되어 납세자들이 신뢰보호원칙을 주장할 수 있는 경우이다. 이러한 예로는 대법원 2010. 04. 15. 선고 2007두19294 판결을 들 수 있다.

대법원 2010. 04. 15. 선고 2007두19294 판결

[1] 조세법률관계에서 과세관청의 행위에 대하여 구 국세기본법(2010. 1. 1. 법률 제9911호로 개정되기 전의 것) 제15조, 제18조 제3항의 규정이 정하는 신의칙 내지 비과세의 관행이 성립되었다고 하려면 장기간에 걸쳐 어떤 사항에 대하여 과세하지 아니하였다는 객관적 사실이 존재할 뿐만 아니라 과세관청 자신이 그 사항에 대하여 과세할 수 있음을 알면서도 어떤 특별한 사정에 의하여 과세하지 않는다는 의사가 있고 이와 같은 의사가 대외적으로 명시적 또는 묵시적으로 표시될 것임을 요한다고 해석되며, 같은 법 제18조 제3항 규정에서의 '일반적으로 납세자에게 받아들여진 세법의 해석 또는 국세행정의 관행'이란 비록 잘못된 해석 또는 관행이라도 특정납세자가 아닌

불특정한 일반납세자에게 정당한 것으로 이의 없이 받아들여져 납세자가 그와 같은 해석 또는 관행을 신뢰하는 것이 무리가 아니라고 인정될 정도에 이른 것을 말한다.

[2] 국내회사가 국내사업장이 없는 외국법인과의 공급계약에 따라 그 법인이 지정하는 자에게 서비스를 제공하고 그 대가를 그 법인에게 지급하여야 할 금액에서 차감하는 방식으로 지급받는 거래에 대하여 과세관청이 부가가치세 부과처분을 한 사안에서, 국내사업장이 없는 '외국법인 등이 지정한 자에게' 국내에서 용역 등을 제공하는 경우도 영세율 적용대상으로 규정한 국세청 부가가치세법 기본통칙 11-26-3은 각 구 부가가치세법 시행령(2000. 12. 29. 대통령령 제17041호로 개정되기 전의 것 및 2001. 12. 31. 대통령령 제17460호로 개정되기 전의 것) 제26조 제1항 제1호의 취지 등에 부합하는 해석으로 볼 수 있어, 그 거래는 외화획득 거래로서 영세율이 적용되어 온 과세관행에 포섭될 수 있으므로, 위 부과처분은 신의칙 내지 새로운 해석에 의한 소급과세금지의 원칙에 반하여 위법하다.

제6장 | 조세법규의 적정한 해석·적용과 조세정의

1. 개요

해석의 여지가 없는 완벽한 법이 가장 이상적이라고 할 수도 있겠다. 로마의 유스티아누스 황제는 『로마법대전』이라는 법전을 만들었다. 과거 로마시대에는 필요할 때마다 법을 새로 만드는 식으로 법을 계속 추가하는 방식으로 운용하고 있었는데, 유스티아누스 황제는 이처럼 흩어져 있던 법들을 모아 체계화한 것이다. 이 법전 덕분에 로마법을 토대로 한 현대법문화가 생겨났다고 해도 과언이 아니다. 그런데 유스티아누스 황제는 자신이 만든 법전이 완전무결하다고 믿고 그 법전에 대해 해설서가 나오는 것을 금지했다고 한다. 현재 독일의 일부 지역에 해당하는 프로이센에서도 프리드리히 대제와 프리드리히 빌헬름 황제가 1794년 프로이센 일반란트법(Allgemeines Landrecht für die Preußischen Staaten)을 제정한 바 있다. 이 법은 지금의 민법, 형법, 행정법 등 국가 내에서 적용되는 모든 중요한 법규들을 하나의 법전에 조문화한 것인데, 그 조문 수가 1만 7000개를 넘는다. 황제는 법조문에 대한 해석의 여지가 생기지 않도록 법조문을 아주 명쾌하게 하고 또 자세하게 규정하도록 하였다. 프리드리히 대제는 이 법의 제정위원회에 업무를 부과한 1780년 4월 14일의 칙령에서 "어떠한 법관에 대해서도, 꿈에라도…… 이 법을 해석하고 확장하거나 제한하는 것을 허용하지 않을 것이며 더욱이 새로운 법률을 제정하는 것에 대해서는 말할 것도 없다."라고 선언한 바 있다.[1] 그러나 어떤 경우에도 해석의 여지가 없는 완벽한 법을 만들겠다는 황제의 생각이 현실화된 적은 없다. 법률이 만들어지는 그 순간에 이미 법률 전문가들은 새로운 법에 대한 다양한 해석가능성을 제기한다. 이것이 현실이다.

하나의 세법 규정이 존재할 때 그 규정으로 과세할 수 있는 범위를 결정함에 있어서는 그 규정의 해석 범위가 매우 중요하다. 그 규정의 해석을 어떻게 하느냐에 따라 어떤 거래 사실을 과세할 수도 있고, 과세할 수 없는 경우도 발생하기 때문이다. 예컨대, 우리 소득세법상 1세대 1주택의 양도로 인한 양도소득은 그것이 법령이 정하는 요건을 갖추면 원칙적으로 소득세를 비과세하는데, 이때 1세대의 범위와 관련하여 소득세법 시행령 제154조 제1항은 "법 제89조 제1항 제3호에서 거주자 및 그 **배우자**가 그들과 동일한 주소 또는 거소에서 생계를 같이 하는 가족과 함께 구성하는 1세대(이하 "1세대"라 한다)가 양도일 현재 국내에 1주택을 보유하고 있는 경우로서 해당 주택의 보유기간이 2년(제8항 제2호에 해당하는 거주자의 주택인 경우는 3년) 이상인 것을 말한다.……"라고 규정하고 있는데, 이때 배우자는 행정기관에 혼인신고를 한 법률혼 배우자에 한하는 것인지, 아니면 사실상 혼인관계에 있는 자도 포함하는 것인지에 따라 실제 과세에 있어서는 매우 중요한 차이가 발생한다.

정의를 달리 표현한다면 합리성이라고 할 수 있을 것이다. 법률규정의 해석을 어떻게 하는지에 따라 그 법률규정이 합리적일 수도 있고, 그렇지 않을 수도 있게 된다. 그렇기 때문에 정의의 실현을 위해서는 법규정의 해석이 중요한 역할을 하게 되는 것이다.

1 M. Kriele, *Recht und praktische Vernunft*, Vandenhoeck und Ruprecht, 1979, S. 72.

2. 일반적인 조세법규의 해석 방법

1) 일반적인 법해석 방법

추상적인 법률규정은 대부분 해석이라는 문제를 야기한다. 예컨대, 형법 제250조 제1항은 "사람을 살해한 자는 사형, 무기 또는 5년 이상의 징역에 처한다."라고 규정하고 있는데, 이때 '살해'라는 것이 자기가 미워하는 사람이 죽을 것을 기원하며 하는 기도도 포섭하는 것인지도 해석이 필요한 문제이다.

일반적으로 법규정을 해석하는 방법은 다양하게 분류가 가능하다. 우선, 법해석이 구속력을 가지는지에 따라 유권해석과 학리해석으로 나눌 수 있다. 유권해석은 다시 그러한 해석을 하는 기관에 따라 행정기관에서 해석하는 것과 사법부에서 해석하는 것으로 나눌 수 있다. 행정기관에서 법을 해석하는 것은 행정기관이 자신의 업무 수행과 관련하여 행하게 되는 법해석을 의미한다. 반면, 사법해석은 법원이 재판과정에서 행하게 되는 법해석을 의미한다. 행정기관의 해석과 사법기관의 법해석이 충돌하는 경우에는 원칙적으로 사법기관의 법해석이 우선하게 될 것이다.[2] 행정기관의 법해석은 1차적 해석이고, 최종적으로는 재판 과정에서 사법부에 의하여 결정된다. 법률적 분쟁은 헌법에 특별한 규정이 있는 경우를 제외하고는 법원의 심판사항으로 되어 있다.

> 법원조직법 제2조(법원의 권한) ① **법원은 헌법에 특별한 규정이 있는 경우를 제외한 일체의 법률상의 쟁송을 심판하고, 이 법과 다른 법률에 의하여 법원에 속하는 권한을 가진다.**
> ② 제1항의 규정은 행정기관에 의한 전심으로서의 심판을 금하지 아니한다.

---

2 행정법 영역에서 재량이나 판단 여지가 인정되는 경우에는 다를 수 있다. 이에 대해서는 이동식 외 3인, 『행정법총론』, 준커뮤니케이션즈, 2013, 151쪽 이하 참조.

③ 법원은 등기·가족관계등록·공탁·집행관·법무사에 관한 사무를 관장 또는 감독한다.

학리해석은 학술적 차원에서 법규정을 해석하는 것으로서 그 자체에 공식적으로 법적 구속력이 부여되는 것은 아니다. 하지만, 행정기관의 해석이나 사법기관의 해석도 무에서 유를 창조하는 방식으로 이루어지는 것이 아니고 많은 경우에는 학자와 전문가들의 다양한 해석을 참조하여 결론을 도출해 낼 수밖에 없다는 점에서 학리해석도 간접적으로는 매우 중요한 의미를 가지게 된다.

학술적으로 법조문을 해석하는 방법은 다시 여러 가지 기준으로 나눌 수 있다. 그 가운데 가장 보편적인 방법은 문언해석, 체계적 해석, 역사적 해석, 목적적 해석으로 분류하는 것이다. 문언해석은 법조문에 등장하는 단어들을 그 단어의 사전적 의미로 해석하는 것을 말한다. 체계적 해석은 문제의 법규정을 그 규정만 분리해서 검토하는 것이 아니라, 전체 세법전에서 해당 법조문이 규정된 위치와 전체적인 연관성 등을 검토하여 조문해석을 하는 방법이다. 역사적 해석은 어떤 법조문을 해석함에 있어서 그 조문이 등장하게 된 입법적 연혁, 역사적 배경 등을 참조하여 해석하는 것을 말한다. 목적적 해석은 법조문을 해석함에 있어서 그 조문을 통해 입법자가 의도한 입법 목적 등을 고려하여 법해석을 하는 것을 말한다.

19세기 말, 20세기 초까지는 소위 개념법학이라는 법학 사조가 세계를 지배하고 있었고, 그 당시 법조문 해석은 문언해석의 방법에 따르는 것으로 이해하고 있었다. 하지만 19세기 말 인간의 이성을 강조하는 계몽사상이 유행하면서 법학에서는 자연법을 중시하게 되었고, 이러한 영향으로 법해석을 함에 있어서 실정법의 문구뿐만 아니라 실정법이 추구하는 입법 목적을 충분히 고려하여야 한다는 점이 강조되기 시작하였다. 즉, 이는 법해석 방법에 있어서 목적적 해석을 다른 법해석보다 우선하는 것을 의미한다.[3] 이러한 입장은 현재까지 유지되고 있다.

2) 조세법규의 해석 방법

조세법규의 해석 방법도 다른 법규의 해석 방법과 기본적으로는 동일하다. 그래서 문언해석, 체계적 해석, 역사적 해석, 목적적 해석 방법은 세법에도 타당하다.

하지만, 조세법규의 해석 방법과 관련하여 다른 법분야와는 달리 몇 가지 특수한 해석 방법이 등장하여 문제가 되고 있다. 이에 해당하는 것으로 다음과 같은 세 가지 정도를 들 수 있다. 첫째, 소위 '엄격해석원칙'이라는 것이다. 조세법규는 납세자의 재산권을 침해하는 측면이 있으므로 엄격하게 해석해야 한다는 것이다. 둘째, 실질과세원칙이다. 세법의 해석은 과세대상이 되는 거래의 형식이 아니라 실질을 기초로 하여 해석해야 한다는 입장이다. 셋째, 차용개념의 해석이다. 차용개념이라 함은 '증여'나 '배우자'처럼 그 개념의 형성이 세법이 아니라 주로 민법과 같은 사법 영역에서 이루어진 것인데 조세법을 입법하는 이들이 과세요건을 표현하면서 차용한 개념들이다. 이러한 차용개념을 세법상 이해함에 있어서 그 개념이 처음 형성된 사법에서의 의미대로 이해해야 하는지, 아니면 사법상 의미와 다른 세법 독자적인 의미를 인정할 수 있는지가 문제가 된다.

3 Larenz·Canaris, *Methodenlehre der Rechtswissenschaft 3*. Auflage, Springer Verlag, S. 164.

3. 소위 '엄격해석원칙'의 타당성 여부[4]

1) 소위 '엄격해석원칙'의 의의

엄격해석원칙은 우리 대법원이 조세법규의 해석과 관련하여 개발한 법원칙으로 미국, 독일 등 외국에서는 그와 유사한 것을 발견할 수 없는 우리만의 독특한 세법해석원칙이다.

대법원이 조세법규의 해석과 관련하여 취하고 있는 '엄격해석원칙'은 조세법규는 '원칙적으로' 법문언에 충실하게 해석해야 한다는 것을 그 내용으로 한다. 한마디로 조세법규 해석은 문리해석이 가장 우선되어야 한다는 것이다. 그러나 이 원칙이 결코 문리해석 이외에 목적적 해석 등 법해석의 일반론에 등장하는 보편적인 법해석 방법들을 조세법규의 해석에서는 인정하지 않겠다는 의미는 아닌 것으로 이해된다. 목적적 해석 방법 등 다른 법영역에서 법해석의 방법으로 인정되는 것들을 조세법에서도 인정하지만, '가능한 한' 조세법 규정은 문언에 따라 해석해야 한다는 의미로 이해하면 될 듯하다.

법해석 방법과 관련하여 엄격해석원칙은 원래 죄형법정주의가 지배하는 형법 영역에서 개발된 것이다. 그런데 이것을 조세법률주의가 지배하는 조세법 영역에서도 인정하고 있는 것이다. 그 이면에는 조세법률주의와 죄형법정주의를 유사하게 바라보는 시선이 있다.

더 나아가서 대법원은 시정명령처럼 국민들의 이익을 침해하는 규정 내지는 제재적 성격의 규정을 해석함에 있어서도 엄격해석원칙을 언급하고 있다(대법원 2011. 3. 10. 선고 2009두1990 판결).

---

4 이 소제목 아래의 본문에는 저자가 2011년 발표한 글(「엄격해석원칙의 타당성 검토」, 『조세법연구』 제17-3집, 한국세법학회, 2011. 12.)의 일부가 포함되어 있음을 밝혀 둔다.

2) 조세법상 엄격해석원칙에 관한 판례의 변천

엄격해석원칙은 법원 판결을 통해 형성된 해석원칙이다. 대법원이 이 원칙을 처음 적용하기 시작한 것은 1960년대 초반이다. 당시 판결에서는 '엄격해석원칙'이라는 용어는 사용하지 않고 "문언에 충실함이 보다 요청되는 조세법률주의원칙하에서는……"이라는 방식으로 이 원칙을 표현하였다. 즉, 당시에는 조세법률주의 원칙의 직접적 결과로 조세법규는 당연히 엄격하게 해석해야 한다는 정도로 이해한 듯하다.

'엄격해석원칙'이라는 용어를 대법원이 직접적으로 사용하기 시작한 것은 1980년대로 보인다. 그런데 이 원칙에 대한 대법원의 태도가 1990년대 중반쯤을 기점으로 하여 약간 변화하였다. 그 이전까지의 판결문에서는 대부분 조세법률주의원칙상 조세법규는 문언에 따라 엄격해석하여야 한다는 식이었다. 하지만, 1990년대 중반 판결부터는 "조세법규는 특별한 사정이 없는 한 문언에 따라 엄격해석하여야 하고……"라는 식으로 문언에 기초한 엄격해석도 특별한 사정이 있으면 예외가 가능하다는 것을 인정하고 있다.

1990년대 중반 이전까지의 판결문 구조	1990년대 중반 이후의 판결문 구조
"조세법률주의 원칙상 과세요건이거나 비과세요건이거나 또는 감면요건이거나를 막론하고 조세법규의 해석은 엄격하여야 하고 확장해석이나 유추해석은 허용되지 아니한다고 할 것인바……" (대법원 1991. 7. 9. 선고 90누9797 판결)	"조세법률주의 원칙상 과세요건이거나 비과세요건 또는 조세감면요건을 막론하고 조세법규의 해석은 **특별한 사정이 없는 한** 법문대로 해석할 것이고 **합리적 이유 없이** 확장해석하거나 유추해석하는 것은 허용되지 않는다." (대법원 1994. 2. 22. 선고 92누18603 판결)

표 6 엄격해석원칙에 관한 대법원 판결문 구조의 변화

하지만, 2008년 이후 대법원의 판결 가운데에는 엄격해석원칙이 아니라 직접적으로 '합목적적 해석'을 기초로 판결한 사례도 등장하고 있고, 과거와

달리 '엄격해석원칙'이라는 용어가 (적어도) 조세 관련 대법원 판결문에 직접 사용되는 경우는 찾아보기 힘들게 되었다.

3) 엄격해석원칙의 정당화 근거로 제시되는 것들

판례와 학설이 엄격해석원칙을 정당화하는 근거로 주로 조세법률주의를 들고 있다. 즉, 조세법률주의의 원칙상 세법 규정은 당연히 엄격해석해야 한다는 논리이다. 그러나 엄격해석원칙을 주장하는 문헌들을 보아도 조세법률주의에 따를 때 왜 조세법규가 엄격하게 해석되어야 하는지에 대해서는 별로 설명이 없다. 조세법률주의는 납세자들의 법률생활의 안정성과 예측가능성을 확보하기 위하여 필요한 것인데 이러한 법적 안정성과 예측가능성을 담보하기 위해서는 엄격해석원칙이 필요하다는 주장이 있을 수 있다. 하지만 목적적 해석 등 다른 법해석 방법이 허용된다고 해서 바로 그러한 법익이 침해된다고는 할 수 없을 것이다.

최근에 와서는 조세법규는 국민의 재산권을 침해하는 침해법규이므로 엄격하게 해석해야 한다는 논거를 볼 수 있다. 국민의 재산권을 침해하는 성격을 가진 조세법규를 엄격하게 해석한다는 것은 결국 과세를 할 수 있는 범위를 그만큼 제한하는 효과를 가져온다. 그런데 이 논거가 타당하려면 법률에 근거한 세금부과는 가능한 한 제한하는 것이 좋다는 명제가 성립해야 한다.

4) 엄격해석원칙의 타당성 여부

조세법규는 엄격하게 해석해야 한다는 논거로 주장되는 두 가지, 즉 조세법률주의와 국민의 재산권 보호는 그 자체로는 너무나 타당한 명제이다. 다만, 그것이 원인이 되어 조세법규의 엄격해석원칙이라는 결과를 도출해 낼 수 있는지는 의문이다.

조세법률주의는 결코 일반적인 법해석 방법에 따라 조세법규를 해석하는 것을 금지하는 것이 아니다. 그것이 목적적 해석이든, 체계적 해석이든 법해석 방법으로 받아들일 수 있는 수준의 해석인 한 당연히 허용되는 것이다. 엄격해석원칙도 이러한 결론을 받아들이면서 단지 문언해석을 '강조'하는 정도의 것이라면, 성문법국가에서 이는 너무나 당연한 것이며 이것을 굳이 '엄격해석원칙'이라는 특수한 용어를 사용하여 판결문에 등장하게 해야 할 이유가 없는 것이다.

국민의 재산권 보호라는 것도 그것이 원인이 되어 엄격해석원칙을 정당화하기는 힘들다고 본다. 물론, 과세요건을 규정한 세법 규정을 엄격해석하면 그만큼 과세당국은 납세자에게 세금부과를 못하게 되는 것인데, 세금부과의 재산권 침해 측면만을 염두에 둔다면 이러한 엄격해석이 납세자의 재산권을 보호하는 것처럼 보일 수 있다. 하지만, 과세요건을 규정한 세법 규정에 근거하여 납세자에게 세금부과를 한다는 것은 공평한 세금배분이라는 측면에서 바라볼 필요도 있다. 과세요건을 규정한 세법 규정을 목적적으로 해석해서 과세해야 할 필요성이 있다면 과세를 해야 공평한 세금배분이 이루어지는데, 그 경우에 엄격해석원칙을 통해 과세를 못하도록 제한하면 이는 결국 조세법이 추구해야 하는 중요한 가치인 조세공평을 침해하는 것이 된다. 현실적으로 대부분의 납세자들은 특별한 조세회피 시도를 하지 않고 법률에 규정된 대로 세금을 충실하게 납부하지만, 경제적 여력이 있는 납세자들은 세금 절감을 위하여 다양한 조세회피 시도들을 하고 있다. 이처럼 조세회피 시도를 하는 경제적으로 여유가 있는 납세자들은 세법을 잘 아는 전문가들의 도움을 받게 되고, 전문가들은 입법자가 생각해내지 못한 교묘한 조세회피모델을 만들어 주게 된다. 물론, 법률이 허용하는 범위 내에서의 완벽한 절세모델을 제시하는 경우도 많지만 현실적으로 완벽한 절세모델을 통한 세금 절감이라는 것은 한계가 있다. 그렇기 때문에 납세자들은 조세회피 형태의 조세절감모델에 대해 관심을 많이 가질 수밖에 없다.[5] 이러한 경우에 있어서 과세당국이 조세법규를 목적적으로 해석해서 부과처분을 하면 이는 적어도 조세회피 시도를 했던 납세자 본인의 입장에서 본다면 재산권 침해임이 분명하다. 만약 이러한 납세자가 소송을 제기하여 본인의 재산권이 침해되었음을 주장할 때 법원이 엄격해석원칙을 근거로 하여 납세자의 편을 들어주면 조세회피 시도도 하지 않고, 소송도 제기하지 않은 선량한 납세자들에 비해 조세회피 시도를 하고 그리고 소송을 제기하여 법원으로부터 엄격해석원칙을 통하여 보호받는 납세자는 조세 부담을 불합리하게 축소할 수 있는 가능성을 가지게 된다. 결론적으로 재산권 보호의 가치를 조세회피 시도를 한 소수의 납세자가 아닌 전체 납세자의 측면에서 바라보면 엄격해석원칙이 납세자의 재산권 보호를 위해서 꼭 필요하다고 할 수 있는 것인지 의구심을 가지게 된다.

> 근본적으로 조세법률주의의 역사적 연원 및 비중을 간과해서는 안 되지만, 점차 법체계의 전환, 가치의 전환이 두드러지는 상황 속에서 법률/법률의 해석/흠결보충으로서의 법형성의 가능성들을 고려하지 않을 수 없으며, 방법적 정직성과 필연성을 의식하는 가운데 자기제한적인 법관법도 형성될 수 있을 것이다. 논의되어야 할 것은 법관법 여부(Ob)보다 그 정도(Mass)가 아닐까. 그리고 그 과정에서 "법률로 돌아가자(Zurück zum Gesetz)."(Hirsch)라는 파토스와 "법률이 있기 전에 법관이 있었다."(Portalis)라는 단언은 조심스럽게 피해야 할 두 극단이라고 여겨진다.[6]

결론적으로 조세 부담의 공평한 배분이라는 차원에서 보면 엄격해석원칙이라는 것을 굳이 별개의 법해석 원칙이라고 주장할 이유가 없다고 할 수 있

---

5 절세 행위와 조세회피 행위의 구별 기준 등에 대해서는 이 책 제8장을 참조하기 바란다.

6 임미원, 「토론문: 폐지된 세법 규정의 효력, 조세법상 법관의 법형성과 그 한계」, 『100인 초청 학술대회-공평과세 실현을 위한 세법개정 방안』 세미나 자료집, 한국세법학회, 2013. 4., 279쪽.

다. 그러나 이러한 결론이 결코 과세당국으로 하여금 조세법규를 징세의 편의를 위하여 마음대로 해석해도 된다는 것은 아니다. 우리가 강조하고자 하는 것은 다른 법률규정과 마찬가지로 세법 규정도 일반적인 법해석의 한계로 받아들여지는 "문언의 가능의미 내에서는(im Bereich des möglichen Wortsinns)"[7] 규정의 취지와 목적에 부합하도록 해석하는 것이 가장 바람직한 것이지, 가능한 한 문언대로 해석해야 한다는 '법원칙'이 있는 것은 아니라는 것이다.

4. 실질과세원칙

1) 실질과세원칙의 의의

실질과세원칙이라 함은 과세대상이 되는 거래의 형식과 실질이 불일치하는 경우에는 그 실질에 따라 법적용을 해야 한다는 법원칙이다. 거래의 형식과 실질이 일치하는 경우에는 형식에 따라 법을 적용하는 것이나, 실질에 따라 법을 적용하는 것이나 그 대상이나 결론에 차이가 없으므로 법적용이 특별히 문제되지 않는다. 이러한 실질과세원칙은 미국, 독일 등 외국에서 조세법을 해석·적용함에 있어서 매우 중요한 역할을 하고 있는 세법해석원칙이다.

우리 세법에서는 국세기본법 제14조에서 실질과세원칙을 규정하고 있다. 하지만 이 원칙은 실정법적 근거가 없어도 법적 효력을 가진다는 것이 판례와 다수설의 입장이다. 즉, 국세기본법 제14조가 있기 때문에 실질과세원칙이 법해석의 원칙이 되는 것은 아니라는 것이다.

---

7 Larenz·Canaris, *Methodenlehre der Rechtswissenschaft 3*. Auflage, Springer Verlag, 141. ff.

2) 실질과세원칙에서 '실질'의 의미

(1) 학설

실질과세원칙이 거래의 형식과 실질이 불일치하는 경우 실질에 따라 세법을 해석·적용하라는 것이라면 도대체 어떤 경우에 형식과 실질의 불일치가 있다고 할 것인지가 문제가 된다. 이와 관련하여서는 국내 세법학계에서 종래 '법적 실질설'과 '경제적 실질설'이 대립되어 왔다.

법적 실질설은 법적으로 형식과 실질이 불일치하는 경우에 법적인 실질에 따라 법적용을 해야 한다는 것을 실질과세원칙으로 이해한다. 이러한 법적 실질설에서 말하는 법적인 형식과 실질은 민법·상법적인 시각으로 보았을 때의 거래형식과 실질을 의미한다. 가장 대표적인 경우로는 실제로 당사자 간에 매매를 했음에도 양도소득세 부과를 피하기 위하여 증여를 한 것처럼 해서 부동산의 소유권이전등기를 하는 경우를 들 수 있다.[8] 이 경우에 증여는 민법적으로 소위 통정허위표시에 해당하여 무효가 되고, 실질적으로 유효한 것은 매매가 된다. 즉, 민법적으로 증여는 형식이고, 매매는 실질이 되는 것이다. 사법적으로도 당연히 매매계약이 유효한 것이고, 세금부과 시에도 유효한 매매계약을 전제로 하여 양도소득세 문제를 검토해야 하는 것이다.

반면, 경제적 실질설에서는 '법적 형식'과 '경제적 실질'이 불일치하는 경우에 세법은 경제적 실질에 따라 해석·적용되어야 한다는 것을 내용으로 한다. 이때 '법적 형식'은 달리 표현하면 '법률행위방식'이라고 할 수 있다. 즉, 매매, 증여, 소비대차 같은 것이 경제적 실질설에서 말하는 법적 형식에 해당하는 것이다. 법적 실질설과 달리 경제적 실질설에 따를 때 법적 형식이 통정허위표시에 해당하는 경우처럼 무효 혹은 취소사유에 해당하는 경우일 필

8 물론 이처럼 등기원인을 증여로 하면 증여세가 부과되는 것이 원칙인데 증여재산공제제도 등에 의하여 증여세가 과세되지 않는 경우를 가정해 보기로 한다.

요가 없다. 즉, 사법적으로 완벽하게 유효하더라도 경제적 실질설에서 말하는 '법적 형식'에 해당하는 것이다. 경제적 실질설에서 말하는 '경제적 실질'은 특정 법률행위 방식을 통해 당사자가 달성하고자 한 경제적 성과를 의미하게 된다. 금전납부 의무인 세금은 납세자에게 경제적 부담이 되며, 그러한 경제적 부담을 가장 합리적으로 나누는 방법은 법률행위의 형식이 아니라 그 법률행위 형식을 통해 당사자가 달성하고자 한 경제적 성과를 기초로 하여 세금부과를 하는 방법이다. 예컨대, 증여라는 법률행위의 방식을 통해 당사자가 달성하고자 하는 경제적 성과는 아무런 대가를 지불하지 않고 재산적 가치가 있는 물건을 증여자로부터 수증자에게 이전하는 것이라고 할 수 있다. 그래서 경제적 실질설에 따르면 증여세 과세요건에 등장하는 '증여'라는 개념은 민법상 법률행위 방식 내지는 형식으로서의 증여가 아니라 그 증여의 이면에 존재하는 경제적 성과이므로 무이자금전소비대차 혹은 매매 형식이라고 하더라도 증여세 과세대상이 될 수 있는 것으로 보게 된다. 예컨대, 10억 원짜리 물건을 1원에 매매한 경우 특별한 사정이 없다면 그 차액은 실제로 매도인이 매수인에게 증여한 것으로 볼 수 있는 것이므로 증여세과세 대상이 되는 것이다. 이러한 경제적 실질설의 가장 큰 약점은 구체적 사례에서 무엇이 경제적 실질인지가 분명하지 않아 세법의 해석·적용이 조세법률주의 정신에 어긋나게 사례별로 지나치게 요동칠 수 있다는 점이다.

대체적으로 지금까지 국내에서는 법적 실질설을 취하는 입장이 다수설인 것으로 소개되었다. 하지만, 최근에는 경제적 실질설을 지지하는 학자들이 상당히 증가하고 있고, 세법 조문에서도 '경제적 실질'에 따른 과세를 명문화하는 경우가 증가하고 있다. 대표적인 경우로는 국세기본법 제14조 제3항, 「국제조세 조정에 관한 법률」 제2조의2 제3항을 들 수 있다.

미국, 독일 등의 경우에도 실질과세원칙은 경제적 실질설에 기초하여 이해하고 있다. 이러한 나라에서는 실질과세원칙이 주로 목적적 해석과 유사한 것으로 이해된다. 세법은 공평한 세금배분을 목적으로 하는데, 그러한 공평한 세금배분을 위해서는 법률행위 방식이 아니라 그 법률행위 방식을 통해 달성하고자 하는 경제적 실질에 기초하여 과세를 해야 한다고 보는 것이다.

(2) 판례

판례도 과거에는 주로 법적 실질설에 기초하고 있었으나 최근에는 경제적 실질설에 기초하여 상당히 적극적인 판결을 하고 있다. 판례가 법적 실질설에 기초하여 판결한 예로는 대법원 2009. 4. 9. 선고 2007두26629 판결을 들 수 있고, 경제적 실질설에 기초한 예로는 대법원 2011. 7. 21. 선고 2010두23644 판결을 들 수 있다. 특히, 후자는 「국토의 계획 및 이용에 관한 법률」에 따른 토지거래허가구역에서 허가를 받지 않은 상태에서 대금결제를 하고 소유권을 거래한 행위에 대해 양도소득세를 부과할 수 있는지와 관련하여 과거 대법원은(대법원 1997. 3. 20. 선고 95누18383 판결) 그러한 거래는 민법적으로 무효이므로 양도소득세를 부과할 수 없다고 보았지만, 이 사건에서는 비록 사법적으로 무효라고 하더라도 그러한 거래로 인하여 실제로 당사자 간에 대금을 주고받았고, 소유권의 변동도 있었다면 양도소득세를 과세할 수 있는 대상으로서의 매매가 있었다고 볼 수 있는 경제적 실질이 발생한 것으로 보아서 양도소득세 과세를 긍정한 것이다.

3) 실질과세원칙과 조세법률주의의 관계

법적 실질설에 따르면 실질과세원칙과 조세법률주의와의 관계가 문제가 될 여지가 거의 없다. 왜냐하면 법적 실질설에 따를 때 실질과세원칙에 따라 과세당국이 과세할 수 있는 경우는 사법적으로 해당 거래가 무효인 경우 등에 한정되는 것이고, 과세당국이 함부로 법률행위 형식과 별개의 거래를 기초로 하여 과세할 수 있는 여지가 없기 때문이다.

반면, 경제적 실질설에 따르면 비록 사법적으로 유효한 거래 행위라고 하더라도 그 거래 행위를 기초로 하지 않고 그 거래의 경제적 실질에 부합하는 법률행위 방식을 납세자가 선택한 것처럼 과세할 수 있으므로 이러한 경우에 당사자의 예측가능성과 법적 가능성이 실질과세원칙에 의하여 무력화될 수 있는 듯한 측면이 연출될 수 있게 된다.

하지만, 미국이나 독일의 경우처럼 실질과세원칙을 목적적 해석의 일종으로 이해한다면 목적적 해석 방법에 따라 조세법규를 해석한 것이 조세법률주의에 반하지 않는 것과 마찬가지로 경제적 실질에 기초하여 조세법규를 해석·적용한 것이 조세법률주의에 반한다고 할 수는 없다. 물론, 실질과세원칙이 목적적 해석의 일종이라면 아무리 경제적 실질에 기초한 과세라고 하더라도 그러한 과세가 세법조문의 해석한계, 즉 문언의 가능 의미 범위 내에서 이루어져야 하는 것은 당연하다.

최근 대법원 판결(대법원 2012. 1. 19. 선고 2008두8499 전원합의체 판결)에서도 경제적 실질에 기초하여 실질과세원칙을 이해하는 경우 조세법률주의와 실질과세원칙과의 관계가 문제된 바 있는데 다수의견은 조세공평을 실현하기 위한 실질과세원칙과 조세법률주의는 상호보완적이고 불가분적인 관계에 있다고 판단한 바 있다.

대법원 2012. 1. 19. 선고 2008두8499 전원합의체 판결

1. 다수의견

실질과세의 원칙은 헌법상의 기본이념인 평등의 원칙을 조세법률 관계에 구현하기 위한 실천적 원리로서, 조세의 부담을 회피할 목적으로 과세요건사실에 관하여 실질과 괴리되는 비합리적인 형식이나 외관을 취하는 경우에 그 형식이나 외관에 불구하고 실질에 따라 담세력이 있는 곳에 과세함으로써 부당한 조세회피행위를 규제하고 과세의 형평을 제고하여 조세정의를 실현하고자 하는 데 주된 목적이 있다. 이는 조세법의 기본원리인 조세법률주의와 대립관계에 있는 것이 아니라 조세법규를 다양하게 변화하는 경제생활 관계에 적용함에 있어 예측가능성과 법적 안정성이 훼손되지 않는 범위 내에서 합목적적이고 탄력적으로 해석함으로써 조세법률주의의 형해화를 막고 실효성을 확보한다는 점에서 조세법률주의와 상호보완적이고 불가분적인 관계에 있다고 할 것이다.

2. 전수안 대법관, 이상훈 대법관의 반대의견

실질과세의 원칙은 조세공평의 원칙을 실현하기 위한 조세법의 기본원리로서 과세권의 행사가 실질적인 사실관계에 반하여 이루어지는 경우 이를 배제함으로써 납세자의 권리를 보호하는 긍정적인 측면이 있지만, 반대로 과세권의 남용을 정당화하는 도구가 되어 납세자의 재산권을 침해함으로써 과세요건 법정주의와 명확주의를 핵심으로 하는 조세법률주의와 충돌할 염려가 있다. 납세의무자로서는 조세법률주의의 토대 위에서 조세의 부담을 제거하거나 완화하는 거래방법을 선택할 수 있으며, 그것이 가장행위나 위법한 거래로 평가되지 않는 한 납세의무자의 권리로서 존중되어야 한다. 그럼에도 본질적으로 불확정개념인 실질과세의 원칙을 내세워 납세의무자가 선택한 거래형식을 함부로 부인하고 법 문언에 표현된 과세요건의 일반적 의미를 일탈하여 그 적용 범위를 넓히게 되면 조세법률주의가 형해화되어 이를 통해 실현하고자 하는 법적 안정성과 예측가능성이 무너지게 된다. 나아가 조세포탈죄 등의 구성요건 해당성이 과세관청의 자의에 의하여 좌우될 수 있어 죄형법정주의의 근간이 흔들릴 수도 있다.

4) 국세기본법상 실질과세원칙의 유형

(1) 의의

실질과세원칙에 관한 법률 조문이 여러 곳에 있지만 그 가운데 가장 대표적인 것이 국세기본법 제14조이다. 이 규정은 총 세 가지 유형의 실질과세원칙을 규정하고 있다. 이 세 가지 유형은 일견 명확하게 구분되는 것처럼 보이지만 실제 사례에서는 복합적으로 적용될 수도 있는 것이다.

(2) 국세기본법 제14조 제1항

국세기본법 제14조 제1항은 "과세의 대상이 되는 소득·수익·재산·행위 또는 거래의 귀속이 명의일 뿐이고 사실상 귀속되는 자가 따로 있는 때에는 사실상 귀속되는 자를 납세의무자로 하여 세법을 적용한다."라고 규정하고 있다. 이 조문에 따른 실질과세원칙을 흔히들 귀속에 관한 실질과세원칙이라고도 표현한다.

이 규정의 적용을 위해서는 어떤 경우가 과세대상이 명의상 귀속되는 경우이고, 어떤 경우가 사실상 귀속되는 경우인지를 구분해야 한다. 이는 다시 법적 실질설과 경제적 실질설에 따라 결론이 달라진다. 예컨대, 법적 실질설에 따르면 실제는 갑의 사업임에도 불구하고 을이 서류상 사업자로 등록되어 있는 경우에 그 사업에서 발생한 소득에 대한 명의상 귀속은 을에게 인정되지만, 사실상 귀속은 갑에게 이루어지는 것이므로 이 규정에 따라 해당 사업에서 발생하는 소득에 대해서는 갑을 납세의무자로 하여 과세해야 한다고 보게 된다. 즉, 법적 실질설에 따르면 민상법적으로 외형적인 명의귀속자와 실제적인 귀속자가 다른 경우에 이 규정이 적용되는 것이다. 반면, 경제적 실질설에 따르면 민상법상 실질적으로 귀속되는 사람과 '세법상' 귀속이 이루어지는 사람이 다를 수 있다. 사법상 소유권자가 아닌 자에게 과세물건의 귀속을 인정하기 위해서는 그 사람이 소유권자의 재화에 대한 접근을 '경제적으로' 배제할 수 있어야 한다. 즉, 법적인 소유권은 없지만 '실제적으로' 소유권자처럼 물건을 지배하고 있어야 한다는 것이다. 이러한 재화에 대한 경제적 지배(=사실상 지배)가 법적으로 보호받지 못하는 것이 되어서는 안 되고, 법적으로도 (소유권은 없지만) 안정적으로 보장되어야 한다. 대표적인 경우로 양도담보권 설정자를 들 수 있다. 양도담보권이 설정되면 그 부동산의 소유권은 대외적으로는 양도담보권자에게 귀속되지만 그 양도담보재산의 양도에 따른 양도차익은 양도담보권 설정자에게 귀속된다고 보아야 하므로(물론 양도담보권자에게 피담보채권을 이행해야 하는 것은 별론으로 함) 양도소득세는 양도담보권 설정자에게 부과해야 하는 것이지 양도담보권자는 납세의무자가 될 수 없다(대법원 1986. 7. 22. 선고 85누737 판결).

(3) 국세기본법 제14조 제2항

국세기본법 제14조 제2항은 "세법 중 과세표준의 계산에 관한 규정은 소득·수익·재산·행위 또는 거래의 명칭이나 형식에 불구하고 그 실질내용에 따라 적용한다."라고 규정하고 있다. 이것을 흔히 '거래내용에 관한 실질과세원칙'이라고 한다. 이 규정도 법적 실질설과 경제적 실질설에 따라 적용되는 경우가 달라진다. 법적 실질설에 따르면 통정허위표시 같은 경우에 이 조문이 적용된다고 본다. 반면 경제적 실질설에 따를 때에는 달라진다. 예컨대, 부동산양도에 대해서는 양도소득세가 부과되고, 주식양도에 대해서는 양도소득세가 부과되지 않는 세제를 가정하여 경제적 실질설에 따를 때 이 조문이 적용되는 사례를 하나 들어 보면 다음과 같다. 먼저, 부동산을 매입하여 양도하려는 납세자 갑은 자신 명의로 직접 부동산을 취득하는 것이 아니라 부동산 매입자금을 출자하여 회사를 설립하고 그 회사로 하여금 부동산을 취득하게 한다. 그 후 갑은 자신이 부동산 양도를 희망하는 시점에 부동산을 보유하고 있는 회사의 주식을 양도하는 방법으로 실질적으로는 부동산 양도를 하고 대신 양도소득세는 부담하지 않으려고 한다. 이 경우에 과세행정청은 국세기본법 제14조 제2항을 근거로 하여 외형상으로는 주식의 양도를 행했지만 그 경제적 실질이 부동산의 양도라고 판단하고 양도소득세를 부과할 수 있다.

(4) 국세기본법 제14조 제3항

국세기본법 제14조 제3항은 "제3자를 통한 간접적인 방법이나 2 이상의 행위 또는 거래를 거치는 방법으로 이 법 또는 세법의 혜택을 부당하게 받기 위한 것으로 인정되는 경우에는 그 경제적 실질내용에 따라 당사자가 직접 거래를 한 것으로 보거나 연속된 하나의 행위 또는 거래를 한 것으로 보아 이 법 또는 세법을 적용한다."라고 규정하고 있다. 이 조문은 2007년 12월 31일 신설되어 2008년 1월 1일 거래분부터 적용하도록 되어 있다. 이 조문은 조세회피 방지를 위한 일반규정으로 신설된 것이다. 동일한 조문이 「국제조세 조정에 관한 법률」(국조법) 제2조의2 제3항에 2006년 5월 24일 신설된 바 있다. 국조법 제2조의2 제3항은 외국계 펀드에 의한 조세회피 행위를 방지하기 위하여 신설된 것이었다. 그런데 이 조문의 신설 후 외국계펀드에 대해 과세를 하려고 하니 국내거래에는 이러한 일반적 조세회피 방지규정이 없는데 국제거래에만 이러한 규정이 있어 이것이 외국계자본에 대한 차별이 아닌가 하는 논란이 생겨났다. 이 논란을 잠재우기 위해 입법자는 국내거래에도 동일한 규정이 효력을 발휘할 수 있도록 국세기본법에 동일한 내용의 조문을 삽입한 것이다.

5) 일감몰아주기에 대한 증여세 과세와 관련한 논쟁

(1) 일감몰아주기의 의의

일감몰아주기란 주로 2008년 이후 대기업집단에서 문제가 된 변칙적인 부의 무상이전 기법이다. 이는 하나의 기업이 정상적인 거래를 위장하여 기업의 총수, 대주주 및 그 친족이 관계된 회사에 고정적으로 일감을 공급하여 부를 이전시키는 방법이다.[9] 예컨대, 대기업집단 A가 그 대기업집단의 오너일가 일부가 창업한 비상장 물류회사 B에 A 대기업집단에서 발생하는 일체의 물류 업무를 몰아주어 B 회사의 가치가 순식간에 급상승하게 하는 방법

9 유재원, 「일감몰아주기 과세에 대한 입법적 논의」, 『100인 초청 학술대회-공평과세실현을 위한 세법개정방안-(사단법인 한국세법학회 제108차 정기학술대회 자료집)』, 한국세법학회, 2013. 4., 151쪽.

이다. 국내 여러 기업집단에서 비슷한 문제가 발생한 바 있다. A 대기업집단에서 비상장회사인 B 회사에 일감을 몰아준 결정적 이유는 B 회사의 임원이 A 대기업집단의 총수 일가이거나 관계된 친족 등이기 때문이다.

이와 같은 일감몰아주기는 외형상으로는 정상적인 거래처럼 보이지만 결국 특수관계자 간의 무상의 이익증여가 이루어진 것으로 볼 수 있다. 그래서 이러한 거래로 인하여 이익을 받은 회사에 대해 법인세를 부과하는 것과 별개로 회사의 이익증가로 인해 자신의 지분가치가 상승하게 된 투자자에게 증여세를 과세할 수 있는지가 문제가 되는 것이다.

증여세는 비록 국가 세수에서 차지하는 비중은 크지 않지만 납세자들이 조세 부담의 형평성과 관련하여 느끼는 상대적 박탈감은 매우 큰 세목이다. 따라서 경제적 실질이 증여인 거래가 있을 때, 달리 표현하면 세법적으로 증여로 인식할 수 있는 거래의 실질이 존재한다면 그 거래의 법적 형식을 불문하고 증여세를 적정하게 과세하는 것이 일반 납세자의 시각에서 보면 조세정의를 실현하는 것이 된다.

(2) 일감몰아주기에 대한 증여세 과세의 법적 근거

일감몰아주기에 대해 세금을 부과해야 한다고 할 때 주로 문제가 되는 것은 증여세이다. 증여세의 과세대상은 증여로 인하여 재산을 취득하는 것이다. 「상속세 및 증여세법」 제2조 제1항은 "타인의 증여(증여자의 사망으로 인하여 효력이 발생하는 증여는 제외한다. 이하 같다)로 인하여 증여일 현재 다음 각 호의 어느 하나에 해당하는 증여재산에 대하여 이 법에서 정하는 바에 따라 증여세를 부과한다.……"라고 규정하고 있다.

「상속세 및 증여세법」상 증여세 과세대상으로 규정하면서 등장하는 용어 가운데 핵심은 '증여'이다. 이때 증여의 개념에 대해 「상속세 및 증여세법」 제2조 제3항은 "이 법에서 '증여'란 그 행위 또는 거래의 명칭·형식·목적 등과 관계없이 경제적 가치를 계산할 수 있는 유형·무형의 재산을 직접 또는 간접적인 방법으로 타인에게 무상으로 이전[현저히 저렴한 대가를 받고 이전(移轉)하는 경우를 포함한다]하는 것 또는 기여에 의하여 타인의 재산가치를 증가시키는 것을 말한다."라고 규정하고 있다.

「상속세 및 증여세법」 제2조 제3항은 2003년 12월 30일에 처음으로 입법되었다. 이 규정의 입법 취지는 증여세 과세대상이 되는 증여로 인하여 취득한 재산은 민법상 증여계약 혹은 증여행위에 의하여 취득한 재산에 한정하는 것이 아니라는 것을 명백히 하자는 것이다. 이 규정이 입법되기 전 우리나라의 판례와 학설은 증여세가 과세되는 경우는 원칙적으로 민법상 증여계약 혹은 증여행위에 의하여 무상으로 재산을 취득하는 경우이고, 그 외의 경우에는 비록 실질적으로 무상의 부의 이전이 있었다고 하더라도 이에 대해 증여세를 과세하려면 「상속세 및 증여세법」에서 명시적인 별도규정을 입법해 둔 경우에 한한다는 입장이었다. 그래서 2003년 12월 30일 법개정으로 「상속세 및 증여세법」 제2조 제3항이 신설되기 이전까지는 개별규정에 의하여 증여를 '의제'하는 규정이 다수 존재하였다. 즉, 원칙적으로 증여에 해당하지만 공정한 증여세 부과를 위해서는 경제적 실질이 증여와 유사한 경우를 찾아내어 증여세를 과세할 수 있도록 특별규정을 마련해 둔 것이다. 대표적으로 특수관계에 있는 자 간의 저가·고가양도행위를 증여행위로 의제하고 있는 구 「상속세 및 증여세법」(시행 2003. 1. 1. 법률 제6780호, 2002. 12. 18. 일부개정) 제35조를 들 수 있다.

> 상속세및증여세법(시행 2003. 1. 1. 법률 제6780호, 2002. 12. 18. 일부개정) 제35조(저가·고가양도 시의 증여의제) ① 다음 각호의 1에 해당하는 자에 대하여는 당해 재산을 양수 또는 양도한 때에 그 대가와 시가와의 차액에 상당하는 금액으로서 대통령령이 정하는 이익에 상당하는 금액을 증여받은 것으로 본다.
>
> 1. 특수관계에 있는 자로부터 시가보다 낮은 가액으로 재산을 양수하는 경우에는 그 재산의 양수자
> 2. 특수관계에 있는 자에게 시가보다 높은 가액으로 재산을 양도하는 경우에는 그 재

산의 양도자

② 제1항제1호 및 제2호에 규정된 특수관계에 있는 자, 낮은 가액 및 높은 가액의 범위는 대통령령으로 정한다.

2003년 12월 30일 법개정으로「상속세 및 증여세법」제2조 제3항이 신설되어 2004년 1월 1일부터 발효되었지만 실제로 과세행정은 이 규정의 발효 이후에도 크게 변화하지 않았다.

특히, 여기서 문제가 되고 있는 일감몰아주기에 대해「상속세 및 증여세법」제2조 제3항에 따른 포괄증여개념에 기초하여 2004년 1월 1일 거래분부터는 증여세를 과세할 수 있는지 여부에 대해 견해의 대립이 있었다. 일부에서는「상속세 및 증여세법」제2조 제3항에서는 '기여에 의하여 타인의 재산가치를 증가시키는 것'도 증여세 과세대상이 되는 것으로 규정하고 있는데 일감몰아주기 사례는 이때 '기여'를 적절히 해석하면 충분히 그 규정에 의해 포섭할 수 있다고 본다. 물론 이처럼 일감몰아주기 거래가「상속세 및 증여세법」제2조 제3항에서 규정한 증여개념에 포섭된다고 하더라도 다시 행정청이 구체적으로 증여세를 부과하기 위해서는 이때 증여받은 이익의 가치가 얼마인지를 계산할 수 있어야 하는데 이에 대한 법적 근거가 존재하는지에 대해 견해의 대립이 있다. 일부에서는 일감몰아주기 거래가「상속세 및 증여세법」제2조 제3항에 따른 포괄증여개념에 포섭된다고 하더라도 실제 과세당국이 그러한 거래에 대해 증여세를 과세할 수 있기 위해서는 증여이익을 계산하는 근거규정이 별도로 있어야 하고, 이와 같은 규정이 없는 상태에서는 증여세 과세가 불가능하다는 견해를 취하고 있다.[10] 반면, 일감몰아주기 거래가「상속세 및 증여세법」제2조 제3항에 따른 포괄증여개념에 포섭된다면 증여이익을 계산하는 규정은 별도로 필요하지 않고 이 규정의 이론적 배

10 박명호,「2011년 세법개정안에 대한 평가」,『재정포럼』, 한국조세연구원, 2011. 09, 65쪽 이하.

경인 경제적 실질에 따라 증여이익을 계산하면 되므로 증여세 과세가 가능하다는 주장을 할 수 있다.

이와는 달리 일감몰아주기 거래의 경우에는 사법상 계약자유의 원칙에 따라 합법적으로 행해지는 거래이므로 그것이 부당행위계산부인규정의 적용을 받게 되는 경우가 아닌 한 세법적으로도 유효한 것이고, 일감몰아주기 거래에 따른 이익이란 회사에 대한 법인세 부과 등은 별론으로 하고 다시 「상속세 및 증여세법」 제2조 제3항에 따라 증여세를 과세해야 할 대상은 아니라고 보는 견해도 있다. 물론 이 견해의 경우에도 입법자가 굳이 이러한 거래에 대해 증여세 과세대상과 유사하게 이해하고 추가적인 규정을 신설하여 증여세를 과세한다면 그러한 입법이 조세입법의 헌법적 한계를 벗어나지 않는 한 정당한 것으로 받아들이게 될 것이다.

정부가 이 중 구체적으로 어떤 입장을 취하고 있었는지는 명확치 않은 면이 있다. 하지만 분명한 것은 2011년까지 정부는 「상속세 및 증여세법」 제2조 제3항에 기초하여 일감몰아주기 거래에 대해 과세를 하지 않고 있었다. 이에 입법자는 2011년 12월 31일 법개정 시 「상속세 및 증여세법」 제45조의3을 신설하였다. 이 규정은 이 법 시행일인 2012년 1월 1일 이후 최초로 개시하는 사업연도부터 발생하는 특수관계법인과의 거래분부터 적용하도록 되어 있다.[11] 즉, 이 규정이 신설되었지만 2004년 1월 1일부터 2011년 거래가 귀속되는 사업연도가 종료되는 시점까지는 「상속세 및 증여세법」 제2조 제3항에 근거한 과세가 가능한지가 여전히 문제가 될 수 있는 여지가 있다.

> 상속세및증여세법 제45조의3 (특수관계법인과의 거래를 통한 이익의 증여 의제) ① 법인의 사업연도 매출액(「법인세법」 제43조의 기업회계기준에 따라 계산한 매출액을 말한다. 이하 이 조에서 같다) 중에서 그 법인의 지배주주와 대통령령으로 정하는 특수관계에 있는 법인에 대한 매출액이 차지하는 비율(이하 이 조에서 "특수

11 「상속세 및 증여세법」 부칙(2011. 12. 31. 법률 제11130호) 제3조.

관계법인거래비율"이라 한다)이 그 법인의 업종 등을 고려하여 대통령령으로 정하는 비율(이하 이 조에서 "정상거래비율"이라 한다)을 초과하는 경우에는 그 법인(이하 이 조 및 제68조에서 "수혜법인"이라 한다)의 지배주주와 그 지배주주의 친족[수혜법인의 발행주식총수 또는 출자총액에 대하여 직접 또는 간접으로 보유하는 주식보유비율이 대통령령으로 정하는 보유비율(이하 이 조에서 "한계보유비율"이라 한다)을 초과하는 주주에 한정한다. 이하 이 조에서 같다]이 다음 계산식에 따라 계산한 이익(이하 이 조 및 제55조에서 "증여의제이익"이라 한다)을 각각 증여받은 것으로 본다.

수혜법인의 세후 영업이익×정상거래비율의 1/2를 초과하는 특수관계법인거래비율×한계보유비율을 초과하는 주식보유비율

② 증여의제이익의 계산 시 지배주주와 지배주주의 친족이 수혜법인에 직접적으로 출자하는 동시에 대통령령으로 정하는 법인을 통하여 수혜법인에 간접적으로 출자하는 경우에는 제1항의 계산식에 따라 각각 계산한 금액을 합산하여 계산한다.

③ 증여의제이익의 계산은 수혜법인의 사업연도 단위로 하고, 수혜법인의 해당 사업연도 종료일을 증여시기로 본다.

④ 제1항에 따른 지배주주 및 지배주주의 친족의 범위, 특수관계법인거래비율의 계산, 수혜법인의 세후영업이익의 계산, 주식보유비율의 계산, 그 밖에 증여의제이익의 계산에 필요한 사항은 대통령령으로 정한다.

(3) 일감몰아주기 행위에 대한 증여세 과세 내용

현재「상속세 및 증여세법」제45조의3에 따라 과세되고 있는 일감몰아주기에 대한 증여세 과세내용은 다음과 같다. 첫째, 법인의 사업연도 매출액 중에서 그 법인의 지배주주와 대통령령으로 정하는 특수관계에 있는 법인에 대한 매출액이 차지하는 비율(특수관계법인거래비율)이 그 법인의 업종 등을 고려하여 대통령령으로 정하는 비율(정상거래비율)을 초과하는 경우이어야 한다. 이때 '지배주주'와 '특수관계에 있는 법인'의 범주에 대해서는「상속세 및 증여세법 시행령」제34조의2 제1항과 제3항에서 규정하고 있다. 정상거래비율은 100분의 30을 말한다. 즉, 지배주주와 특수관계에 있는 법인과

의 거래비율이 30%를 초과하는 경우에 일감몰아주기에 따른 증여세 과세가 된다. 둘째, 수혜법인의 지배주주와 그 지배주주의 친족이 증여받은 이익은 다음의 산식에 따라 계산한다.

수혜법인의 세후 영업이익×정상거래비율의 1/2을 초과하는 특수관계법인거래비율×한계보유비율을 초과하는 주식보유비율

이러한 증여의제이익의 계산은 수혜법인의 사업연도 단위로 하고, 수혜법인의 해당 사업연도 종료일을 증여시기로 본다. 연속해서 일감몰아주기를 하면 매 사업연도마다 증여세가 과세된다.

(4) 일감몰아주기에 대한 증여세 과세의 비판론

이와 같은 일감몰아주기 거래에 대한 증여세 과세에 대해서는 조세정의의 실현을 위해 필요하다는 긍정론도 있지만 비판론도 적지 않다. 여기서 이러한 비판론의 몇 가지 논거를 살펴보면 다음과 같다. 첫째, 법인이 그 지배주주와 특수관계에 있는 법인과 거래를 해서 이익을 발생시켰다고 할 때 이것은 기본적으로 무상거래가 아니므로 법인세나 배당소득으로 처리할 문제인데 이에 대해 증여세를 과세할 수 있는지가 문제가 되고 있다. 만일, 법인세와 배당소득세 이외에 추가적인 이익의 수여가 있다면 그 대상을 어떻게 확정할 것인지가 문제가 된다. 둘째, 일감몰아주기에 대한 증여세 과세에 있어서 핵심은 일감몰아주기로 인해 수혜법인의 지배주주가 받은 이익을 어떻게 계산할 것인지이다. 현행법은 "수혜법인의 세후 영업이익×정상거래비율의 1/2을 초과하는 특수관계법인거래비율×한계보유비율을 초과하는 주식보유비율"이라는 공식에 의하여 이러한 이익을 계산하고 있다. 이 공식에서 핵심 개념은 '수혜법인의 세후 영업이익'이라고 할 수 있는데, 세후 영업이익이 아직 투자자에게 배당도 되지 않은 상태일 때 이것을 투자자인 지배주주 등의 이익이라고 간주할 수 있는지에 대해 반론이 있다.[12] 셋째, 이중과세의 문제도 제기되고 있다. 즉, 일감몰아주기 거래에 대해 증여세를 과세하면 그 증여의제이익이 추후 배당되었을 때 투자자에게 과세되는 배당소득과의 이중과세 문제가 발생한다고 보는 것이다. 넷째, 일감몰아주기 거래에 대해 증여세를 과세하는 것을 아직 배당되지 않은 배당이득을 과세하는 것으로 이해하여 미실현이득에 대한 과세라고 지적하는 견해도 있다.[13]

(5) 평가

대기업계열사들의 일감몰아주기로 오너 일가가 경영하는 회사들이 금세 회사가치를 키워 가는 것을 보면 부당하다는 생각을 하게 된다. 만일 그 회사를 대기업의 오너 일가가 창업하지 않았다면 그렇게 짧은 기간에 급성장할 수 없었을 것이 분명하다. 이처럼 특수한 인적 관계로 인하여 수혜기업의 자산가치가 증가하였다면 그 증가된 자산가치분에 대해 적정한 세금을 납부해야 하는 것은 너무나 당연하다. 그러나 어떤 경우에 어떤 종류의 세금을 얼마나 납부해야 하는지는 조세법률주의 정신에 따라 법률에 근거가 있어야 한다.

이러한 경우 수혜기업에게 일감몰아주기로 인하여 매출 증가가 있게 되면 그 법인은 법인세를 과거보다 더 많이 납부하는 것은 당연하다. 그런데 문제는 이러한 경우 수혜기업이 법인세를 더 많이 납부하는 것 이외에 수혜기업의 지배주주 등에게 증여세를 부과하는 것이 적절한지 여부이다. 특수관계법인과의 거래가 비정상적인 가격에 의한 거래였다면 부당행위계산부인제도에 의하여 부인할 수 있을 것이다.[14] 그런데 통상적인 가격에 의한 정상거

12 유재원, 「일감몰아주기(Tunneling) 과세에 관한 입법적 논의」, 『한국세법학회 100인초청 학술대회-공평과세실현을 위한 세법개정 방안-』, 한국세법학회, 2013. 4., 174쪽 참고.

13 정지선·허원, 「일감 몰아주기에 따른 이익에 대한 증여세 과세의 타당성 여부」, 『2011년 조세관련 연합학술대회 발표논문집』, 2011. 12.; 최승재, 「일감몰아주기에 대한 상증세 과세논란에 대한 검토」, 『KERI Brief 11-06』, 한국경제연구원, 2011 등.

14 소득세법 제41조, 법인세법 제52조.

래였다면 원칙적으로 이 경우에 수혜법인에게는 법인세 문제만 발생하고 수혜법인의 대주주 등에게 증여세 문제가 발생할 수 있는 여지는 없다. 왜냐하면 이 경우 수혜법인이 이익을 얻게 된 것은 정상적인 유상거래를 통해서이지 무상의 증여를 통한 것이 아니기 때문이다. 법인세와 소득세는 시장에서의 정상적인 거래 행위를 통한 이익창출에 대해 과세하는 것이고 증여세는 무상의 자산가치 이전에 대해 과세하는 것이기 때문이다.

물론, 입법자는 정당한 사유가 있다면 원래 증여세가 과세될 수 없는 사안이지만 정책적 필요성에 기초하여 증여세를 부과할 수 있다.[15] 대표적인 경우가 명의신탁에 대한 증여의제과세이다.[16] 이처럼 정책적 필요성에 기초하여 조세제도를 활용하는 것이 허용되지 않는 것은 아니지만 일정한 한계 내에서만 그것이 허용된다고 본다.[17] 문제는 현재 일감몰아주기에 대해 증여세를 과세하도록 규정하고 있는 「상속세 및 증여세법」 제45조의3이 그러한 한계 내의 입법이라고 할 수 있을 것인지 여부이다. 이에 대해서는 다시 세밀한 조세정책적·법이론적 검토가 필요하다고 할 것이다.

결론적으로, 일감몰아주기라는 현상을 접하였을 때 이러한 형태의 거래가 뭔가 인위적이고 부당하다고 생각하고, 이 경우 조세제도가 무언가 역할을 해 주어야 한다고 생각하지만 막상 조세제도를 통해 이러한 거래를 막는 것에는 분명 한계가 있어 보인다. 이보다는 회사법적 규제나 경쟁법적 규제를 통해 이러한 부당한 거래를 막는 것이 더 효율적이지 않을까 하는 생각을 해 보게 된다.

15 이 경우에는 증여세가 국고적 목적이 아니라 정책적·유도적 목적으로 부과되는 것이 된다.

16 「상속세 및 증여세법」 제45조의 2.

17 이동식, 『일반조세법』, 준커뮤니케이션즈, 2013, 23쪽 이하.

5. 차용개념의 해석

1) 차용개념의 의의

세법해석의 특수성으로 차용개념의 해석이 문제가 되기도 한다. 여기서 차용개념이란 예컨대, '임대차', '증여', '배우자' 등과 같이 조세법 조문에 등장하는 개념이지만 그것이 세법이 아닌 다른 법영역에서 형성된 것들을 말한다. 이러한 차용개념은 대부분 민법 등 사법영역에서 형성된 것들인데 그것을 조세법을 입법하는 이들이 차용한 것이다.

현대적인 세법들은 대부분 빨라도 18세기 말경에 입법되었다. 예컨대, 소득세 가운데 가장 먼저 입법된 것이 영국 소득세법인데 이 법은 나폴레옹과의 전쟁에 필요한 전비를 조달하기 위하여 1799년에 입법되었다. 반면, 민법 등 사법은 이미 기원전 로마시대부터 법전화작업이 시작된 바 있다. 이처럼 역사적으로 민법은 세법에 비해 조문화 역사가 오래되고 그 결과로 개념 형성도 아주 정치하게 이루어져 있다. 그런데 뒤늦게 조세입법이 이루어지면서 과세요건을 표현하려다 보니 자연스레 이미 개념이 확고하게 형성된 민법상의 개념들을 사용하게 된 것이다. 예컨대, 양도소득세 과세요건에는 양도라는 개념이 등장하고 그 개념은 기본적으로 민법상의 매매계약이라는 용어를 사용하여 과세요건을 표현하게 되었다. 이러한 현상이 발생하게 된 배경에는 두 가지 측면이 있다. 첫째는 효율성이다. 과세요건을 표현함에 있어서 굳이 세법 독자적으로 장황하게 개념을 정의하는 것보다는 이미 개념 형성이 되어 있는 민법 등 다른 법영역의 용어를 그대로 사용하는 것이 입법 효율성 측면에서 더 우수하다고 판단한 것이다. 둘째는 세법과 사법의 본질적 긴밀성이다. 이 두 법은 모두 개인과 기업의 경제적 거래 행위에 대한 법적 규율을 한다는 측면에서 공통된 측면이 있다. 예컨대, 개인 간에 부동산을 매매하면 매도인과 매수인의 재산법적인 권리와 의무에 대해서는 민법에서 규율하게 되고, 그러한 거래가 이루어지는 경우에 대한 과세 내용은 세법에서 규율하게 된다. 두 법의 이러한 본질적 긴밀성 때문에 조세법을 입법하는 이들이 과세요건을 표현함에 있어서 많은 경우에 민법상의 전문용어들을 차용할 필요성을 느끼게 된 것이다.

2) 차용개념의 해석 방법

세법이 과세요건을 규정하면서 민법 등에서 용어를 차용한 경우에 그 용어를 민법 등에서의 의미대로 해석해야만 하는지, 아니면 세법 독자적 의미로 해석할 수도 있는지가 문제가 된다.

물론, 차용개념의 세법상 해석문제에 대해 세법이 명문의 규정을 두고 있는 경우(예: 소득세법 제17조 제1항)에는 당연히 그 규정에 따라 이해를 하면 된다. 그런데 그런 규정이 없는 경우가 문제이다.

이에 대해 학설은 대체로 '법의 통일성'과 '법적 안정성'을 강조하여 세법상 차용개념은 그 개념이 근원적으로 형성된 사법에서의 그것과 동일하게 이해해야 한다는 입장을 취하고 있다(독자성 부정설).[18] 반면, 세법의 독자성을 긍정하면서 비록 동일한 용어라고 하더라도 그 용어가 위치하는 장소에 따라 그 내용이 달라질 수 있다는 해석의 일반원칙에 기초하여 세법상 차용개념이 그 개념이 근원적으로 형성된 법영역에서와는 다른 의미로 이해될 수 있음을 긍정하는 견해도 있다(독자성 긍정설). 이와 같은 독자성 긍정설도 차용개념의 경우 세법 독자적 해석도 가능하다는 것이지, 반드시 독자적 해

18 임승순, 『조세법』, 박영사, 2010, 47쪽. 임승순 변호사는 이와 같이 차용개념의 경우에는 민법 등 그 개념이 처음 형성된 법영역에서 그 개념이 이해되고 있는 것과 동일하게 세법에서도 이해되는 것이 원칙적으로는 타당하지만 "예외적으로 합목적적 해석 방법의 기준을 벗어나지 않는 범위 내에서 세법 독자적인 의미내용을 부여하여야 할 경우가 전혀 없다고는 말할 수 없을 것이다."라는 의견을 표명하고 있다.

석을 해야 한다는 입장은 아니다.

3) 차용개념의 독자적 해석을 정당화할 수 있는 근거

차용개념의 독자적 해석 긍정설은 차용개념의 경우 세법 독자적 해석도 가능하다는 것이지, 반드시 독자적 해석을 해야 한다는 입장은 아니라는 점은 이미 위에서 밝힌 바 있다. 그러면 독자적 해석 여부는 어떤 기준에 의하여 결정되는지가 문제가 된다. 이는 일반적인 법해석 방법에 따라 해당 용어가 가지는 입법 취지·목적 등을 고려하여 판단해야 할 문제라고 본다. 즉, 차용개념의 세법 독자적 해석 여부는 차용개념이 등장하는 세법조문의 해석 문제인 것이다. 차용개념을 세법 독자적으로 해석해야 함에 있어서는 다양한 해석 방법이 등장할 수 있겠지만 가장 대표적인 해석 방법은 목적적 해석이 될 수 있을 것이다. 즉, 세법 조문을 목적적으로 해석하기 위해 차용개념을 민법에서 의미와 다른 의미로 이해해야 할 필요성이 있다면 차용개념의 독자적 해석은 정당화될 수 있는 것이다.

이처럼 차용개념을 독자적으로 해석하는 것은 세법 조문의 목적적 해석과 밀접한 연관이 있다. 세법 조문의 목적이 결국 세부담을 공평하게 배분하기 위한 규범적 기준을 설정하는 것이므로 차용개념의 세법 독자적 해석은 조세의 공평 분담을 위해서도 필요한 것이다.

4) 법원 판결에 등장하는 차용개념의 해석 사례

(1) 의의

법원의 판결들을 보면 과거에는 주로 차용개념의 독자적 해석을 부정하는 입장이 주류를 이루고 있었다. 물론 당시에도 예외적으로 차용개념의 독자적 해석을 긍정한 경우도 있다. 이는 대법원이 조세법규의 해석과 관련하여 취하고 있었던 엄격해석원칙의 강조와도 연관이 있는 것으로 보인다.

그러나 2000년대에 들어와서는 대법원 판례도 조금씩 다른 입장을 보여 주고 있다. 최근에는 차용개념의 독자성을 긍정한 사례도 종종 발견할 수 있다.

(2) 독자적 해석을 부정한 사례

차용개념의 독자적 해석을 부정한 사례로는 대법원 2009. 4. 9. 선고 2007두26629 판결을 들 수 있다. 이 판결에서는 구 지방세법(2001. 12. 29. 법률 제6549호로 개정되기 전의 것) 제138조 제1항 제1호와 제3호에서 등록세 중과세 요건으로 '대도시 내에서의 법인의 설립'을 규정하고 있는데 이때 법인의 설립이 상법상 회사 설립 절차에 따른 회사 설립에 한정하는지 아니면 당해 사안에서 문제가 된 것처럼 설립등기를 마친 후 폐업을 하여 사업 실적이 없는 상태인 법인의 주식 전부를 제3자가 매수한 후 법인의 임원, 자본, 상호, 목적사업 등을 변경한 경우도 '법인의 설립'으로 보아 등록세를 중과할 수 있는지가 쟁점이었다. 원심법원은 경제적 실질을 고려하여 회사 설립으로 볼 수 있다고 판단하였다. 하지만, 대법원은 법인의 설립 절차는 민법과 상법에서 규정하고 있고, 지방세법에서 '법인의 설립'에 관하여 민법·상법과 다른 별도의 정의 규정을 두고 있지 아니한 이상 구 지방세법 제138조 제1항 제1호와 제3호에서 규정하는 '법인의 설립' 역시 민·상법상 '설립등기에 의한 설립'을 뜻하는 것으로 해석해야 한다고 판단하였다.

대법원 2009. 4. 9. **선고** 2007**두**26629 **판결**

가. 헌법은 조세법률주의를 채택하여 모든 국민은 법률이 정하는 바에 의하여 납세의 의무를 지고(헌법 제38조), "조세의 종목과 세율은 법률로 정한다."(헌법 제59조)고 규정하고 있는바, 이러한 조세법률주의 원칙은 과세요건 등은 국민의 대표기관인 국회가 제정한 법률로써 규정하여야 하고, 그 법률의 집행에 있어서도 이를 엄격

하게 해석·적용하여야 하며, 비록 과세의 필요성이 있다 하여도 행정편의적인 확장 해석이나 유추적용에 의해 이를 해결하는 것은 허용되지 않음을 의미한다(대법원 2000. 3. 16. 선고 98두11731 전원합의체 판결 참조).

또한, 납세의무자가 경제활동을 함에 있어서는 동일한 경제적 목적을 달성하기 위하여서도 여러 가지의 법률관계 중 하나를 선택할 수 있는 것이고, 과세관청으로서는 특별한 사정이 없는 한 당사자들이 선택한 법률관계를 존중하여야 할 것이되(대법원 2001. 8. 21. 선고 2000두963 판결 참조), 실질과세의 원칙에 의하여 당사자의 거래 행위를 그 형식에도 불구하고, 조세회피행위라고 하여 그 행위의 효력을 부인할 수 있으려면 조세법률주의 원칙상 법률에 개별적이고 구체적인 부인규정이 마련되어야 하는 것이다(대법원 1999. 11. 9. 선고 98두14082 판결 참조).

법인의 설립에 관한 민법과 상법의 각 규정에 의하면, 법인의 설립에는 기본적으로 설립행위와 설립등기가 필요하고, 법인은 설립행위를 거쳐 설립등기를 함으로써 성립함과 동시에 법인격을 취득하게 되어(민법 제33조, 상법 제171조 제1항, 제172조 등 참조) 그로써 법인의 설립은 완성되는 것이므로, 설립등기 없는 법인의 설립은 있을 수 없고, 일단 법인이 설립등기로써 성립된 이후에는 그 법인격이 소멸되지 않는 한 같은 설립등기에 의한 새로운 법인의 설립도 있을 수 없는 것이다.

위의 법리는 법인설립 절차를 규율하는 기본법인 민법과 상법이 규정하는 바로서 법인설립에 관한 기본원칙이 되고 있고, 법인의 설립등기는 다른 법인등기 또는 상업등기와는 달리 창설적 효력을 가지며 그에 관한 규정은 강행규정인 점, 기타 관계 규정의 형식과 내용 등을 종합적으로 고려할 때, 지방세법에서 '법인의 설립'에 관하여 위와 같은 일반적인 법리와는 다른 별도의 정의 규정을 두고 있지 아니한 이상, 법 제138조 제1항 제1호와 제3호에서 규정하는 '법인의 설립' 역시 '설립등기에 의한 설립'을 뜻하는 것으로 해석하여야 할 것이다. 따라서 설립등기를 마친 후 폐업을 하여 사업실적이 없는 상태에 있는 법인의 주식 전부를 제3자가 매수한 다음 법인의 임원, 자본, 상호, 목적사업 등을 변경하였다 하여 이를 위 조항이 규정하는 '법인의 설립'에 해당한다고 볼 수는 없다 할 것이고, 가사 그러한 행위가 등록세 등의 중과를 회피하기 위한 것으로서 이를 규제할 필요가 있다 하더라도 그와 같은 행위의 효력을 부인하는 개별적이고 구체적인 법률규정을 두고 있지 않은 조세법하에서 그 행위가 위 조항의 '법인의 설립'에 해당한다고 보아 등록세를 중과하는 것은 조세 법규를 합리적 이유 없이 확장 또는 유추해석하는 것으로서 허용될 수 없다 할 것이다.

나. 그럼에도 불구하고, 이와 다른 전제에서 2001. 6. 15. 원고 법인의 실체가 전면적으로 변경되어 실질적인 새로운 설립이 있었다고 보아 그로부터 5년 이내에 이루어진 이 사건 증자등기 및 부동산등기를 등록세 등 중과대상으로 판단한 원심판결에는 법 제138조 제1항 제1호와 제3호 소정의 법인의 설립의 해석·적용에 관한 법리를 오해하여 판결에 영향을 미친 위법이 있다고 할 것이다. 이 점을 지적하는 원고의 상고이유 주장은 이유 있다.

(3) 독자적 해석을 긍정한 사례

대법원이 차용개념에 대해 세법 독자적으로 해석한 예로는 대법원 2011. 7. 21. 선고 2010두23644 전원합의체 판결을 들 수 있다. 이 판결에서는 토지거래허가구역에서 토지거래허가를 받지 않은 상태에서 부동산매매계약을 한 경우가 양도소득세 과세대상인 '양도'에 포함되는지가 문제가 되었다. 민법적으로는 토지거래허가구역에서 허가를 받지 않고 부동산 매매를 한 경우에 유동적 무효가 된다. 이처럼 거래가 민법적으로 무효임에도 불구하고 당사자가 매매의 의사로 거래 행위를 하고 대가를 수수하였다면 양도인에게 양도소득세를 부과할 수 있는지가 문제가 된 것이다. 과거 대법원은 이러한 경우에 양도가 없다고 보고 양도소득세를 부과하지 않았다.[19] 하지만, 대법원은 종래 견해를 변경하여 양도소득세 과세를 인정하였다.

대법원 2011. 7. 21. 선고 2010두23644 전원합의체 판결

1. 가. 구 소득세법(2006. 12. 30. 법률 제8144호로 개정되기 전의 것, 아래에서는 '구 소득세법'이라고 한다) 제4조 제1항은 거주자의 소득을 종합소득, 퇴직소득, 양도소득, 산림소득으로 구분하면서 그 중 양도소득을 '자산의 양도로 인하여 발생하는 소득'(제3호)이라고 규정하고 있다. 이와 같이 양도소득세는 자산의 양도로 인한 소득

19 대법원 1993. 1. 15. 선고 92누8361 판결; 대법원 1997. 3. 20. 선고 95누18383 판결.

에 대하여 과세되는 것이므로, 외관상 자산이 매매·교환·현물출자 등(아래에서는 '매매 등'이라고 한다)에 의하여 양도된 것처럼 보이더라도, 그 매매 등의 계약이 처음부터 무효이거나 나중에 취소되는 등으로 효력이 없는 때에는, 양도인이 받은 매매대금 등은 원칙적으로 양수인에게 원상회복으로 반환되어야 할 것이어서 이를 양도인의 소득으로 보아 양도소득세의 과세대상으로 삼을 수 없음이 원칙이다.

그러나 구 소득세법 제88조 제1항 본문은 "제4조 제1항 제3호 및 이 장에서 '양도'라 함은 자산에 대한 등기 또는 등록에 관계없이 매도, 교환, 법인에 대한 현물출자 등으로 인하여 그 자산이 유상으로 사실상 이전되는 것을 말한다."라고 규정하고 있을 뿐 자산이 유상으로 이전된 원인인 매매 등 계약이 법률상 유효할 것까지를 요구하고 있지는 않다. 한편 매매 등 계약이 처음부터 국토의 계획 및 이용에 관한 법률(아래에서는 '국토계획법'이라고 한다)이 정한 토지거래허가를 배제하거나 잠탈할 목적으로 이루어진 경우와 같이, 위법 내지 탈법적인 것이어서 무효임에도 불구하고 당사자 사이에서는 그 매매 등 계약이 유효한 것으로 취급되어 매도인 등이 그 매매 등 계약의 이행으로서 매매대금 등을 수수하여 그대로 보유하고 있는 경우에는 종국적으로 경제적 이익이 매도인 등에게 귀속된다고 할 것이고 그럼에도 그 매매 등 계약이 법률상 무효라는 이유로 그 매도인 등이 그로 인하여 얻은 양도차익에 대하여 양도소득세를 과세할 수 없다고 보는 것은 그 매도인 등으로 하여금 과세 없는 양도차익을 향유하게 하는 결과로 되어 조세정의와 형평에 심히 어긋난다.

이러한 점 등을 종합적으로 고려하면, 국토계획법이 정한 토지거래허가구역 내의 토지를 매도하고 그 대금을 수수하였으면서도 토지거래허가를 배제하거나 잠탈할 목적으로 매매가 아닌 증여가 이루어진 것처럼 가장하여 매수인 앞으로 증여를 원인으로 한 이전등기까지 마친 경우 또는 토지거래허가구역 내의 토지를 매수하였으나 그에 따른 토지거래허가를 받지 아니하고 이전등기를 마치지도 아니한 채 그 토지를 제3자에게 전매하여 그 매매대금을 수수하고서도 최초의 매도인이 제3자에게 직접 매도한 것처럼 매매계약서를 작성하고 그에 따른 토지거래허가를 받아 이전등기까지 마친 경우에, 그 이전등기가 말소되지 아니한 채 남아 있고 매도인 또는 중간의 매도인이 수수한 매매대금도 매수인 또는 제3자에게 반환하지 아니한 채 그대로 보유하고 있는 때에는 예외적으로, 매도인 등에게 자산의 양도로 인한 소득이 있다고 보아 양도소득세 과세대상이 된다고 봄이 상당하다.

이와 달리, 위와 같은 예외적인 경우에도 자산의 양도에 해당하지 아니하여 그로 인한 소득이 양도소득세 과세대상이 되지 아니한다는 취지로 판시한 대법원 1997. 3. 20. 선고 95누18383 전원합의체 판결, 대법원 2000. 6. 13. 선고 98두5811 판결 등의 견해는 이 판결의 견해에 저촉되는 범위에서 이를 변경한다.

나. 원심은 다음의 사실들을 확정하였다.

원고는 2005. 4. 18.경 망 소외 1과 토지거래허가구역 내에 위치한 위 망인 소유의 이 사건 각 토지에 관하여 매매대금 2,080,800,000원으로 하는 매매계약(아래에서는 '이 사건 매매계약'이라고 한다)을 체결하였다. 원고는 그 직후에 소외 2 외 6인(아래에서는 '최종매수인들'이라고 한다)과 매매대금 합계 2,741,000,000원에 이 사건 각 토지에 관한 각 전매계약(아래에서는 '이 사건 각 전매계약'이라고 한다)을 체결하고, 그 무렵 최종매수인들과 위 망인을 직접 당사자로 하는 토지거래허가를 받아 이 사건 각 토지에 관하여 최종매수인들 명의로 각 소유권이전등기를 마쳐 주었다. 피고는 2009. 1. 10. 원고가 이 사건 각 토지를 최종매수인들에게 전매한 것이 자산의 사실상 유상 이전으로서 그로 인한 소득이 양도소득세 과세대상에 해당한다는 이유로 원고에게 2005년도 귀속 양도소득세, 신고불성실가산세, 납부불성실가산세 등 합계 686,832,460원을 부과하는 처분(아래에서는 '이 사건 처분'이라고 한다)을 하였다.

다. 그렇다면 이 사건 매매계약과 각 전매계약 및 위 망인과 최종매수인들 사이의 매매계약은 어느 것이나 국토계획법이 정한 토지거래허가를 배제하거나 잠탈하는 내용의 계약으로서 모두 확정적으로 무효라고 할 것이나, 이미 그와 같이 무효인 매매계약에 기하여 위 망인으로부터 최종매수인들 앞으로 소유권이전등기가 마쳐진 채 말소되지 아니하고 남아 있고, 원고는 최종매수인들로부터 받은 매매대금을 반환하지 아니한 채 그대로 보유하고 있다면, 앞서 본 법리에 비추어 원고가 이 사건 각 토지를 최종매수인들에게 전매한 것은 이 사건 각 토지를 사실상 이전함으로써 양도한 것이므로 예외적으로 자산의 양도로 인한 소득이 있다고 보아 양도소득세의 과세대상이 되는 경우에 해당한다고 보아야 할 것이다. 따라서 피고의 이 사건 처분은 이러한 범위 안에서 적법하다.

그럼에도 원심은 이 사건 매매계약 및 각 전매계약이 무효인 이상 양도소득세의 과세대상인 자산의 양도가 있다거나 자산의 양도로 인한 소득이 있다고 볼 수 없다는 이유로 피고의 이 사건 처분이 위법하다고 단정하였으므로, 원심판결에는 양도소득세의 과세대상인 자산의 양도에 관한 법리를 오해하여 판결에 영향을 미친 위법이 있다고 할 것이다. 이 점을 지적하는 상고이유의 주장은 이유 있다.

라. 그러므로 원심판결을 파기하고, 사건을 다시 심리·판단하게 하기 위하여 원심법원에 환송하기로 하여 주문과 같이 판결한다.

이 판결에는 대법관 박시환, 대법관 김지형, 대법관 전수안, 대법관 차한성, 대법관 이인복, 대법관 이상훈의 반대의견이 있는 외에는 관여 대법관들의 의견이 일치되었고, 대법관 김능환, 대법관 안대희의 각 다수의견에 대한 보충의견과 대법관 이인복, 대법관 이상훈의 반대의견에 대한 보충의견이 있다.

5) 평가

차용개념의 해석과 관련해서는 세법 독자적 해석을 긍정하는 견해가 더 타당하다고 본다.[20] 독자성 부정설이 법의 통일성과 법적 안정성을 이유로 차용개념의 통일적 해석을 주장하지만, 법의 통일성이 결코 어느 한 독립된 법(세법)이 다른 한 독립된 법(사법)의 부속법이 될 것을 요구하는 것은 아니라는 점, 그리고 법적 안정성도 상대적인 것이어서 차용개념을 민법에서와 동일하게 이해한다고 해서 절대적인 법적 안정성이 확보되는 것이 아니라는 점을 고려할 때 이러한 논거로 차용개념의 독자적 해석을 부정하는 입장은 타당하지 않다고 할 것이다.

이처럼 과세사실을 파악하면서 등장하는 차용개념을 경우에 따라 민법과 달리 해석한다는 것은 대부분 조세공평의 차원에서 필요한 경우가 많다. 비록 이 경우 납세자들은 법적 안정성이 침해된다고 볼 수 있는 여지가 일부 있기는 하지만 그로 인해 침해되는 이익보다는 조세공평의 실현을 통한 정의의 실현이라는 공익이 더 크다고 할 것이다. 다만, 차용개념의 해석도 일반적인 법해석의 한계 내에서 이루어져야 하는 것은 당연하다고 할 것이다.

---

20 이동식, 「사법질서의 세법에서의 의미」, 『공법연구』 제31집 제2호, 한국공법학회, 2002, 467쪽 이하.

제7장 | 조세의 공평성과 조세정의

1. 개요

토머스 홉스(Thomas Hobbes)는 일찍이 “국민들이 분노하는 것은 세부담 자체라기보다 세금의 불공평한 배분이다.”라고 말한 바 있다. 독일의 근대적 소득세법(1891년)을 최초로 만든 미쿠엘(Miquel)이 프로이센 의회에서의 연설에서 “세금은 그 절대적 액수보다 그의 불균등한 배분이 납세자에게 더 고통스러운 것이다.”라고 지적한 것도 같은 맥락이다. 세금 문제에서 공평 내지는 평등문제가 얼마나 중요한 의미를 가지는가 하는 것을 말해 주는 것들이다. 그래서 독일 연방헌법재판소 재판소장을 역임한 헤어초크(R. Herzog)는 조세공평을 ‘세법의 마그나 카르타(Magna Charta)’라고 표현하기도 하였다.

민주적 자본주의 국가에서 세금은 불가피한 면이 있다고 하지만 그 세금이 불공평하게 부과되어서는 납세자들에게 도저히 설득력을 가지지 못하게 된다. 즉, 세금 납부 자체가 불가피하더라도 그것이 모든 이에게 공평하게 배분된다면 그나마 국민들에게 이해를 요구할 수 있지만 아무런 정당한 이유 없이 다른 납세자의 재정분담분까지 부담해야 한다면 납세자로서는 왜 그런 세금을 납부해야 하는지를 납득할 수 없게 된다. 이런 경우에는 과세주체의 입장에서도 그러한 납세의무를 제대로 그리고 합리적으로 설명해 낼 수 있는 방법이 없다. 그래서 세법에서 평등은 매우 중요한 것이다.

우리는 조세공평(Steuergleichheit)의 문제를 조세정의(Steuergerechtigkeit)와 매우 밀접한 연관이 있는 것으로 이해하고 있다. 조세공평과 조세정의를 동의어로 이해하는 견해도 있는데 그 정도의 수준은 아니라고 하더라도 대부분의 납세자들로서는 조세의 부과와 징수가 정의롭게 이루어지고 있다고 하기 위해서는 세금이 공평하게 부과되어야 한다는 점을 가장 우선적으로 지적할 것이다.

2. 헌법과 조세평등

1) 헌법 제11조의 의미

세금이 공평하게 배분되어야 한다는 명제는 헌법 제11조에 기초하고 있다. 헌법 제11조 제1항은 "모든 국민은 법 앞에 평등하다. 누구든지 성별·종교 또는 사회적 신분에 의하여 정치적·사회적·문화적 생활의 모든 영역에 있어서 차별을 받지 아니한다."라고 규정하고 있다. 이 규정은 외형상으로는 "법 앞의 평등"이라고 해서 입법에서의 평등만을 지칭하는 것처럼 보이지만, 이 조문이 법집행에서의 평등까지 내포한다는 것에 대해서는 이견이 없다.[1] 국가의 모든 공권력, 즉 입법, 사법 그리고 행정은 모두 국민을 평등하게 취급하여야 한다. 이것이 헌법 제11조의 핵심 내용이다.

> 헌법 제11조 ① 모든 국민은 법 앞에 평등하다. 누구든지 성별·종교 또는 사회적 신분에 의하여 정치적·경제적·사회적·문화적 생활의 모든 영역에 있어서 차별을 받지 아니한다.
> ② 사회적 특수계급의 제도는 인정되지 아니하며, 어떠한 형태로도 이를 창설할 수 없다.

1 정종섭, 『헌법학원론』, 박영사, 2010, 432쪽.

③ 훈장 등의 영전은 이를 받은 자에게만 효력이 있고, 어떠한 특권도 이에 따르지 아니한다.

이 조문은 기본적으로 헌법이 전제하고 있는 인간상, 즉 인간으로서의 고유한 인격과 가치를 가지고 사회공동체와 연관을 가지면서 공동체의 다른 구성원과 더불어 살아가는 자율적이고 자유로운 인간이 되기 위해서는[2] 그 각각의 인간을 동등하게 대우해야 한다는 전제에서 출발하는 것이다. 인간의 존엄성을 인정하면서 존엄한 인간을 불합리하게 차별 취급한다는 것은 모순되기 때문이다.

2) 헌법 제11조의 법적 성격

(1) 평등원리

헌법 제11조는 헌법원리로서의 평등원리를 규정한 것이고 동시에 평등권이라는 개별적 기본권을 규정한 것으로 이해하고 있다.[3] 헌법 제11조가 단순히 개별적 기본권으로서의 평등권을 규정한 것이 아니고 평등원리를 규정하고 있는 것은 평등이라는 문제가 단순히 평등권이라는 개별적 기본권에서만 문제가 되는 것이 아니고 모든 기본권 그리고 모든 국가생활영역에 있어서 항상 문제가 된다는 것을 의미한다. 예컨대, 정치적 자유와 관련해서도 평등이 중요하고, 재산권보장 문제(예: 강제수용에 따른 손실보상)에 있어서도 평등이 중요하며, 혼인의 자유 그리고 직업 선택의 자유와 관련해서도 평등이 중요하다. 이처럼 평등이 단순히 개인의 주관적 권리에 국한되는 것이 아니고 하나의 원리로 이해되는 것은 평등이 정의의 또 다른 표현으로 이해되고 있는 것과도 연관이 있다. 이와 같은 평등원리는 모든 국가활동의 척도가

2 정종섭, 『헌법학원론』, 박영사, 2010, 399쪽.
3 홍성방, 『헌법학』, 현암사, 2006, 397쪽 이하; 정종섭, 『헌법학원론』, 박영사, 2010, 429쪽 이하.

되며, 우리 헌법의 가치체계의 한 지주임과 동시에 전체 법질서의 원칙규범이다. 그렇기 때문에 평등원리는 헌법개정을 통해서도 폐지할 수 없는 헌법의 핵심적 요소로 이해된다.[4]

이러한 평등원리에 따라 모든 국가권력은 국민을 불합리하게 차별 취급해서는 안 되고, 동일한 기회를 제공하고 사회적 필요에 따른 부담을 부과하는 경우에는 공정하게 그 부담을 사회의 구성원들에게 배분해야 한다.

(2) 평등권

헌법 제11조는 또한 주관적 권리로서의 평등권을 규정하고 있는데, 이는 국가에 의한 시민의 차별적 취급에 대해 그것을 시정할 것을 요구할 수 있는 권리를 시민들에게 부여하고(소극적 측면), 또한 적극적으로 국가에 대해 평등한 취급을 요구하는 권리를 규범적으로 정당화해 주는 근거가 된다.

(3) 헌법 제11조가 규정한 평등의 내용

① 절대적 평등과 상대적 평등

아리스토텔레스는 평등개념을 평균적 평등과 배분적 평등으로 나누었다. 평균적 평등이란 처해진 상황, 환경에도 불구하고 모두 동등하게 대우하는 것을 말하고, 배분적 평등이란 합리적 기준에 따라 그에 걸맞는 대우를 함으로써 결과적으로 평등하게 하는 것을 말한다. 평균적 평등을 달리 표현하면 절대적 평등이 되고, 배분적 평등은 상대적 평등이 된다. 헌법 제11조에서 규정하는 평등정신은 상대적 평등 혹은 배분적 평등이라는 것이 학설과 헌법재판소의 일반적인 견해이다. 상대적 평등이라 함은 모든 차별 취급을 금지하는 것이 아니고 일정한 조건에서 그러한 차별이 정당화되는 경우에는 차별을 허용하고 그렇지 않은 경우에는 허용하지 않는다는 것이다.

---

4 홍성방, 『헌법학』, 현암사, 2006, 398쪽.

헌재 2005. 12. 22. 선고 2005헌마263 결정

헌법 제11조 제1항에서 규정하고 있는 평등의 원칙은 일체의 차별적 대우를 부정하는 절대적 평등을 의미하는 것이 아니라 입법과 법의 적용에 있어서 합리적인 근거가 없는 차별을 하여서는 안 된다는 상대적 평등을 뜻하므로 합리적 근거가 있는 차별 또는 불평등은 평등의 원칙에 반하는 것이 아니다.

② 허용되는 차별과 허용되지 않는 차별의 기준

헌법 제11조에 따른 평등이 상대적 평등을 의미하므로 평등의 침해 여부를 판단하기 위해서는 차별 취급이 정당하여 허용될 수 있는지가 중요하다. 차별 취급의 정당성 심사와 관련하여 학설과 판례는 주로 자의금지원칙을 그 기준으로 이해한다. 또한 일정한 경우에는 자의금지원칙으로는 부족하고 비례원칙에 따른 심사도 추가되어야 하는 것으로 이해한다.

자의금지원칙은 본질적으로 서로 같은 것을 자의적으로 다르게 취급하거나, 본질적으로 서로 다른 것을 자의적으로 동일하게 취급하는 것을 금지한다는 원칙이다. 이 원칙에 따라 차별 취급의 정당성 여부를 심사하기 위해서는 어떤 두 비교 대상이 본질적으로 동일한 것인지 아니면 다른 것인지를 결정하는 것이 중요하다. 동일한 집단이라고 판단한다면 동일하게 취급해야 하고, 다른 집단이라면 차별 취급이 허용되기 때문이다.

비례원칙에 따른 차별 취급의 정당성 심사는 차별 취급의 허용 여부를 단순히 자의금지원칙만으로 심사해서는 안 되고 추가로 ① 입법 목적의 정당성 ② 차별 취급의 적합성 ③ 차별 취급의 필요성 ④ 법익균형성을 순차적으로 검토하여 그러한 차별 취급이 타당한지를 검증해야 한다는 것이다.

헌재 2001. 2. 22. 선고 2000헌마25 결정

평등권의 침해 여부에 대한 심사는 그 심사기준에 따라 자의금지원칙에 의한 심사와 비례의 원칙에 의한 심사로 크게 나누어 볼 수 있다.

자의심사의 경우에는 차별을 정당화하는 합리적인 이유가 있는지 만을 심사하기 때

문에 그에 해당하는 비교대상 간의 사실상의 차이나 입법 목적(차별목적)의 발견·확인에 그치는 반면에, 비례심사의 경우에는 단순히 합리적인 이유의 존부 문제가 아니라 차별을 정당화하는 이유와 차별 간의 상관관계에 대한 심사, 즉 비교대상 간의 사실상의 차이의 성질과 비중 또는 입법 목적(차별목적)의 비중과 차별의 정도에 적정한 균형관계가 이루어져 있는가를 심사한다.

그동안 헌법재판소는 평등심사에 있어 원칙적으로 자의금지원칙을 기준으로 심사하여 왔고, 이따금 비례원칙을 기준으로 심사한 경우도 있다. 헌법재판소가 평등심사에 있어서 자의금지원칙에 의한 심사만으로 만족하지 않고 비례원칙에 따른 심사를 추가하는 경우는 첫째, 헌법에서 특별히 평등을 요구하고 있는 경우, 즉 헌법이 차별의 근거로 삼아서는 아니 되는 기준 또는 차별을 금지하고 있는 영역을 제시하고 있음에도 그러한 기준을 근거로 한 차별이나 그러한 영역에서의 차별의 경우, 둘째, 차별적 취급으로 인하여 관련 기본권에 대한 중대한 제한을 초래하게 되는 경우를 들고 있다.[5]

(4) 헌법 제11조와 조세공평

헌법 제11조는 모든 국민은 법 앞에 평등하다고 규정하고 있고, 그 법에는 세법도 당연히 포함되므로 조세법 영역에서의 평등도 헌법 제11조에 근거하는 것은 분명하다. 하지만, 헌법 제11조는 조세와 관련한 국가공권력은 납세자를 평등하게 취급하라고만 할 뿐 구체적으로 어떤 기준에 의하여 세금배분을 해야 하는지에 대해서는 전혀 규정하지 않고 있다. 이러한 기준을 설정하는 것은 결국 학설과 판례의 몫이라고 할 것이다.

5 헌재 1999. 12. 23. 선고 98헌마363 결정.

3. 공평한 세금배분을 위한 기준

이미 앞에서 언급한 바와 같이 헌법 제11조는 조세도 공평하게 배분되어야 한다는 명제는 제시하고 있지만, 어떻게 하면 조세 부담이 개별납세자들에게 공평하게 배분되는 것인지에 대해서는 전혀 언급을 하지 않고 있다. 그래서 이에 대한 답을 제시해야 하는 것은 학설과 판례의 몫이 되어 있다.

지금까지 이에 대한 기준을 제시한 다양한 학설들이 존재한다. 이 학설들을 유형화해 보면 간략하게 세 가지로 나눌 수 있다. 첫째, 모든 납세자에게 동일 금액으로 배분하는 방법이다(Kopfsteuerprinzip). 둘째, 국가로부터 받은 혜택에 비례하여 세금부과를 하는 방법이다(Äquivalenzprinzip). 셋째, 개별 납세자의 경제적 능력(얼마나 소득이 많은지, 얼마나 재산이 많은지, 그리고 얼마나 소비활동을 많이 하는지)을 고려하여 능력에 비례하여 세금을 부과하는 방법이다(Leistungsfähigkeitsprinzip).

역사적으로 보면 과거에는 첫 번째 방법이 많이 사용되었다. 인두세와 같은 것이 바로 이러한 방법으로 부과된 세금이다. 물론, 오늘날도 이러한 형태의 세금이 전혀 없는 것은 아니다. 예컨대, 지방세법 제7장에서 부과하는 주민세 가운데 균등분 주민세 같은 것도 이 유형에 해당하는 세금이다. 두 번째 방법은 기본적으로 세금을 국가의 서비스에 대한 대가로 이해하는 견해라고 할 수 있다. 과거 영국에서 귀족만이 세금을 내던 시절에 세금을 부과하는 기준 가운데에는 영토의 크기도 있었다고 한다. 이는 왕이 전쟁을 하여 귀족의 영토를 지켜주므로, 결국 왕의 서비스(국방)로부터 혜택을 받는 크기에 비례해서 왕의 전비(戰費), 즉 세금을 내라고 요구하는 것이다. 일부에서는 부동산 보유에 대해 부과되는 재산세도 이러한 차원의 세금으로 이해할 수 있는 측면이 있다고 주장한다. 재산세는 부동산의 가치를 과세표준으로 하는데, 부동산의 가치가 결정되는 요소인 공공서비스의 수혜 수준(예: 큰 도로에의 근접성, 공원·도서관 등 공공시설에의 근접성), 도시계획상 개발가능성의 존재 등이 중요한 역할을 한다는 점 때문이다.

이처럼 이 두 가지 방법도 나름 오늘날 조세의 공평한 배분을 위한 척도로서의 역할을 하고 있지만 가장 보편성이 있는 것은 세 번째 방법, 즉 세금을 납세자의 경제적 능력에 따라 부과하는 방법이다. 이것을 '응능과세원칙'이라고 한다.

4. 응능과세원칙의 내용

1) 의의

조세정의의 요청에 따라 모든 납세자들이 조세 부담을 공평하게 분담해야 할 때 그 공평 분담의 구체적 기준인 응능과세원칙은 납세자의 경제적 능력에 따른 분담을 요구하고 있다. 세금이 납세자에게는 경제적 부담이므로 그 세금을 경제적 능력이 많은 납세자에게는 많이, 경제적 능력이 적은 납세자에게는 적게 부과하는 것이 정의의 요청이라고 이해하는 것이다.

이러한 응능과세원칙을 제대로 이해하기 위해서는 첫째, 세금배분의 기준으로 삼고 있는 납세자의 경제적 능력이 무엇을 의미하는지, 둘째, 세금부담을 납세자의 경제적 능력에 따라 배분한다는 것이 무엇을 의미하는지가 설명되어야 한다.

2) 납세자의 능력

(1) 소득·재산·소비

세금을 납세자의 능력에 따라 부과할 때 납세자의 능력은 결국 세금을 낼 수 있는 능력을 의미한다. 세금이 금전급부 의무이므로 응능과세원칙에서의 '납세자의 능력'이란 결국 돈을 낼 수 있는 능력을 의미한다.

세금을 낼 수 있는 능력을 측정하는 기준에 대해 전통적으로 소득·재산·소비 세 가지 척도를 거론한다. 돈을 얼마나 버는지, 얼마나 많은 재산을 취득·보유하고 있는지, 그리고 얼마나 소비하는지를 기준으로 그 사람의 경제적 능력을 측정하는 것이다. 현재 소득활동에 대해 세금이 부과되는 경우로는 개인의 경우에는 소득세, 법인의 경우에는 법인세가 있다. 상속세와 증여세도 소득세로 이해할 수 있는지가 문제가 된다. 개인적으로는 증여세의 경우에는 소득과세의 일종으로 이해할 수 있다고 본다. 시장에서의 경제활동으로 획득하는 소득에 대해서는 소득세와 법인세를 부과하고 타인으로부터 무상으로 부를 이전받는 행위로 인하여 획득하는 소득에 대해서는 증여세를 부과하는 것으로 이해하면 되는 것이다. 상속세의 경우에는 유산취득세 방식을 취하면 증여세와 같은 방식으로 설명이 가능하다. 하지만, 현재 우리나라처럼 기본적으로 유산세 방식을 취하면[6] 상속세는 소득세라기보다는 재산세의 성격이 강하게 된다.

재산의 취득·보유에 대해 부과되는 세금으로는 지방세인 취득세, 재산세 등과 국세인 종합부동산세를 들 수 있다. 현재 우리나라의 상속세도 재산과세의 일종으로 이해할 수 있다. 왜냐하면 이미 앞에서 언급한 바와 같이 현

---

6 상속세및증여세법 제1조 제1항: "상속[유증(遺贈), 증여자의 사망으로 인하여 효력이 발생하는 증여(제14조제1항제3호에 따른 증여채무의 이행 중에 증여자가 사망한 경우의 그 증여를 포함한다. 이하 같다) 및 「민법」 제1057조의2에 따른 특별연고자에 대한 상속재산의 분여(分與)를 포함한다. 이하 같다]으로 인하여 상속개시일(실종선고로 인하여 상속이 개시되는 경우에는 실종선고일을 말한다. 이하 같다) 현재 다음 각 호의 어느 하나에 해당하는 상속재산에 대하여 이 법에서 정하는 바에 따라 상속세를 부과한다.
1. 국내에 주소를 두거나 1년 이상 거소(居所)를 둔 사람(이하 "거주자"라 한다)이 사망한 경우에는 거주자의 모든 상속재산(피상속인이 유증한 재산과 피상속인의 사망으로 인하여 효력이 발생하는 증여재산을 포함한다. 이하 같다)
2. 거주자가 아닌 사람(이하 "비거주자"라 한다)이 사망한 경우에는 국내에 있는 비거주자의 모든 상속재산"

재 우리나라의 상속세는 기본적으로 유산세 방식으로 부과되는 세금이기 때문이다. 현행 상속세는 피상속인이 사망하면서 남긴 상속재산의 가치를 과세표준으로 하여 상속세 세율을 결정하고 그렇게 계산된 상속세를 상속인들에게 상속분에 비례하여 배분하는 방식으로 부과되고 있다. 이러한 방식의 상속세는 납세자(상속인)의 경제적 능력에 상응하는 과세라는 측면에서 보면 적절하지 않은 측면이 있다.[7] 왜냐하면 예컨대, 3명의 공동상속인이 있었고 공동상속인 각자가 취득하는 상속재산 가액이 상이하더라도 그들이 취득한 재산에 동일한 상속세 세율이 적용되기 때문이다.

소비에 대한 과세로는 모든 소비행위에 대해 과세하는 부가가치세가 있고 그 외에 법률에서 규정하는 특정유형의 소비행위에 대해 과세하는 개별소비세, 담배소비세, 주세, 교통·에너지·환경세 등이 있다.

(2) 납세자 능력의 파악 방법과 정도

① 완전포괄주의

소득, 재산 혹은 소비행위가 공평한 세금부담 배분을 위한 기준이 된다고 할 때 각 기준들을 과세대상으로 포착함에 있어서는 원칙적으로 거래유형에 따른 차별 없이 동등하게 과세하는 것이 중요하다고 할 것이다. 동일하게 담세력을 나타내는 경제적 지표인 소득·재산·소비에 해당하는 행위인데 어떤 거래는 과세가 되고 어떤 거래는 과세되지 않는다는 것은 정의롭지 못하기 때문이다. 물론, 헌법 제11조에 따라 정당한 사유로 인정되는 차별적 취급은 허용될 수 있을 것이다. 이와 관련하여 소득과세 가운데 법인세는 소위 순자산증가설, 즉 하나의 과세기간 내에 발생한 수익의 총액에서 비용의 총액을 제외한 것을 과세대상으로 하여 세금을 부과를 하는 것이므로[8] 문제가

---

7 최명근, 『상속세과세존폐론』, 경제법륜사, 2007, 383~385쪽.

8 법인세법 제14조 제1항: "내국법인의 각 사업연도의 소득은 그 사업연도에 속하는 익금(益金)의 총액에서 그 사업연도에 속하는 손금(損金)의 총액을 공제한 금액으로 한다."

없다. 즉, 법인의 경우에는 무엇을 통해 수익이 발생했든 모두 법인세 과세 대상이 된다는 것이다. 그런데 소득세의 경우에는 기본적으로 소득원천설을 취하고 있어서 문제가 있다. 소득세법상 거주자의 경우에는 소득세법 제4조에서 열거한 소득, 비거주자의 경우에는 소득세법 제119조에 따른 국내원천 소득에 대해서만 과세를 하고, 그 외 열거되지 않은 소득의 경우에는 과세를 하지 않는다.[9] 물론 유형별 포괄주의라고 해서 예컨대, 이자소득으로 분류되는 소득유형에 대해 소득세법 제16조 제1항 제1호부터 제11호까지에서 열거하고, 다시 제12호에서 "제1호부터 제11호까지의 소득과 유사한 소득으로서 금전 사용에 따른 대가로서의 성격이 있는 것"을 이자소득으로 과세한다고 규정하고 있다. 배당소득과 관련한 제17조 제1항 제9호도 같은 방식으로 규정하고 있다.

소득세법 제4조(소득의 구분) ① 거주자의 소득은 다음 각 호와 같이 구분한다.

1. 종합소득

이 법에 따라 과세되는 모든 소득에서 제2호 및 제3호에 따른 소득을 제외한 소득으로서 다음 각 목의 소득을 합산한 것

가. 이자소득

나. 배당소득

다. 사업소득

라. 근로소득

마. 연금소득

바. 기타소득

2. 퇴직소득

---

9 소득세법 제3조: "① 거주자에게는 이 법에서 규정하는 모든 소득에 대해서 과세한다. 다만, 해당 과세기간 종료일 10년 전부터 국내에 주소나 거소를 둔 기간의 합계가 5년 이하인 외국인 거주자에게는 과세대상 소득 중 국외에서 발생한 소득의 경우 국내에서 지급되거나 국내로 송금된 소득에 대해서만 과세한다.
② 비거주자에게는 제119조에 따른 국내원천소득에 대해서만 과세한다."

3. 양도소득

② 제1항에 따른 소득을 구분할 때 제17조제1항제5호에 따른 집합투자기구 외의 신탁(「자본시장과 금융투자업에 관한 법률」 제251조에 따른 집합투자업겸영보험회사의 특별계정은 제외한다)의 이익은 「신탁법」 제2조에 따라 수탁자에게 이전되거나 그 밖에 처분된 재산권에서 발생하는 소득의 내용별로 구분한다.

③ 비거주자의 소득은 제119조에 따라 구분한다.

증여세와 상속세도 소득세의 일종으로 이해한다면 상속세의 경우에는 처음부터 완전포괄주의 방식에 의하여 모든 상속재산을 과세대상으로 하고 있었으므로 문제가 없다. 반면, 증여세의 경우에는 2003년 입법 이전에는 원칙적으로 민법상 증여에 의한 재산취득만을 과세대상으로 하였다. 그 당시에는 실질적으로 친족으로부터 무상으로 부의 이전을 받더라도 민법상 증여행위가 아닌 다른 특이한 형태로 이익을 수령하는 경우(예: 무이자 금전소비대차계약에 의한 이자상당액의 무상 수령)에는 원칙적으로 증여세를 부과하지 못하고 이런 경우에 과세하려면 그러한 행위를 증여로 의제하는 특별한 규정을 새로이 입법해야 하는 것으로 이해하였다. 이러한 방식의 증여세 운영은 조세공평성 측면에서 치명적인 문제점이 있는 것이었다. 2003년 12월 30일 세법개정으로 「상속세 및 증여세법」 제2조 제3항에서 완전포괄주의 방식의 증여개념을 입법해 두었다. 현재는 적어도 법조문만을 보고 판단한다면 증여세 과세의 불공평성 문제는 해소된 것으로 이해할 수 있다. 그러나 일감몰아주기 과세 사례에서 문제가 된 것처럼 여전히 실질적인 집행에 있어서의 증여세 부과의 공평성 문제는 남아 있다.

재산에 대한 과세에 있어서도 특정 재산의 보유·거래에 대해서만 세금을 부과한다면 이는 조세정의에 반하는 것이라고 할 수 있다. 그런 측면에서 보았을 때 현행 지방세법상 재산세의 과세대상으로 토지, 건축물, 주택, 항공기 및 선박만을 규정하고 있는 것에 대하여 문제가 있는 것으로 볼 수 있다. 예컨대, 요즘 부자들이 투자를 목적으로 골드바를 보유하는 사람이 많지만 이에 대해서는 재산세가 부과되지 않고 있고, 고가의 미술품의 경우에도 재산가치는 상당하지만 재산세가 부과되지는 않고 있다. 물론, 이러한 자산가치가 있는 재산의 보유에 대해 재산세를 과세하지 않는 것이 헌법 제11조에 따른 정당성이 인정되는 합리적인 차별인 경우에는 문제가 없다.

소비에 대한 과세의 경우에는 부가가치세법이라는 일반소비세법이 존재하므로 과세의 포괄성이라는 측면에서 보았을 때 원칙적으로는 문제가 없다고 할 수 있다. 부가가치세법 제4조는 사업자가 행하는 재화와 용역의 공급 일체를 과세대상으로 규정하고 있다. 단, 부가가치세법은 재화 또는 용역의 공급 가운데 일정한 거래를 비과세로, 또 다른 일정한 거래를 영세율과 면세율 거래로 규정하여 일반적인 과세와 차이를 두고 있는데 이러한 차별의 정당성 문제는 발생할 수 있을 것이다.[10] 소비에 대한 과세의 경우에 과세대상의 포괄성과 관련하여 지적할 수 있는 것은 오히려 특정 물품이나 서비스의 소비행위만을 과세대상으로 하는 개별소비세[11]의 정당성 문제이다.

부가가치세법 제4조(과세대상) 부가가치세는 다음 각 호의 거래에 대하여 부과한다.
1. 사업자가 행하는 재화 또는 용역의 공급
2. 재화의 수입

② 순익주의

순익주의라는 개념은 소비행위와 재산보유에 대한 과세의 경우에는 별로 문제가 되지 않고 소득과세에서 주로 언급되는 것이다. 이는 세금부과 대상인 '소득'은 납세자가 임의대로 처분가능한(disponibel) '순소득'이어야 한다는 것을 의미한다(Nettoprinzip). 순소득을 계산하기 위해서는 총수입에서 그

10 소득세와 재산세의 경우에도 공통적으로 이러한 문제가 생기기는 한다.
11 여기서 개별소비세라 함은 개별소비세법에 따른 과세뿐만 아니라 주세나 담배소비세 같은 것도 모두 포함한 개념이다.

에 대응하는 '객관적 필요경비'를 공제하고(das objektive Nettoprinzip), 다시 교육비, 의료비, 부양의무 이행부분과 같은 '주관적 필요경비'를 공제하여 계산한다.[12] 후자는 우리 소득세법상 과거 주로 종합소득 공제항목으로 공제되었던 것들이다(2014.1.1. 법개정으로 현재는 세액공제 항목임). 예컨대, 제과점 사장이 설탕, 우유와 밀가루의 구입, 전기요금과 수도요금의 지불 등 빵을 굽기 위한 준비작업을 하면서 1만 원을 투입하여 빵을 구운 뒤 그 빵을 1만 5000원에 판매하였다 하자. 이때의 객관적 필요경비에 해당하는 부분은 설탕, 우유, 밀가루 구입비 등 1만 원이다. 그런데 사장의 계좌에는 외형상으로는 1만 5000원이 입금된다고 하더라도 사장이 빵을 구워 번 소득은 5000원에 불과하고, 그 5000원만이 실제로 납세자가 임의대로 처분가능한 소득인 것이다. 납세자는 그 5000원 가운데 일부를 세금으로 납부하게 된다.

③ 자산평가의 공정성

세금을 부과함에 있어서 과세대상이 되는 자산의 가치평가가 문제가 되는 경우가 있다. 예컨대, 부동산을 상속이나 증여받은 경우 상속세와 증여세를 부과하기 위해서는 상속·증여받은 부동산의 가치가 얼마인지를 확정해야 한다. 이러한 종류의 세금에 있어서 공평한 조세부과를 위해서는 재산가치의 평가가 절대적인 전제조건이다. 이때 재산가치의 평가는 당연히 실제 시장가치를 정확하게 반영한 것이어야 한다. 그런데 재산가치를 평가함에 있어서 실제 시장가치를 정확하게 파악한다는 것이 현실적으로 쉽지는 않다. 왜냐하면 재산의 가격은 원칙적으로 그 재산이 거래될 때 가장 정확하게 결정될 수 있는데, 이러한 재산가격은 누가, 언제, 어떤 용도로 거래하는지에 따라 달라진다.

세법적으로 재산가치의 평가가 문제가 되는 것은 두 가지 경우이다. 첫째

12 주관적 필요경비에 대해서는 이동식,「자녀양육과 소득공제」,『조세학술논집』 제29집 제1호, 한국국제조세협회, 2013, 293쪽 이하 참고.

는 재산이 거래의 대상이 된 경우이고, 둘째는 납세자가 보유한 재산에 대한 평가가 이루어지는 경우이다. 취득세와 양도소득세 같은 경우가 전자에 해당하고, 지방세인 재산세 혹은 종합부동산세 부과를 위한 평가는 후자에 해당한다. 상속과 증여에 따른 재산평가도 넓은 카테고리에서는 첫째 유형에 속한다고 할 것이다. 다만, 이 경우에는 재산이 '거래'의 대상이 되어도 재산의 가격이 거래 자체에서는 결정되는 바가 없으므로 재산의 평가가 필수적으로 필요하게 된다. 반면, 유상거래에 따른 취득세와 양도소득세의 경우에는 거래 행위 자체에서 거래의 당사자들에 의해 거래대상 재산의 가격결정이 이루어지므로 원칙적으로 세법은 그처럼 당사자가 결정한 재산가격을 기초로 하여 세금을 부과하게 되고 별도의 재산가치 평가는 필요하지 않게 된다. 다만, 이러한 유형에 해당하는 경우라고 하더라도 거래당사자가 결정한 재산 거래가격이 세법상 용인할 수 없는 수준이 된다면 세법은 그 거래가격을 부인하고 세법 규정에 기초하여 재산가치를 평가하고 그 평가가액을 기초로 하여 세금을 부과하게 된다. 예컨대, 취득세의 경우에 과세표준은 취득자가 신고한 가액이 되는 것이 원칙이지만, 그 가액이 지방세법 제4조에서 규정한 시가표준액보다 적을 때에는, 국가 등으로부터 그 재산을 취득하는 경우처럼 법령에 의해 예외적으로 시가표준액보다 낮은 신고가액을 그대로 과세표준으로 존중해 주는 경우를 제외하고는,[13] 거래가격이 아닌 시가표준액을 과세표준으로 한다. 양도소득세의 경우에는 소득세법 제97조 제4항 그리고 제101조에 규정된 부당행위계산부인제도에 의해 대응하게 된다. 만일 당사자 간의 거래가격이 부당하다고 판단되면 세법은 그 거래가격을 부인하고 시가에 상응하는 기준시가로 과세한다.

13 지방세법 제10조 제5항.

④ 과세대상의 실질가치

응능과세원칙에서의 '능력'은 명목가치가 아닌 실질가치에 의해 측정되어야 한다. 실제 소득이 아닌 인플레이션에 의한 명목가치 상승부분이 과세대상이 된다면 이는 실제로 존재하지 않는 능력을 기준으로 세금을 부과하는 것이 될 것이다.

3) 능력에 상응하는 과세

응능과세원칙은 납세자의 경제적 능력에 따른 조세분담을 요구하는 법원칙이다. 이 원칙에 따를 때 세부담의 배분이 납세자의 능력에 따라 이루어진다는 의미는 능력이 같은 사람은 같은 세금을 부담해야 하고, 그 능력이 다른 경우에는 능력에 비례해서 다른 세금을 납부해야 한다는 것이다. 특히 문제가 되는 것은 능력이 다른 경우 그 '능력에 비례해서' 다른 세금을 납부해야 한다는 것이 구체적으로 무엇을 의미하는가 하는 점이다.

이와 관련하여 많이 논의되는 것이 소득과세에 도입되어 있는 '누진세율'의 정당성이다. 일부에서는 누진세율에 의한 과세 자체가 헌법적 근거를 가진 것으로 이해하기도 한다. 이러한 입장에 따르면 법률을 제정·개정하는 입법자는 원칙적으로 누진세율을 포기할 수 없다. 소득과세에 있어서 누진세율이 왜 도입되었는지는 명백하다. 공평한 세금부과를 위해서이다. 그런데 문제는 누진세율이 아닌 비례세율을 통해서도 소득세를 공평하게 부과할 수는 없는 것일까? 만일 이것이 가능하다면 누진세율은 하나의 선택사항이지 필수적인 사항은 아닌 것이다. 학자들 가운데에는 각종 소득공제와 세액공제를 없애는 대신에 소득세를 단일세율로 아주 간단하게 입법하자는 주장도 있다. 이것을 영어로는 'flat tax'라고 한다. 실제로 이러한 학자들의 주장이 받아들여져 현재 세계적으로 소득세 세율을 단일 세율(부분적으로 특수한 소득유형에 대해 다른 세율을 적용하는 경우는 있음)로 운영하는 나라도 상당히 있다. 헝가리(16%), 루마니아(16%), 러시아(13%), 사우디아라비아(2.5%), 불가리아(10%), 자메이카(25%), 볼리비아(13%) 같은 나라들이 그러한 나라에 속한다. 슬로바키아나 아이슬란드 같은 경우에는 각각 2004년(19%), 2007년(22.75%)에 단일세율을 도입했다가 슬로바키아는 2013년에 25%세율을 추가하였고, 아이슬란드는 최저 24.1%에서 최고 33%의 누진세율 체제로 전환하였다.

이처럼 flat tax제도를 취하고 있는 나라들이 많이 있는 것을 보면 알 수 있듯이 소득세가 공평하게 부과되기 위해서 반드시 누진세율 체제가 필요한 것은 아니라고 본다. 다만, 그렇다고 누진세율을 쉽게 포기할 수 있는 것은 분명 아니다. 단일세율 체제는 각종 소득공제 등을 모두 없애게 되므로 소득세 체제가 아주 간단해지는 장점이 있지만 이를 위해서는 현실적으로 엄청난 사회적 갈등이 유발될 수 있고, 경제적으로도 힘든 상황을 맞이할 수 있다. 그럼에도 불구하고 단일세율 체제의 가능성 자체는 인정하는 것이 필요하다고 본다.

5. 응능과세원칙의 적용 범위

모든 조세의 공평한 배분을 위한 기준으로 응능과세원칙이 타당한 것은 아니다. 이 원칙이 이론적으로 가장 잘 적용될 수 있는 분야는 소득과세분야이다. 소득세는 직접세이므로 법률상 납세의무자가 되는 자와 그 세금을 부담하게 되는 담세자가 동일하다. 그래서 학자들은 직접세가 조세정의에 더 부합하므로 전체 세수에서 차지하는 비중이 간접세보다는 직접세 비중이 더 큰 세제가 더 정의로운 세제라고 주장하기도 한다.

부가가치세와 같이 소비행위에 대해 과세하는 세금은 대부분 간접세 형태로 되어 있는데 이러한 세금에도 응능과세원칙이 적용될 수 있다고 할 것이다.[14] 부가가치세와 같은 소비세의 경우에 소비행위에 대해 과세하는 것 자체가 납세자의 담세력을 기초로 한 과세를 인정하는 것이라고 할 것이다. 다만, 이러한 종류의 세금에 있어서는 기술적으로 개별 납세자의 경제적 능력을 정확하게 측정해서 세율을 달리하는 형태로 과세할 수 없어서 담세자인 소비자의 경제적 능력을 차별적으로 고려하지 않고 대부분 단일세율 형태로 과세하고 있다. 즉, 부가가치세의 경우에는 백만장자가 물건을 구입하든 생활보호대상자가 물건을 구입하든 그 물건의 구입에 따라 부담하는 세금은 동일하지만, 이러한 현상을 가지고 바로 부가가치세에는 응능과세원칙이 적용되지 않는 것이라고 할 수 없다는 것이다.

재산거래와 보유에 대한 과세의 경우에도 응능과세원칙이 적용된다. 다만, 최근에 와서는 재산보유 과세 자체가 응능과세원칙에 부합하는 것인가 하는 점에 대해 일부 반론이 제기되고 있기도 하다. 왜냐하면 재산을 보유하고 있을 뿐 실제로 아무런 수익이 없음에도 불구하고 과세를 하는 것이 과연 옳은 것인가에 대한 의문이 있을 수 있기 때문이다.[15] 하지만, 재산을 보유한 자와 보유하지 않은 자를 구분했을 때 전자는 후자보다 더 많은 세금을 국가에 내야 하는 것이 정의로운 것이며 그렇다면 재산보유 자체를 과세대상으

14 독일의 일부 학자들은 간접세의 경우에는 응능과세원칙이 적용되지 않는다고 주장한다. 응능과세원칙은 개인의 경제적 능력을 기초로 하여 과세해야 한다는 내용을 담고 있는데, 납세의무자와 담세자가 다른 간접세의 경우 입법자는 납세의무자의 경우에는 어차피 전가를 예정하고 있으므로 납세의무자의 경제적 능력에는 관심이 없고, 또 입법자는 간접세에 있어서 담세자가 되어야 하는 소비자가 누구인지에 대해서도 관심이 없으므로 결국 간접세의 경우 입법자는 누구의 경제적 능력에도 관심을 두지 않고 조세입법을 한다고 주장한다. P. Kirchhof, *Der verfassungsrechtliche Auftrag zur Besteuerung nach der finanziellen Leistungsfähigkeit*, Steuer und Wirtschaft 4/1985, 324.

15 재산보유세를 소득세처럼 수익과세의 일환으로 이해하는 견해도 많이 생겨나고 있다. 이동식, 「헌법적 관점에서 바라본 부동산세제」, 『조세법연구』 XII-1, 한국세법학회, 2006. 7, 96쪽 이하.

로 하여 세금을 부과할 수도 있다고 볼 수 있는 것이다. 그러나 보유에 대한 과세는 소득에 대한 과세와 달리 현실적으로 존재하지 않는 수익에 대해 과세하는 것이므로 과세에 좀 더 신중을 기해야 한다.

6. 정책적 조세에 있어서 조세공평성

1) 정책적 조세의 정의

조세를 국가의 재원조달을 일차적 목적으로 하는 국고적 조세와 다른 사회·경제 정책적 목표 달성을 일차적 목적으로 하고 부차적으로 재원조달을 목적으로 하는 정책적 조세로 나누기도 한다. 전통적인 소득세, 법인세, 부가가치세 등은 모두 원칙적으로 국고적 조세이다. 물론 소득세 규정 가운데 일부는 정책적 조세의 성격을 가지기도 한다. 정책적 조세에 해당하는 것은 교통·에너지·환경세, 담배소비세와 같은 것을 들 수 있다. 우리나라에서는 양도소득세를 원칙적으로 정책적 조세로 이해하는 경향이 강하다. 그 이유는 양도소득세가 투기억제세라는 명칭으로 부동산 투기를 억제하기 위하여 도입되었기 때문이다. 하지만 다른 소득세와 마찬가지로 양도소득세도 기본적으로는 국고적 조세라고 보는 것이 옳다. 다만, 양도소득세의 개별 조문들은 정책적 목적에 기초한 조문으로 이해할 수 있다. 예컨대, 비사업용 토지에 대해서 기본세율에 100분의 10을 더한 세율을 적용하는 것은[16] 비사업용 토지의 보유를 억제하겠다는 정책적 의도를 표현한 것으로 이해할 수 있다.

---

16 소득세법 제104조 제1항.

2) 정책적 조세의 공평성 판단 척도

헌법 제11조에 따라 조세를 공평하게 배분하는 구체적 기준을 제시하는 것이 응능과세원칙이라고 하면서 이 원칙이 정책적 조세에는 적용되지 않는다고 했으므로 정책적 조세의 공평한 배분을 위한 기준이 무엇인지가 문제된다. 예컨대, 경제적 실질이 동일하여 조세 부담이 동일하여야 하는 두 개의 과세대상에 대해 입법자가 정책적 필요성에 기초하여 차별적 취급을 할 때 그러한 차별적 취급이 공평원칙에 부합하는지는 응능과세원칙으로는 설명할 수 없고 새로운 기준이 필요하게 되는 것이다.

정책적 조세의 경우에는 그것이 외형적으로는 조세법규의 형태를 취하고 있지만 정책적 목적을 달성하기 위하여 입법되는 다른 규제 법규처럼 그러한 정책적 필요성에 기초한 차별적 취급이 헌법 제11조에 의하여 정당화될 수 있는지를 심사하는 방법으로 진행될 수밖에 없다.

이미 앞에서 밝힌 바와 같이 차별 취급의 정당성 심사와 관련하여 학설과 판례는 주로 자의금지원칙을 그 기준으로 이해한다. 또한 일정한 경우에는 자의금지원칙으로는 부족하고 비례원칙에 따른 심사도 추가되어야 하는 것으로 이해한다. 헌법재판소는 2012. 2. 23. 선고 2011헌가8 결정에서 조세사건의 경우에도 자의금지원칙에 의한 심사만으로 정책적 조세의 차별적 취급이 정당한지를 검증하고 있다.

이 사건에서는 구 조세특례제한법(2008. 9. 26. 법률 제9131호로 개정되고, 2010. 1. 1. 법률 제9921호로 개정되기 전의 것) 제112조에 의하여 수도권 밖에 소재하는 「체육시설의 설치·이용에 관한 법률」 제21조에 따른 회원제 골프장 입장 행위에 대해 일시적으로(2010년 12월 31일까지 입장하는 경우) 개별소비세를 면제해 주던 것에 대해 두 가지 측면에서 조세공평성 위반이 아닌지가 문제되었다. 첫째, 승마 등 다른 고비용 운동은 개별소비세를 부과하지 않으면서 회원제 골프장 입장 행위에 대해서만 과세하도록 규정하고 있는 개별소비세법 규정이 조세평등원칙 위반이 아닌지, 둘째, 회원제 골프장 입장행위 가운데 수도권과 비수도권을 구분해서 후자에 대해서만 일시적으로 개별소비세 과세를 면제해 주도록 한 조세특례제한법 규정이 조세평등에 위반하는 것이 아닌지이다. 헌법재판소는 이 두 가지 쟁점에 대해 모두 조세공평성 위반이 아니라고 판단하였다.

헌재 2012. 2. 23. 선고 2011헌가8 결정

1. 개별소비세법 규정이 평등원칙에 반하는지 여부 (가) 제청법원은 골프장 입장행위가 여전히 사치성 행위로 인정된다고 하더라도 요트용품, 승마용품, 승마장 입장행위 등은 개별소비세 과세대상이 아닌데 반해 골프장 입장행위에 대해서만 개별소비세를 부과하는 것은 조세평등주의에 반한다고 지적한다.

(나) 헌법 제11조 제1항은 모든 국민은 법 앞에 평등함을 선언하고 있는바, 조세평등주의는 위 평등원칙의 조세법적 표현이다. 이러한 조세평등주의는 같은 것은 같게, 다른 것은 다르게 취급함으로써 조세법의 입법과정이나 집행과정에서 조세정의를 실현하려는 원칙이다(헌재 1989. 7. 21. 89헌마38, 판례집 1, 131, 141-142 참조). 그런데 오늘날 세원(稅源)이 극히 다양하고, 납세의무자인 국민의 담세능력에도 차이가 많을 뿐만 아니라, 조세도 국가재원의 확보라는 고전적 목적 이외에 다양한 정책적 목적하에 부과되고 있기 때문에 조세법의 영역에서는 입법자에게 광범위한 형성권이 부여되어 있다(헌재 1996. 8. 29. 92헌바46, 판례집 8-2, 17, 24). 따라서 개별소비세의 입법과 관련하여서도 입법자는 과세할 경우 그 대상을 무엇으로 한정할 것이며 그 세율은 어느 정도로 할 것인가 등에 관하여 광범위한 입법형성의 자유를 갖는다고 할 수 있다. 다만 이러한 결정을 함에 있어서도 입법자는 재정정책적, 국민경제적, 사회정책적, 조세기술적 제반 요소들에 대한 교량을 통하여 그 조세관계에 맞는 합리적인 조치를 하여야만 평등의 원칙에 부합할 수 있으며, 그러한 결정이 비합리적이고 불공정한 조치라고 인정될 때에는 조세평등주의에 반하여 위헌이 된다고 할 것이다(헌재 1996. 8. 29. 95헌바41, 판례집 8-2, 107, 116-117; 헌재 1999. 2. 25. 96헌바64, 판례집 11-1, 96, 108-109).

(다) 비교집단의 설정

개별소비세는 특정한 물품, 특정한 장소에의 입장행위 등을 과세대상으로 하는 것으로서(개별소비세법 제1조) 골프장 입장행위와 달리 골프용품은 현재 개별소비세 과세대상이 아니다. 결국 골프장 입장행위와 비교대상이 될 수 있는 것은 특정한 장소에의 입장행위라 할 것이고, 요트용품·승마용품과 같은 특정한 물품을 개별소비세 부과에 있어서 골프장 입장행위와 본질적으로 동일한 비교대상으로 볼 수는 없다.

그러므로 이하에서는 승마장 입장행위와 달리 골프장 입장행위에 대하여 개별소비세를 부과하는 것이 자의적인 차별인지 여부에 대해서만 살피기로 한다.

(라) 차별 취급에 대한 합리적 이유의 존부

승마장업 역시 골프장업과 마찬가지로 '체육시설의 설치·이용에 관한 법률'(이하 '체육시설법'이라 한다)이 정하고 있는 체육시설업이다. 체육시설의 경우 통상적으로는 그 설치·운영을 장려하고 지원하는 것이 바람직하다 하겠으나, 체육시설법상 체육시설로 분류되어 있다는 이유만으로 일체의 다른 정책적 규제로부터 자유롭다고는 할 수 없는 것이다.

뿐만 아니라 수요가 미비한 품목에 대한 개별소비세의 부과는 그 품목의 수요를 더욱 감퇴시켜 자원배분의 왜곡을 초래하고 세수확보의 기능도 상실하게 되며 종국에는 세수보다 더 높은 징수비용의 현상을 초래하게 되므로 과세대상에서 제외하는 것이 바람직한바, 2010년 현재 국내 승마 인구는 25,000여 명, 승마장은 전국에 290여 개인 점에 비추어볼 때 승마장의 이용은 아직까지는 개별소비세를 부과할 정도의 수요가 있다고 보기는 어렵다.

나아가 어떠한 시설에 사치성이 있다고 판단되는 경우에도 그 중 어느 범위 내의 것을 개별소비세 과세대상으로 할 것인지 그리고 이에 대하여 어느 정도의 부담을 과할 것인지에 관하여는 입법자에게 광범위한 정책판단의 권한이 부여되어 있다 할 것인데, 시설이용의 대중성, 일반국민의 인식 등을 근거로 승마장 입장행위는 그 수요에 비추어 개별소비세 부과가 적절하지 아니하다고 본 입법자의 판단을 두고 정책형성권의 한계를 일탈한 자의적인 조치라고 보기는 어렵다. 입법자로서는 추후 사회적, 경제적 여건의 변화에 따라 다른 사치성 행위에 대하여 개별소비세를 확대할 수도 있고, 반대로 골프장에 대한 규제를 완화하는 방향으로 제도를 개선할 수도 있을 것이다.

이상과 같은 점을 모두 고려해 보면 골프장 입장행위에 대하여 개별소비세를 부과하는 이 사건 개별소비세법 조항은 승마장 입장행위에 비하여 불합리한 차별을 가하는 것이라 할 수 없어 헌법 제11조가 보장하는 평등원칙 및 이를 바탕으로 한 조세평등주의에 위배되지 아니한다.

(4) 소결

따라서 이 사건 개별소비세법 조항은 과잉금지원칙을 위반하여 재산권을 침해한다거나 조세평등주의에 반한다고 할 수 없다.

2. 이 사건 조세특례제한법조항의 위헌 여부

(1) 입법 취지

수도권 밖 회원제 골프장 입장행위에 대한 개별소비세를 면제한 이 사건 조세특례제한법조항은 2008. 9. 26. 신설되었다(법률 제9131호). 당초 취지는 지방경제의 활성화 방안의 일환으로 수도권 밖에 소재하는 회원제 골프장의 조세 부담을 줄여 그린피 인하를 유도함으로써 골프장 그린피의 국제경쟁력을 높이고, 해외 골프수요 및 수도권 초과수요를 수도권 밖 소재 골프장으로 전환·흡수하여 서비스 수지개선에 도움을 주기 위한 것이었는데, 2008. 9. 26.부터 2010. 12. 31.까지 한시적으로 적용되도록 하였다.

(2) 조세평등주의 위반 여부

(가) 이 사건 조세특례제한법조항이 수도권 밖에 소재하는 회원제 골프장의 입장행위에 대하여만 개별소비세를 면제하고, 수도권 내에 소재하는 회원제 골프장의 입장행위에 대하여는 개별소비세를 면제하지 않은 것이 조세평등주의에 위반되는지 살펴본다.

(나) 조세평등주의는 조세의 부과와 징수는 납세자의 담세능력에 상응하여 공정하고 평등하게 이루어져야 하고, 합리적인 이유 없이 특정의 납세의무자를 불리하게 차별하거나 우대하는 것은 허용되지 아니한다는 원칙이다(헌재 1996. 6. 26. 93헌바2, 판례집 8-1, 525, 535; 헌재 1999. 11. 25. 98헌마55, 판례집 11-2, 593, 608; 헌재 2000. 2. 24. 98헌바94등, 판례집 12-1, 188, 227 등 참조). 그리고 조세감면의 우대조치의 경우에 있어서도 특정 납세자에 대하여만 감면조치를 하는 것이 현저하게 비합리적이고 불공정한 조치라고 인정될 때에는 조세평등주의에 반하여 위헌이 된다(헌재 1996. 8. 29. 95헌바41, 판례집 8-2, 107, 117 등). 다만 입법자가 조세감면의 혜택을 부여하는 입법을 함에 있어서 그 입법 목적, 과세공평 등에 비추어 그 범위를 결정하는 것은 입법자의 광범위한 재량행위에 속하고, 재량의 범위를 뚜렷하게 벗어난 것으로 볼 수 없는 한 이것을 위헌이라고 단정할 수 없다(헌재 2000. 1. 27. 98헌바12, 공보 42, 136, 140 참조).

한편 조세우대 조치의 남발은 그에 의하여 조세감면을 받는 특정한 납세자군의 조세

부담을 다른 납세자군에게 전가하는 결과를 가져와 조세평등의 이념에 반하고, 따라서 일반 납세자들의 납세의식을 저하시킬 수 있기 때문에, 입법자가 조세감면 대상을 설정함에 있어 되도록 신중한 입장을 취하여 우선 그러한 조세감면이 가장 절실하거나 시급하다고 생각되는 집단으로 그 범위를 한정하고 그 후의 상황 전개에 따라 이를 점진적으로 변경하는 것이 허용된다. 그러므로 비록 면세규정의 기본 취지에 비추어 볼 때에는 면세대상이 과소 포함되었다 하더라도, 입법자가 자신의 재량 범위 내에서 합리적인 기준에 의하여 면세대상을 선정하고 있는 이상, 이는 정당화된다고 할 것이다(헌재 2004. 10. 28. 2002헌바70, 판례집 16-2하, 159, 171).

(다) 이 사건 조세특례제한법조항의 경우 입법자는 수도권 밖 회원제 골프장 입장에 대한 과세특례를 통해 해외 골프여행 수요를 지방회원제 골프장으로 전환함으로써 지역경제 활성화를 도모하면서도 과세의 형평성 문제를 초래할 소지가 있는 점을 감안하여 광역시장·시장 또는 군수로 하여금 골프장 입장행위에 대한 과세특례가 해당 지역의 관광 진흥에 이바지하도록 필요한 조치를 하도록 하여(구 조세특례제한법 제112조의2) 세제지원 후 사후관리를 엄격히 하고, 과세특례를 한시적으로만 운용함으로써 기본적으로 세제지원에 따른 형평성의 훼손을 최소화하려는 입장을 견지하고 있다.

나아가 이 사건 조세특례제한법조항으로 인한 수도권 골프장의 불이익은 원래의 정상적인 납세의무를 진다는 것이고, 수도권 밖 골프장의 혜택은 국토의 균형 있는 발전 및 지방경제 활성화라는 정책목표를 달성하기 위한 조세정책적 차원에서 한시적으로 이루어진다는 사정을 감안하면, 이 사건 조세특례제한법조항에서 지역경제 활성화라는 정책적 목적으로 개별소비세를 면제하였다고 하여, 반드시 수도권 회원제 골프장에 대하여도 조세감면조치를 동일하게 규율하여야 할 의무까지 있다고 할 수는 없다. 오히려 입법 당시 국가의 경제상황을 고려하여 합목적적으로 결정하여야 할 입법정책의 문제라고 볼 수 있는 점에 비추어 이 사건 조세특례제한법조항이 수도권 소재 회원제 골프장 입장행위에 대하여 개별소비세를 면제하는 혜택까지 주지 아니하였다고 하여 형평의 원칙에 현저히 반하는 자의적이고 불공정한 것이었다고 할 수는 없다.

(라) 따라서 이 사건 조세특례제한법조항은 입법재량의 한계 내에 있는 규정이고, 조세평등주의에 반한다고 할 수 없다.

7. 조세지원제도와 조세공평

1) 의의

조세지원제도라 함은 입법자가 특례적인 세법 규정을 제정·개정하여 각종 비과세·감면제도 등 납세자의 세부담을 경감해 주는 조치를 취하고 이를 통해 입법자가 원하는 일정한 방향으로 납세자의 행동을 유도·조정하는 것을 말한다. 이와 같은 조세지원을 위하여 경감된 세수 규모를 조세지출이라고도 한다.

조세지원제도를 달리 표현하면 '과세특례'라고 할 수도 있다. 즉, 정상적인 세법이론에 따라 세금이 부과되고 징수되는 과정에서 특별한 필요에 따라 특별히 비과세 혹은 감면을 허용하고 있는 것에 해당하기 때문이다.

이러한 조세지원제도의 핵심은 비과세·감면제도라고 할 수 있다. 그러나 현행법상 모든 비과세·감면 항목이 조세지원제도에 해당하는 것은 아니다. 왜냐하면 조세지원제도는 '과세특례'라고 정의하였는데, 비과세·감면항목 가운데에는 '과세특례'가 아니고 세법이론적으로 비과세·감면이 불가피한 경우도 있기 때문이다. 예컨대, 국가는 법인세 납세의무자에서 제외되지만[17] 이 경우를 과세특례라고 하기는 어렵다.

2) 조세지원제도의 장점과 단점

세계 각국은 정도의 차이는 있지만 모두 조세지원제도를 활용하고 있다. 우리나라는 그 정도에 있어서 상당히 심각한 수준이다. 실제, 우리나라에서 특정산업이나 행위지원을 위한 입법작업에 참여해 보면 분야를 불문하고 등장

---

17 법인세법 제2조 제3항.

하는 주제가 과세특례의 인정 여부이다.[18] 만약 이 제도의 장점이 크다면 이처럼 조세지원제도를 많이 활용하고 있는 우리나라의 정책방향이 잘못된 것이 아니지만, 장점보다 단점이 크다면 이 제도에 대해 다시 한 번 고민해 보아야 할 것이다. 또한, 단점보다 장점이 크다고 하더라도 제도운영에 있어서 가능한 한 단점이 최소화될 수 있도록 노력하는 자세가 필요하다고 할 것이다.

조세지원제도의 장점은 첫째, 시장이나 기업이 정부의 도움을 필요로 할 때 적시에 적절한 지원을 함으로써 사회 안정을 확보하는 데 기여할 수 있다는 점, 둘째, 정부가 취할 수 있는 다양한 정책적 수단 가운데 상대적으로 가장 시장 친화적이고 또 행정효율이라는 측면에서 보았을 때 가장 적절하다는 점이다. 조세지원제도와 유사한 측면을 가진 보조금제도만 하더라도 일단 국가가 세금을 거두어서 그 세금을 보조금 재원으로 편성하고 다시 그 보조금을 배분하는 기준을 설정하여 행정기관에서 보조금 배분업무를 수행하

---

18 예: 「도시재생 활성화 및 지원에 관한 특별법」 제31조(조세 및 부담금의 감면 등) "① 국가 및 지방자치단체는 도시재생 활성화를 위하여 필요한 경우에는 도시재생사업의 시행자에 대하여 「조세특례제한법」 및 「지방세특례제한법」에서 정하는 바에 따라 법인세 · 소득세 · 취득세 · 등록면허세 및 재산세 등의 조세를 감면할 수 있다.
② 국가 및 지방자치단체는 도시재생 활성화를 위하여 필요한 경우에는 도시재생사업의 시행자에 대하여 「개발이익환수에 관한 법률」, 「농지법」, 「초지법」, 「산지관리법」, 「도시교통정비 촉진법」, 「자연환경보전법」, 「공유수면 관리 및 매립에 관한 법률」, 「환경개선비용 부담법」, 「국토의 계획 및 이용에 관한 법률」 및 「대도시권 광역교통 관리에 관한 특별법」에서 정하는 바에 따라 개발부담금, 농지보전부담금, 대체초지조성비, 대체산림자원조성비, 교통유발부담금, 생태계보전협력금, 공유수면 점용료 · 사용료, 환경개선부담금, 기반시설설치비용 및 광역교통시설부담금을 감면하거나 부과하지 아니할 수 있다.
③ 도시재생활성화계획에 따라 건축하는 다음 각 호의 어느 하나에 해당하는 건축물에 대하여는 「지방세특례제한법」 및 지방자치단체의 조례로 정하는 바에 따라 취득세, 등록면허세 등 지방세를 감면할 수 있다. 다만, 시장 · 군수 또는 구청장 등은 취득세, 등록면허세 등 지방세를 감면하고자 하는 때에는 대통령령으로 정하는 바에 따라 특별시장 · 광역시장 또는 도지사의 승인을 받아야 한다.
1. 「문화예술진흥법」 제2조제1항제3호에 따른 문화시설
2. 「의료법」 제3조제2항제3호에 따른 병원, 한방병원 또는 종합병원
3. 「상법」 제169조에 따른 회사의 본점 또는 주사무소 건물
4. 그 밖에 전략계획수립권자가 도시재생을 위하여 필요하다고 인정하는 시설"

여야 한다. 하지만, 예컨대 조세지원제도의 일종인 비과세특례의 경우에는 원래 세법이론상 과세하여야 할 사항에 대해 정책적 지원 차원에서 법률규정에 요건을 정하여 비과세로 규정하면 끝이다.

조세지원제도가 이러한 장점이 있다고 하지만 다음과 같은 단점도 있다. 첫째, 조세지원제도는 조세공평성에 문제를 야기한다. 조세지원제도는 원래 납부해야 하는 세금을 비과세 혹은 감면해 주는 제도이므로 지원을 받아 세금을 납부하지 않거나 적게 납부하게 되는 납세자와 지원을 받지 않아 세금을 전액 납부해야 하는 납세자 사이에 심각한 조세불평등을 초래한다. 즉, 이 제도는 결국 동일한 경제적 능력을 가진 자를 차별적으로 취급하여 조세부담에 차이를 두게 하는 것이다. 둘째, 조세지원제도는 시장의 자율적 선택에 왜곡을 초래하여 자원배분의 비효율성을 초래하고 이로 인해 경제의 효율성에 문제를 야기한다.

이처럼 조세지원제도가 장점과 동시에 단점을 가지는 제도라는 점, 특히 조세지원제도가 조세제도에서 가장 중요시하여야 하는 조세공평성에 문제를 야기하는 점을 고려할 때 조세지원제도의 신설 및 유지를 결정함에 있어서는 이러한 형태의 과세특례가 초래하는 조세불공평이 헌법 제11조에 따를 때 정당화될 수 있는 제도인지에 대한 매우 신중한 고민이 필요하다.

3) 조세지원제도의 내용

(1) 법적 근거

조세의 부과에 법적 근거가 필요한 것처럼 조세지원도 법률에 근거하여 이루어져야 한다. 현재, 조세지원제도의 법적 근거를 제공하고 있는 것은 주로 「조세특례제한법」이다. 과세특례에 해당하는 조세지원제도에 대해 개별세법이 아닌 「조세특례제한법」이라는 특별법을 입법해 둔 법취지는 입법자로 하여금 우리나라에 얼마나 많은 과세특례가 존재하며 그러한 과세특례로 인하여 야기되는 재정 손실이 얼마인지를 항상 손쉽게 파악할 수 있도록 하기 위함이다.

이처럼 조세지원제도는 대부분 「조세특례제한법」에 근거하여 시행되지만, 소득세법, 법인세법 등 개별세법에서도 부분적으로 '과세특례' 사항들을 규정한 경우가 있다. 이는 「조세특례제한법」이라는 특별법을 제정한 입법 취지를 고려하면 바람직하지 않은 조치라고 할 것이다.

(2) 조세지원의 규모

우리나라의 조세지원 규모는 2009년 기준 국세의 경우에 31.1조 원으로 국세수입 총액의 18.9%이다. 2000년 이후 2009년까지 조세지원 규모는 연평균 10.1%씩 증가하였는데 같은 기간 국세수입 총액은 연평균 6.7%씩 증가한 점을 고려할 때 세수가 증가하는 비율보다 더 큰 비율로 조세지원을 해주고 있었다는 것을 알 수 있다.[19]

예산분류 기준에 따라 국세감면 현황을 보면 〈표 7〉과 같다. 연간 1조 원 이상씩 지원되는 분야로는 교육, 사회복지, 보건 등 사회 분야와, 농림수산, 산업·중소기업 및 에너지 등 경제산업 분야를 들 수 있다.

이러한 조세지원 규모가 재정 규모에 비해 과도해지면 수입이 없으면서 씀씀이가 헤픈 것이 되어 재정에 큰 부담이 될 수 있다. 그래서 국가재정법 제88조는 국세를 재원으로 하여 조세지원하는 총액을 제한하고 있다. 다만, 그 제한은 절대적인 것이 아니라 권고적인 사항으로 되어 있다. 그 결과로 행정부는 법령에 따른 국세 지원 규모를 초과하여 조세지원을 하고 있다. 2008년의 경우 법령상 국세감면율[20] 한도가 13.7%인데 국세감면율은 실제로 14.7%였고, 2009년의 경우에는 법령상 국세감면율 한도가 14.0%였는데

19 정재호, 「공정한 사회와 우리나라 조세정책 방향」, 『공정사회와 조세정책』, 한국조세연구원, 2011. 3., 56쪽.

20 국세감면율=국세감면액/(국세수입총액+국세감면액)

(단위: 억 원, %)

예산분류 기준 예산분류 기준		'13년 (실적)	비중	'14년 (잠정)	비중	'15년 (전망)	비중
1	일반공공행정	17,902	5.3	18,933	5.7	19,284	5.8
2	공공질서 및 안전	-	0.0	-	0.0	-	0.0
3	외교·통일	19	0.0	17	0.0	17	0.0
4	국방	2,567	0.8	2,543	0.8	2,513	0.8
5	교육	11,588	3.4	11,466	3.5	10,949	3.3
6	문화 및 관광	81	0.0	79	0.0	62	0.0
7	환경	7,580	2.2	7,678	2.3	7,140	2.2
8	사회복지	77,062	22.7	80,148	24.3	88,286	26.7
9	보건	36,954	10.9	40,123	12.2	36,901	11.2
10	농림수산	57,106	16.9	51,612	15.6	51,467	15.6
11	산업·중소기업 및 에너지	114,796	33.9	105,483	32.0	102,413	31.0
12	교통 및 물류	5,111	1.5	4,938	1.5	5,096	1.5
13	통신	-	0.0	-	0.0	-	0.0
14	국토 및 지역개발	7,467	2.2	6,718	2.0	6,371	1.9
15	과학기술	118	0.0	72	0.0	47	0.0
16	예비비	-	0.0	-	0.0	-	0.0
합 계		**338,350**	100.0	**329,810**	100.0	**330,548**	100.0

표 7 예산분류 기준에 따른 국세감면 현황

* 참고: 2015년도 조세지출예산서, 2014, 11쪽.

실제 국세감면율은 15.9%였다.

국가재정법 제88조(국세감면의 제한) ① 기획재정부장관은 대통령령이 정하는 당해 연도 국세 수입총액과 국세감면액 총액을 합한 금액에서 국세감면액 총액이 차지하는 비율(이하 "국세감면율"이라 한다)이 대통령령이 정하는 비율 이하가 되도록 노력하여야 한다.
② 각 중앙관서의 장은 새로운 국세감면을 요청하는 때에는 대통령령이 정하는 바에 따라 감면액을 보충하기 위한 기존 국세감면의 축소 또는 폐지방안이나 재정지출의 축소방안과 그 밖의 필요한 사항을 작성하여 기획재정부장관에게 제출하여야 한다.

(3) 조세지원 일몰제도

조세특례제한법상 조세지원 규정들을 보면 개별 항목별로 지원 기한이 한정되어 있는 것을 알 수 있다. 이는 과세특례에 해당하는 조세지원이 항구화되는 것을 막아 조세공평성을 회복하기 위한 차원에서 취해진 조치라고 할 수 있다.

> 조세특례제한법 제5조(중소기업 투자 세액공제) ① 대통령령으로 정하는 중소기업(이하 "중소기업"이라 한다)을 경영하는 내국인이 다음 각 호의 어느 하나에 해당하는 자산에 **2015년 12월 31일까지** 투자(중고품 및 대통령령으로 정하는 리스에 의한 투자는 제외한다)하는 경우에는 해당 투자금액의 100분의 3에 상당하는 금액을 그 투자를 완료한 날이 속하는 과세연도의 소득세[사업소득(「소득세법」 제45조 제2항에 따른 부동산임대업에서 발생하는 소득은 포함하지 아니한다. 제126조의2, 제126조의6 및 제132조를 제외하고 이하에서 같다)에 대한 소득세만 해당한다] 또는 법인세에서 공제한다.
> 1. 기계장치 등 대통령령으로 정하는 사업용자산(이하 "사업용자산"이라 한다)
> 2. 「유통산업발전법」에 따른 판매시점 정보관리 시스템설비(이하 "판매시점 정보관리 시스템설비"라 한다)
> 3. 「국가정보화 기본법」 제3조제6호에 따른 정보보호시스템에 사용되는 설비로서 감가상각 기간이 2년 이상인 설비(이하 "정보보호 시스템설비"라 한다)(이하 생략)

그러나 현실적으로 대부분의 조세지원 항목은 일몰기한이 도래하더라도 폐지되지 않고 다시 그 기한이 연장된다. 물론, 조세지원 항목이 다시 연장될 때 연장의 필요성이 충분히 검증되면 이는 나름대로 정당성이 인정될 수 있을 것이다. 반면, 그렇지 않음에도 불구하고 민원 등에 굴복하여 조세지원이 연장된다면 조세지원제도의 단점이 장점보다 훨씬 커지는 문제점을 야기하게 된다.

이처럼 조세지원제도가 항구화·고착화되고 있는 상태에서 사회적 필요성을 반영하여 조세지원 항목이 신설되면 결국 전체적인 조세지원 금액이 커지게 되며 이는 재정에도 큰 부담이 될 수 있다.

4) 조세지원제도에 대한 평가 및 개선 방안

조세지원제도는 조세분야에서 가장 중요한 가치 가운데 하나인 조세공평정신에 인위적인 손상을 초래하는 제도이므로 가능한 한 제한적으로 운영하는 것이 타당하다고 할 것이다. 그러한 측면에서 보았을 때 현재 우리나라의 조세지원제도는 다음과 같이 몇 가지 점에서 개선이 필요하다. 첫째, 조세지원제도 신설 시에는 그러한 조세지원으로 야기될 수 있는 정책의 효율성뿐만 아니라 그로 인해 야기되는 조세불평등과 세수손실 등도 종합적으로 검토하여야 한다. 둘째, 현재처럼 신설된 조세지원제도가 항구화되는 것은 바람직하지 않다. 조세지원제도가 처음 도입될 때 기한이 설정될 것이고, 그 기한의 도래 시에는 원칙적으로 해당 조세지원제도는 일몰시킨다는 정신으로 입법을 해야 한다. 만일 일몰기한을 연장하려면 조세지원 항목이 신설될 때보다도 더 강력하게 제도의 효율성과 조세공평성에 대한 심사가 이루어져야 한다. 셋째, 조세지원제도가 재정 규모에 비해서 적정한 규모로 유지되어야 하며, 시간이 지남에 따라 재정 규모를 제대로 반영하지 못하고 점차 증가하게 되어 법령에서 규정한 국세감면율 한도를 준수하지 못하는 것은 바람직하지 않다. 법령상 국세감면율 한도가 비록 법조문상으로는 권고사항으로 규정되어 있다고 하더라도 재정 운영자는 특별한 예외사항이 부여되지 않는다면 그 한도를 준수하려는 자세를 취해야 한다.

8. 조세공평성과 관련한 몇 가지 쟁점들

1) 의의

동일한 것을 동일하게 취급하고, 다른 것을 동일하게 취급해서는 안 된다는 조세공평주의는 정의의 요청이면서 동시에 공적 부담인 조세를 납세자들에게 배분함에 있어서 납세자를 설득할 수 있는 아주 중요한 가치이다.

이러한 조세공평주의와 관련하여 우리나라에서 주로 논의되는 몇 가지 개별적 쟁점이 있다. 다음은 이것들에 대해 간략하게 소개하기로 한다.

2) 근로소득자와 사업소득자의 차별과 조세공평

조세공평주의 내지는 그것을 구체화한 응능과세원칙은 경제적 능력이 동일하면 동일하게 세금을 부과하고, 경제적 능력이 다른 경우에는 다르게 세금을 부과하라는 것이다. 그런데 동일한 규모의 소득이 있음에도 그 소득이 근로소득인 경우와 사업소득인 경우에 차별이 있다면 그것이 조세공평주의 내지는 응능과세원칙에 부합될 수 있는지가 문제가 된다.

현재 우리나라의 소득세법은 근로소득자와 사업소득자를 엄격하게 구분하고 있다. 가장 논란이 되고 있는 것은 필요경비의 인정 여부와 종합소득공제의 인정 여부라고 할 수 있다.

사업소득자에게는 필요경비를 인정하지만 근로소득자에게는 필요경비를 인정하지 않는다. 대신 근로소득자의 경우에는 사업소득자에게는 인정하지 않는 근로소득공제와 근로소득 세액공제 항목이 있다. 근로소득자의 경우에는 실제 필요경비를 인정하지 않고 필요경비를 표준화하여 근로소득공제 항목으로 공제해 주는 것이다. 이는 사업소득자에 비해 근로소득자는 납세인원이 아주 많으므로 근로소득자에 대해 필요경비를 공제해 주면 관련자료의 접수 및 검증을 위해 너무 많은 행정비용이 소요됨을 고려한 조치이다.[21] 이처럼 필요경비를 표준화한 것 자체가 문제라고 할 수는 없다. 문제는 이와 같이 표준화한 필요경비가 통상의 사례에서 실제 필요경비를 충당할 수 있는 수준인지, 그리고 개별 납세자가 표준화한 필요경비인 근로소득공제 금

21 김완석, 『소득세법론』, (주) 광교이택스, 2010, 376쪽.

액보다 더 많은 금액을 실제로 필요경비로 지출한 경우 해당 납세자에게 표준화된 근로소득공제 대신에 실제 경비를 공제받도록 하는 제도적 장치가 되어 있는지가 중요하다. 우리나라에서는 표준화한 필요경비인 근로소득공제 금액이 실제 필요경비를 충당할 수 있는 수준인지에 대한 충분한 검증이 되어 있지 않다. 그리고 납세자가 자신에게 유리한 경우 실제 필요경비를 공제해 줄 것을 요구할 수 있는 선택권이 부여되지 않고 있다. 즉, 현행 소득세법에 따르면 만일 근로소득자가 세법이론적으로 필요경비로 인정될 수 있는 지출을 근로소득공제 금액 이상으로 한 경우에 그는 단지 근로소득자라는 이유만으로 사업자에 비해 소득세법상 차별을 받게 된다. 이것이 헌법적으로 용인되는 것인지가 문제가 될 수도 있지만, 개인적으로는 헌법상 용인되기 어렵다고 본다.

소득세법 제47조(근로소득공제) ① 근로소득이 있는 거주자에 대해서는 해당 과세기간에 받는 총급여액에서 다음의 금액을 공제한다.

총급여액	공제액
500만 원 이하	총급여액의 100분의 70
500만 원 초과 1500만 원 이하	350만 원+(500만 원을 초과하는 금액의 100분의 40)
1500만 원 초과 4500만 원 이하	750만 원+(1500만 원을 초과하는 금액의 100분의 15)
4500만 원 초과 1억 원 이하	1200만 원+(4500만 원을 초과하는 금액의 100분의 5)
1억 원 초과	1475만 원+(1억 원을 초과하는 금액의 100분의 2)

② 일용근로자에 대한 공제액은 제1항에도 불구하고 1일 10만 원으로 한다.

③ 근로소득이 있는 거주자의 해당 과세기간의 총급여액이 제1항 또는 제2항의 공제액에 미달하는 경우에는 그 총급여액을 공제액으로 한다.

④ 제1항부터 제3항까지의 규정에 따른 공제를 "근로소득공제"라 한다.

⑤ 제1항의 경우에 2인 이상으로부터 근로소득을 받는 사람(일용근로자는 제외한다)에 대하여는 그 근로소득의 합계액을 총급여액으로 하여 제1항에 따라 계산한 근로소득공제액을 총급여액에서 공제한다.

다음으로 교육비와 의료비에 대한 특별세액 공제의 경우에 원칙적으로 사업자는 세액공제를 받을 수 없도록 되어 있다.[22] 이는 근로소득자에 비해 사업소득자의 경우에 상대적으로 소득포착률이 낮은 점을 고려한 조치이다. 하지만, 이 제도에 따르면 만일 사업소득자가 법률에 따라 완벽하게 소득신고를 하면 그 사업자는 본인이 사업자라는 이유로 제도적으로 차별을 받게 된다. 이는 헌법적으로 용인되기 어렵다고 본다.

3) 개인사업자와 법인사업자의 차별과 조세공평

(1) 소득세법과 법인세법의 차이

우리나라 세법에 따르면 동일하게 사업을 영위하여 발생한 소득이라고 하더라도 개인사업자인지 법인사업자인지에 따라 적용되는 법이 소득세법, 법인세법으로 달라지고 과세 내용도 상당히 다르게 된다. 소득세법과 법인세법의 과세상 차이를 정리해 보면 〈표 8〉과 같다.

조세의 중립성원칙에서 파악했을 때 이처럼 사업자가 개인사업자로 영업을 하는지 법인 형태로 영업을 하는지에 따라 과세상 차별이 발생하는 것은 바람직하지 않다고 할 것이다.

또한, 동일한 수입이 발생했음에도 법인사업자 형태로 영업을 해서 수입을 낸 경우와 개인사업자 형태로 수입을 발생시킨 경우에 세부담이 달라진다면 이것이 조세의 공평한 배분이라는 측면에서 문제가 있는 것이 아닌가 하는 의문을 제기할 수 있다. 이러한 차이는 헌법 제11조에 의하여 용인되기 어려운 것이라고 판단되며 입법자는 앞으로 양자 간의 차이가 해소될 수 있도록 꾸준히 법 개정 노력을 하여야 한다.

22 소득세법 제59조의4.

구분	소득세법	법인세법
납세의무자	개인+개인으로 간주되는 단체	법인+법인으로 간주되는 단체
과세대상소득	소득원천설(부분적으로 유형별포괄 주의 도입)	순자산증가설
과세구간과 세율	· 1200만 원 이하: 6% · 1200만 원 초과 4600만 원 이하: 72만 원+1200만 원을 초과하는 금액의 15% · 4600만 원 초과 8800만 원 이하: 582만 원+4600만 원을 초과하는 금액의 24% · 8800만 원 초과 1억 5000만 원 이하: 1590만 원+8800만 원을 초과하는 금액의 35% · 1억 5000만 원 초과: 3760만 원+1억 5000만 원을 초과하는 금액의 38%	· 2억 원 이하: 10% · 2억 원 초과 200억 원 이하: 2000만 원+2억 원을 초과하는 금액의 20% · 200억 원 초과: 39억 8000만 원+300억 원을 초과하는 금액의 22%
최저한세	산출세액의 35%(사업소득만)	일반법인 10~14%, 중소법인 7%
과세표준계산	총수입금액 –필요경비 –결손금 및 이월결손금(10년) =소득금액 –소득공제 =과세표준	당기순이익 +익금산입 및 손금불산입 –손금산입 및 익금불산입 =차가감소득금액 –기부금한도초과액 =각 사업연도 소득금액 –이월결손금(10년) –비과세소득 –소득공제 =과세표준
기장의무	규모에 따라 간편장부 혹은 복식부기	복식부기
성실신고 확인제도의 적용	적용됨	적용 안 됨
사업자의 소득의 공제가능여부	불가능	대표이사 인건비는 손금산입 가능
사업용고정자산의 양도차익	사업소득이 아닌 양도소득으로 과세	다른 영업이익과 함께 사업소득으로 파악하여 법인세로 과세

표 8 개인사업자와 법인사업자의 차이점

(2) 그 외 개인사업자와 법인사업자의 차별

소득세법과 법인세법의 차이 이외에도 우리 세법 곳곳에서는 개인사업자와 법인사업자를 차별하는 경우가 있다. 예컨대, 지방세법상 취득세과세표준은 취득 당시의 가액으로 한다고 규정하면서 그 가액은 취득자가 신고한 가액으로 하되, 신고 또는 신고가액의 표시가 없거나 그 신고가액이 지방세법 제4조에서 정하는 시가표준액보다 적을 때에는 그 시가표준액으로 한다고 하면서 예외로 법령이 정하는 법인장부에 의하여 취득가격이 증명되는 경우에는 신고가액이 지방세법 제4조에서 정하는 시가표준액보다 적더라도 신고가액을 과세표준으로 하도록 하고 있다.[23] 아마 이 규정의 입법 취지는 법인의 장부는 신뢰할 수 있지만 개인사업자의 장부는 신뢰할 수 없다는 것이다. 그러나 법률이 이처럼 일률적으로 개인사업자를 법인사업자와 달리 차별 취급하는 것은 비현실적이고 정당하지도 않다 할 것이다.

> 지방세법 제10조(과세표준) ① 취득세의 과세표준은 취득 당시의 가액으로 한다. 다만, 연부(年賦)로 취득하는 경우에는 연부금액(매회 사실상 지급되는 금액을 말하며, 취득금액에 포함되는 계약보증금을 포함한다. 이하 이 절에서 같다)으로 한다.
> ② 제1항에 따른 취득 당시의 가액은 취득자가 신고한 가액으로 한다. 다만, 신고 또는 신고가액의 표시가 없거나 그 신고가액이 제4조에서 정하는 시가표준액보다 적을 때에는 그 시가표준액으로 한다.
> ③ 건축물을 건축(신축과 재축은 제외한다)하거나 개수한 경우와 대통령령으로 정하는 선박, 차량 및 기계장비의 종류를 변경하거나 토지의 지목을 사실상 변경한 경우에는 그로 인하여 증가한 가액을 각각 과세표준으로 한다. 이 경우 제2항의 신고 또는 신고가액의 표시가 없거나 신고가액이 대통령령으로 정하는 시가표준액보다 적을 때에는 그 시가표준액으로 한다.
> ④ 제7조제5항 본문에 따라 과점주주가 취득한 것으로 보는 해당 법인의 부동산 등에 대한 과세표준은 그 부동산 등의 총가액을 그 법인의 주식 또는 출자의 총수로 나눈 가액에 과점주주가 취득한 주식 또는 출자의 수를 곱한 금액으로 한다. 이 경우 과점주주는 조례로 정하는 바에 따라 과세표준 및 그 밖에 필요한 사항을 신고하여야 하되, 신고 또는 신고가액의 표시가 없거나 신고가액이 과세표준보다 적을 때에는

23 지방세법 제10조 제5항.

지방자치단체의 장이 해당 법인의 결산서 및 그 밖의 장부 등에 따른 취득세 과세대상 자산총액을 기초로 전단의 계산방법으로 산출한 금액을 과세표준으로 한다.

⑤ 다음 각 호의 취득(증여·기부, 그 밖의 무상취득 및 「소득세법」 제101조제1항 또는 「법인세법」 제52조제1항에 따른 거래로 인한 취득은 제외한다)에 대하여는 제2항 단서 및 제3항 후단에도 불구하고 사실상의 취득가격 또는 연부금액을 과세표준으로 한다.

1. 국가, 지방자치단체 또는 지방자치단체조합으로부터의 취득
2. 외국으로부터의 수입에 의한 취득
3. **판결문·법인장부 중 대통령령으로 정하는 것에 따라 취득가격이 증명되는 취득**
4. 공매방법에 의한 취득
5. 「공인중개사의 업무 및 부동산 거래신고에 관한 법률」 제27조에 따른 신고서를 제출하여 같은 법 제28조에 따라 검증이 이루어진 취득

4) 부부에 대한 과세제도와 조세공평

우리나라에서 부부의 소득에 대해서는 개별과세가 원칙이다. 예외적으로 부부가 공동사업을 하고 손익배분 비율이 허위인 경우 등 법령이 정하는 사유가 있는 경우에는 예외적으로 연대납세 의무를 부담한다.[24]

반면, 미국, 독일, 프랑스 등 외국의 경우에는 합산과세를 하는 나라들이 다수 존재한다. 프랑스는 부부의 소득뿐만 아니라 자녀의 소득까지 합산과세하는 가족합산과세를 시행하고 있다. 물론 이런 나라의 경우에는 본인들이 희망하면 개별과세를 선택할 수 있는 선택권을 가진다. 이러한 나라들이 부부에 대해 합산과세를 하는 이유는 결혼한 가정에 대한 조세의 공평한 분담을 위해서이다.[25]

---

24 소득세법 제43조 제3항, 제2조의2 제1항.

25 부부의 소득에 대한 과세제도의 다양한 쟁점에 대해서는 이동식, 「가족합산과세제도의 합헌성」, 『공법연구』 제39집 제2호, 한국공법학회, 2010. 12, 546쪽 참고.

예컨대, 부부의 소득을 합산하면 동일한데 한 가정은 맞벌이를 하고 있고, 또 다른 한 가정은 배우자 일방만이 경제활동을 하는 경우를 가정해 보자. 누진 과세되는 소득세의 경우 부부의 소득을 단순합산과세하면 합산과세가 개인별 과세보다 불리하지만 조정적 합산과세를 하면 대부분의 경우에는 합산과세가 개인별 과세보다 유리해진다.[26] 단순합산과세라 함은 부부의 소득금액을 단순히 합산만 하는 것이고, 조정적 합산과세는 소득금액을 합산한 후 다시 2로 나누어 과세표준을 계산하거나, 아니면 합산과세하는 부부에 대한 세율을 통상의 소득세 세율과 달리 하는 방식으로 하여 합산과세되는 부부의 소득세 부담이 인위적으로 증가되지 않도록 조정하는 것을 말한다. 미국 등 합산과세제도를 채택하고 있는 나라들은 모두 조정적 합산과세제도를 운영하고 있고, 과거 우리나라에서 부부의 자산소득에 대해 합산과세를 한 바 있는데 이때 합산과세는 단순합산과세 방식이었다.

부부소득의 합산과세는 결혼한 부부로부터 세금을 더 거둘 목적으로 실시하는 것이 아니다. 부부에 대한 공평한 세금부과를 위해 합산과세하는 것이다. 부부의 경우에는 경제공동체를 형성하며 살아가는 것이므로 부부의 소득은 혼자의 소득이 아니라 두 사람 공동의 소득인 것이다. 그렇기 때문에 부부 소득의 합계가 동일하면 경제적 부담능력이 동일하다고 보아야 하는데 개인별 과세는 부부의 소득 합계는 동일하지만 부부의 독립된 소득이 다른 경우에는 경제적 부담능력이 다른 것으로 이해하여 세부담을 달리하게 되는데 이것이 문제가 있다는 것이다.

우리나라는 과거 부부자산소득에 대해 합산과세를 한 바가 있고, 또 종합부동산세도 세대별 합산과세를 한 적이 있다. 이때의 합산과세는 모두 단순합산과세 제도였다. 이에 대해서 헌법재판소는 단순합산과세로 인하여 부부

26 물론 예외적으로 부부 모두의 연봉이 고액인 가정은 개인별 과세보다 불리할 수 있는데 이 경우에는 납세자가 선택권을 행사하면 개인별 과세를 할 수 있다.

의 세부담이 증가하게 된다면 이는 헌법 제36조 제1항에 부합하지 않는다고 판단한 바 있다.[27]

헌재 2008. 11. 13. 2006헌바112 결정
특정한 조세 법률조항이 혼인이나 가족생활을 근거로 부부 등 가족이 있는 자를 혼인하지 아니한 자 등에 비하여 차별 취급하는 것이라면 비례의 원칙에 의한 심사에 의하여 정당화되지 않는 한 헌법 제36조 제1항에 위반된다 할 것인데, 이 사건 세대별 합산규정은 생활실태에 부합하는 과세를 실현하고 조세회피를 방지하고자 하는 것으로 그 입법 목적의 정당성은 수긍할 수 있으나, 가족 간의 증여를 통하여 재산의 소유 형태를 형성하였다고 하여 모두 조세회피의 의도가 있었다고 단정할 수 없고, 정당한 증여의 의사에 따라 가족 간에 소유권을 이전하는 것도 국민의 권리에 속하는 것이며, 우리 민법은 부부별산제를 채택하고 있고 배우자를 제외한 가족의 재산까지 공유로 추정할 근거규정이 없고, 공유재산이라고 하여 세대별로 합산하여 과세할 당위성도 없으며, 부동산 가격의 앙등은 여러 가지 요인이 복합적으로 작용하여 발생하는 것으로서 오로지 세제의 불비 때문에 발생하는 것만이 아니며, 이미 헌법재판소는 자산소득에 대하여 부부 간 합산과세에 대하여 위헌 선언한 바 있으므로 적절한 차별 취급이라 할 수 없다. 또한 부동산실명법상의 명의신탁 무효 조항이나 과징금 부과 조항, 상속세 및 증여세법상의 증여 추정규정 등에 의해서도 조세회피의 방지라는 입법 목적을 충분히 달성할 수 있어 반드시 필요한 수단이라고 볼 수 없다.

5) 종교인에 대한 소득세 비과세와 조세정의

현행 세법은 종교단체에 대해 다양한 형태로 과세특례를 인정하고 있다. 대표적인 것이 종교단체가 해당 목적을 위해 취득하는 부동산에 대해 취득세를 과세하지 않고, 보유한 재산에 대해 재산세도 보유하지 않는 것이다(지

27 헌재 2002. 8. 29. 선고 2001헌바82 결정; 헌재 2008. 11. 13. 선고 2006헌바112 결정.

방세특례제한법 제50조). 종교적 목적의 단체나 법인은 비영리법인으로 다른 법인과 달리 법인세법에서 명시적으로 규정하고 있는 수익사업에서 발생한 사업소득에 대해서만 과세를 하며, 이마저도 고유목적사업준비금으로 손금산입을 할 수 있어서 법인세 과세를 피할 수 있는 방법이 있다. 종교적 목적의 단체나 법인이 기부 등을 통해 재산을 증여받아도 일정한 요건하에 증여세를 과세하지 않는다(상속세및증여세법 제48조).

그런데 이러한 종교단체에 대한 과세특례와 별도로 종교인이 종교적 활동을 통해 수입을 발생시킨 경우 그 수입에 대해 소득세를 과세할지 여부에 대해서는 소득세법에서 분명하게 규정하지 않아 논란이 되고 있다. 현재 규정상으로는 소득세법시행령 제41조 제10항에서 "종교 관련 종사자가 종교예식이나 종교의식을 집행하거나 관장하는 등 종교 관련 종사자로서의 활동과 관련하여 그가 소속된 종교단체 등으로부터 받는 금품"을 기타소득의 일종으로 과세한다고 규정하고 있다. 그러나 기타소득은 비록 법령에서 명시적으로 기타소득 과세대상으로 규정하고 있더라도 사업소득, 근로소득 등 소득세법에서 열거하고 있는 기타소득 이외 다른 종합소득 유형에 속하는 경우에는 그 소득유형으로 과세하게 되고, 그렇지 않은 경우에만 보충적으로 과세하는 것이므로(소득세법 제21조 제1항 본문) 종교 관련 종사자가 종교 관련 활동을 수행한 대가로 그가 소속된 종교단체 등으로부터 금품을 받는 경우에 그것이 사업소득이나 근로소득으로 과세가 가능하다면 기타소득으로 과세할 수 없다. 사업소득이나 근로소득으로 과세할 수 없다면 기타소득으로라도 과세를 해야 한다.

하지만 지금까지 법집행을 담당하고 있는 국세청은 종교인의 소득에 대해 적극적으로 소득세를 과세하기 위하여 노력을 하지 않고 있다. 대신 종교인들이 자발적으로 소득세를 납부하는 경우에는 소득세를 징수하고 있다. 이는 법집행기관이 종교인의 눈치를 살펴서 매우 무책임하게 행정을 하고 있는 것이다.

종교단체에 기부금을 납부하는 납세자들 가운데에는 종교인보다 훨씬 어려운 경제적 지위에 있는 이들도 다수 존재한다. 이러한 이들로부터 헌금 등의 형태로 재원을 마련하여 그 재원으로 지급받는 종교인의 소득에 대해 종교인이 소득세를 납부하지 않는 것은 조세정의에 부합하지 않는다. 법을 공정하게 집행하는 것은 법집행기관의 권한이자 국민에 대한 의무라고 할 것이다. 법집행기관인 국세청은 현행 소득세법상 종교인의 수입이 소득세가 과세가 가능한 경우인지, 가능하다면 어떤 소득 유형으로 과세가 가능한지를 검토하고 현재 종교인에 대한 소득세 과세 실태를 파악하여 비과세되는 부분에 대해 적절한 법집행을 하여야 할 것이다. 다만, 종교단체에 대한 과세를 어떠한 경우에도 국가가 종교단체의 자유를 침해하기 위한 수단으로 활용한다는 우려가 생기지 않도록 세심한 배려를 할 필요는 있다.

6) 특정 직업군에 대한 과세특례의 남발과 조세정의

현행 세법상 조세공평 정신이 심각하게 훼손되는 또 다른 경우로 특정직업군에 대한 과도한 과세특례 남발제도를 들 수 있다. 과세특례 그 자체가 조세공평을 침해하는 것이지만 충분한 합리적 근거가 있는 경우에는 이것이 법적으로도 허용되며 따라서 조세정의 요청에도 부합이 되는 것으로 이해할 수 있다.

하지만, 특정한 경우에는 그러한 합리적 이유를 발견할 수 없고 오로지 정치적 편의에 따라 입법된 경우도 있다. 대표적인 경우로 조세특례제한법 제106조의 7에 따른 '일반택시 운송사업자의 부가가치세 납부세액 경감'제도를 들 수 있다.

부가가치세법은 버스와 지하철의 이용은 대중교통으로 이해하여 면세를 하고, 택시의 이용은 고급 운송수단으로 이해하여 과세대상으로 분류하고 있다(부가가치세법 제26조 제1항 제7호, 부가가치세법시행령 제37조). 그러나 조세특례제한법 제106조의 7에서는 부가가치세 납부 의무를 부담하고 있는 일반택시 운송사업자에게 2015년 12월 31일까지[28] 부가가치세 납부세액의 100분의 95를 '경감'하는 것으로 규정하고 있다. 세액의 100분의 95를 '경감'한다는 것은 사실상 부가가치세를 부과하지 않겠다는 취지의 규정이다. 부가가치세법에서는 택시 이용에 대해 부가가치세를 부과한다고 규정하면서 조세특례제한법에서는 사실상 부가가치세법의 내용을 무력화시키고 있는 문제점이 있다. 또한, 조세특례제한법 제106조의 7은 이렇게 경감해 준 부가가치세액 가운데 100분의 90에 해당하는 금액을 택시회사(일반택시 운송사업자)는 택시 운전기사들(일반택시 운수종사자)에게 부가가치세 확정신고납부기한 종료일부터 1개월 이내에 '현금'으로 지급하도록 규정하고 있다. 즉, 국민들이 국가의 활동에 필요한 경비를 마련하기 위하여 납부해 둔 세금이 국고가 아니라 택시 기사들의 인건비로 지급되고 있는 것이다.

조세특례제한법 제106조의 7의 규정 취지는 어려운 여건하에서 노동을 하고 있는 택시 기사들의 처우를 개선하기 위함일 것이다. 우리나라의 택시 기사들이 어려운 상황 속에서 노동을 하고 있다는 것은 공감할 수 있다. 하지만, 택시 기사보다 더 어려운 상황에서 노동을 하고 있는 중소기업 근로자들도 많은데 그들에게는 이와 같은 특례가 없는데 택시 기사들에게는 이러한 특례가 주어져야 하는 것인지를 입법자가 설명하지 못한다면 이는 설득력이 없는 과세특례로 조세공평을 침해하는 제도라고 할 것이다.

7) 법집행에 있어서의 불공평과 조세정의

조세공평은 실체법적인 측면에서의 공평성만 중요한 것이 아니고 집행차원

28 현재 국회에는 이 기간을 연장하는 조세특례제한법 개정안이 의원입법방식으로 상정되어 있는 상태이다.

의 사실상 공평성도 매우 중요하다. 법조문의 해석상 어떤 대상에 대해 과세할 수 있는 것으로 규정되어 있다고 하더라도 과세당국이 보유한 과세정보 현실상 실제로 그 대상에 대해 공평하게 과세할 수 없고 우연한 사정에 의하여 적발된 경우에만 과세가 가능한 어떤 사례를 가정해 보자! 이 경우에 당국이 과세를 한다면 비록 법률 자체는 공평하다고 하더라도 실제 집행 면을 고려하면 불공평한 과세가 된다. 왜냐하면 동일한 거래를 한 납세자 가운데 대부분의 거래에 대해서는 과세당국이 적발하지 못해 과세하지 못했는데, 우연한 사정으로 적발된 특정 납세자에 대해서만 과세하게 되기 때문이다. 이에 해당하는 예를 들자면 개인 간의 금전소비대차에 따른 이자소득에 대한 과세문제이다. 이자소득의 범위를 규정한 소득세법 제16조 문구상으로는 개인 간의 금전소비대차에 의한 이자도 이자소득세 과세대상이다. 하지만 과세권자인 국가가 개인 간의 금전소비대차에 대한 과세정보망을 가지고 있지 않아 이 경우 과세가 가능한 경우는 우연한 기회에 과세당국에 그 사실이 인지된 경우에 한정될 수밖에 없다.

조세정의의 요청인 조세공평은 실체법적인 측면뿐만 아니라 절차법적 또는 집행법적 측면도 매우 중요하다. 아무리 실체세법이 공평하게 입법되어 있다고 하더라도 그것을 관철할 수 있는 과세시스템이 되어 있지 않다면 이는 결국 실제 사례에 공평이념이 적용될 수 없다는 것을 의미하게 된다. 실제로 독일의 연방헌법재판소는 유가증권과 옵션 권한의 사적인 양도에 따른 양도차익 과세가 1997년 그리고 1998년도 과세기간에 있어서는 납세자의 협조 없이는 과세가 불가능한 상황이었던 점을 고려하여 '집행상의 결함(Vollzugsdefizite)'을 이유로 공평과세원칙에 반한다고 판시한 바 있다.[29]

동일한 논리를 개인 간 금전소비대차에 의한 이자소득과세에 적용해 본다면 이에 대한 과세는 적어도 현재의 상황에서는 헌법 제11조 정신에 부합하지 않는다고 할 것이다.

29 BVerfG Urteil vom 09.03.2004, 2 BvL 17/02.

제8장 | 조세회피행위·탈세행위 방지와 조세정의

1. 의의

조세제도가 정의로워지기 위해서는 세법 규정에 따른 과세사실을 발생시킨 모든 납세자가 세금을 납부하여야 한다. 물론 이 경우에는 납세의무를 부과하는 세법 규정이 정의의 요청에 부합하도록 공정한 세부담 배분기준을 설정하고 있음이 전제되어야 한다.

그런데, 국민들은 세금을 왜 납부해야 하는지에 대해서는 공감을 하더라도 세금납부를 좋아하지 않으며, 그래서 납세자들은 다양한 방법을 통하여 세금을 절감하려고 노력하게 된다. 물론 이러한 납세자의 노력이 근본적으로 잘못되었다고 할 수는 없다.[1] 그러나 납세자들이 세금납부를 싫어한다고 해서 국가의 재정충당을 위한 세금을 부과하지 않는다면 세금부과의 원래 목적인 국가의 재원조달은 불가능할 뿐만 아니라, 공평한 세금배분도 불가능하게 된다. 그렇기 때문에 납세자가 세금을 적게 내기 위해 노력하는 것 자체는 인간의 본성적 요구에 따른 것으로 비난할 수 없다고 하더라도 세금부과가 이러한 납세자의 희망대로 이루어질 수는 없는 것이다.

1 인간은 누구나 자기에게 유리하도록 행동한다. 우리 사회는 기본적으로 이러한 인간의 본성을 인정하고 사회질서를 만드는 것이지 그러한 본성 자체를 부정할 수는 없는 것이다.

2. 절세행위·조세회피행위·탈세행위의 개념 구분

납세자가 자신의 세금 절감을 위해 하는 행동들을 이론적으로는 통상 절세행위, 조세회피행위, 탈세행위로 나눈다. 이 세 가지 개념을 구분하는 핵심 기준은 납세자의 절세 시도의 합법성 여부이다. 그렇기 때문에 이 개념들을 정확하게 구분하는 것은 조세법학의 과제라고 할 수 있다.

절세행위는 납세자의 조세 절감 시도가 완전히 합법적인 경우이다. 이 경우는 납세자의 조세 절감 시도가 입법자의 의도와 부합하여 납세자가 희망하는 조세 절감이 합법적으로 발생하게 된다. 예컨대, 신용카드 소득공제제도를 통해 소득세 경감을 받기 위하여 신용카드 사용을 늘렸다면 이로 인한 소득세 경감은 합법적인 조세 절감으로 입법자는 이러한 조세 절감을 예상하고 세법 규정을 제정·개정한 것이다.

조세회피행위는 우회적이거나 비통상적인 거래 방식을 이용하여 조세법을 입법하는 이들이 의도하지 않은 조세 절감을 얻으려고 하는 경우를 말한다.[2] 조세회피행위의 경우에는 납세자들이 선택한 거래 형식 자체를 기준으로 과세요건의 충족 여부를 판단한다면 과세할 수 없게 되지만, 거래의 경제적 실질을 고려할 때는 과세해야 하는 경우이다.[3] 조세회피행위는 소위 '탈법행위'의 일종이라고 이해하면 된다. 독일어로 조세회피행위를 'Steuerumgehung'이라고 하는데, 학자들은 탈법행위(脫法行爲)에 해당하는 독일어인 'Gesetzesumgehung'이 세법 영역에서 문제되는 경우라고 해서 'Gesetzesumgehung im Steuerrecht(세법에서의 탈법행위)' 또는 'ein Unterfall der Gesetzesumgehung(탈법행위의 한 사례)'이라고 표현하기도 한

---

2 이동식, 『일반조세법』, 준커뮤니케이션즈, 2013, 263쪽.

3 이러한 개념 정의를 통해서 알 수 있는 점은 조세회피행위가 세법해석의 문제라는 점, 그리고 실질과세원칙이 중요한 역할을 할 수 있다는 점이다.

구분	절세행위	조세회피행위	탈세행위
납세자의 절감 시도의 합법성	합법	위법(=회피규정에 따른 세금을 납부해야 한다는 의미). 단, 방지규정이 없는 경우에는 합법	위법(=형사 처벌 대상이라는 의미)
조세 절감이 입법자의 입법 의도와 부합하는지 여부	부합함	부합하지 않음	부합하지 않음
절감하려한 세금의 추징 문제	발생하지 않음	발생함. 단, 방지규정이 없는 경우에는 발생하지 않음	발생함
형사 처벌의 문제	발생하지 않음	발생하지 않음	발생함

표 9 절세행위·조세회피행위·탈세행위의 구분

다.[4] 흔히들 탈법행위를 설명함에 있어서 법규정을 직접적으로 위반한 것은 아니고 간접적, 우회적으로 위반한 것이라고 한다. 이 설명의 핵심은 탈법행위도 법을 위반한 것이라는 점이다. 저자는 사실행위에 대한 법의 평가는 '적법' 아니면 '위법'이지 '탈법'이라는 제3의 영역이 존재할 수 있는 것이 아니라는 점에서 탈법행위라는 용어가 부적절하다고 보고 '규범회피행위'라는 용어로 대체할 것을 제안한 바 있다.[5]

탈세행위는 납세자의 조세 절감 시도 행위가 반사회적 위험성을 내포하여 세법적으로 용인할 수 없을 뿐만 아니라 그 행위에 대해 형법 제41조에 규정된 유형의 형벌로 처벌하는 행위를 말한다. 탈세행위도 결국 형법상 범죄행위이며 이에 대한 구성요건과 형벌은 「조세범처벌법」에서 규정하고 있다. 납세자의 세금 절감 시도를 법적으로 인정할 수 없다는 측면에서 탈세행위는 절세행위와 분명하게 구분된다. 절세행위가 합법적인 세금 절감 시도인 반면, 탈세행위는 명백하게 위법한 조세 절감 시도인 것이다. 다음으로 조세회

4 Tipke, *Die Steuerrechtsordnung III*, Köln, 1993, 1325; Tipke/Lang, *Steuerrecht 21*. Auflage, 2013, § Rn. 116.

5 이동식, 「조세회피행위방지를 위한 별도 입법의 필요성」, 『공법연구』 제28집 제4호 제2권, 한국공법학회, 2000. 6., 430쪽.

피행위와 탈세행위와의 구분이 문제가 되는데, 조세회피행위의 경우에는 회피하려한 세금을 원래대로 부과·징수하는 문제만 남는 반면, 탈세행위는 탈세하려 한 세금의 추징 이외에 형사처벌의 문제가 추가적으로 발생하게 된다는 점에서 차이가 난다.

3. 조세회피행위의 방지

1) 문제점

앞에서 조세회피행위를 개념 정의하면서 "조세회피행위는 우회적이거나 비통상적인 거래 방식을 이용하여 조세입법자가 의도하지 않은 조세 절감을 얻으려고 하는 경우를 말한다."라고 규정한 바 있다.

조세회피행위는 납세자가 회피하려는 세법 규정을 문언대로만 해석하면 합법적인 행위로 인식될 수 있다. 조세회피행위를 입법의 결함(Loophole, Lücke)을 이용한 행위로 평가하는 것도 같은 차원의 이야기이다.[6]

흔히들, 조세회피행위는 절세행위와 탈세행위의 중간지대(gray zone)에 위치한다고 한다. 조세회피행위는 탈세행위와 달리 형사처벌 대상이 되는 위법행위는 아니고, 그렇다고 절세행위처럼 합법적인 행위로 마냥 용인하여 조세 절감을 인정하기도 어려운 행위이다.

세법 규정을 문언대로만 해석하면 조세회피행위에 대해서는 세금을 부과

---

6 삼성그룹의 에버랜드사건이 대표적인 조세회피행위 사례라고 할 수 있는데 학자들은 이 경우를 법규정의 흠결(loophole)을 이용한 행위로 정의한다. 김갑순·정운오·전병욱, 「세법의 허점(loophole)을 이용한 공격적 세무계획과 세금외비용」, 『세무학연구』 제27권 제2호, 한국세무학회, 2010. 6., 190쪽.

할 수 없고, 이렇게 되면 조세회피 시도를 한 납세자의 재산권은 보호받을 수 있다. 그럼에도 불구하고 세계 어느 나라에서나 조세회피행위는 허용 대상이 아니라 규제의 대상이라고 인식하고 있다. 그 이유는 납세자의 조세회피행위에 대해 절세행위처럼 세금을 감면해 주면 조세공평에 치명적인 문제점을 야기하기 때문이다.[7] 결국, 조세회피행위를 하는 소수 납세자의 재산권 보호도 중요하지만 절대 다수 납세자들의 조세제도의 공정성에 대한 신뢰의 훼손이 훨씬 더 큰 문제인 것이다.

2) 다양한 조세회피행위 규제 방법

(1) 의의

조세회피행위가 규제되어야 한다는 점에 대해서는 세계 어느 나라에서나 인식이 동일하다. 다만, 문제는 어떤 방법으로 조세회피행위를 규제할 것인가 하는 점이다. 조세회피행위를 규제하여야 한다고 하지만 규제 방법이 충분치 않은 경우에는 위에서 이미 지적한 것처럼 조세회피행위는 결과적으로 절세행위와 동일하게 취급되어 납세자의 조세 절감 시도는 성공하게 된다.

조세회피행위에 대한 규제 방법을 크게 나누어 보면 기존 법규정의 해석을 통해 규제하는 방법과 새로운 입법을 통해 규제하는 방법이 있다.

(2) 해석을 통한 조세회피행위 규제

해석을 통한 조세회피행위 규제 가능성을 이해하기 위해서는 조세회피행위와 법규범의 상관관계 공식을 이해해야 한다. 이와 관련하여 조세회피행

7 Dongsik Lee, *Methoden zur Verhindeerung der Steuerumgehung und ihr Verhältnis zueinander*, GCA Verlag, 1999, 56 ff.

위는 두 개 유형으로 나누어 설명할 수 있다. 첫째 유형은 납세자가 회피하려는 세법 규정이 있고, 그 규정이 적극적인 과세요건을 규정한 경우이다. 이 규정을 '피회피규범', 즉 회피의 대상이 되는 규범이라고 한다. 이 경우에 납세자가 그 규정에 따른 납세 의무를 '회피'하기 위해서는 피회피규범에 규정된 과세요건을 외형적으로 미실현한 것처럼 거래관계를 구성해야 한다. 이것이 가장 전형적인 형태의 조세회피행위라고 할 수 있다. 둘째 유형은 납세자가 회피하려는 세법 규정이 비과세·감면요건을 규정한 경우이다. 이 경우 납세자가 조세회피행위를 한다는 것은 세법 규정의 구성 요건을 인위적으로 실현한 것처럼 거래관계를 구성해야 한다.

해석을 통한 조세회피행위 규제는 바로 이와 같은 피회피규범의 해석을 의미한다. 조세회피행위는 피회피규범을 문언대로만 해석하면 과세할 수 없는 것이 되고, 목적적 해석을 하면 과세할 수 있게 된다(혹은 비과세·감면을 부인할 수 있게 된다). 실질과세원칙이 목적적 해석을 의미한다고 했으므로 실질과세원칙에 따라 세법 규정을 해석하는 경우에도 조세회피행위를 규제할 수 있게 된다. 물론 이때 실질은 경제적 실질을 의미한다. 조세회피행위는 거래 행위 방식과 경제적 실질이 불일치하는 경우에 해당하기 때문이다.

입법례적으로 보았을 때 이처럼 피회피규범의 탄력적 해석을 통하여 조세회피행위를 잘 규제하는 대표적인 나라는 미국이다.[8] 미국은 영미법계 국가로서 형평법의 정신에 따라 재판이 이루어지는 법체계를 가진 나라이다. 이것이 법원으로 하여금 조세정의의 실현을 위해 적극적으로 세법 규정을 해석해서 조세회피행위를 규제하려고 노력하게 하는 밑바탕이 된 것으로 보인다.

반면, 우리나라의 경우에는 과거 세법 규정의 해석을 가능한 한 문언에 충실하게 하자는 경향이 강하였다. 소위 '엄격해석원칙'이라는 것이 그러한 경

8 이동식, 「미국세법상 실질과세원칙의 의미와 역할」, 『공법연구』 제39집 제4호, 한국공법학회, 2011. 6, 317쪽 이하.

향을 가장 잘 표현한 것이라고 할 수 있다. 실질과세원칙도 대부분 법적 실질로 이해되었다. 최근에 와서는 학설도 그렇고 판결도 경제적 실질설에 입각하는 경우가 많아지고 있다.[9] 이러한 상황에서는 해석을 통한 조세회피행위규제라는 것은 상당히 어렵게 된다.

(3) 입법을 통한 조세회피행위 규제

입법을 통한 조세회피행위 규제는 피회피규범의 해석이 아니라 조세회피행위를 규제하기 위한 새로운 입법을 하고 그 입법을 통해 조세회피행위를 규제하는 것을 말한다.

이러한 입법을 통한 조세회피행위 규제는 다시 개별규정방식(Special Anti-Avoidance Rule)과 일반규정방식(General Anti-Avoidance Rule)이 있다. 후자는 조세회피행위를 규제하기 위한 하나의 일반규정을 입법하고 모든 조세회피행위는 그 규정으로 규제할 수 있도록 하는 방식이다. 반면, 개별규정방식은 특정한 유형의 조세회피행위가 문제될 때마다 입법자는 그 유형의 조세회피행위를 규제하기 위한 특별규정을 입법하고, 그 규정으로 조세회피행위에 대응하는 방식을 말한다. 2003년 12월「상속세 및 증여세법」이 증여세 과세에 있어서 포괄주의로 전환하기 전에 입법해 두었던 개별증여의제규정들이 바로 이러한 개별적 조세회피방지규정이라고 할 수 있다. 일반규정방식보다 개별규정방식이 과세요건의 명확성이라는 측면에서 보면 우수한 방식이지만, 개별규정방식은 특정유형의 조세회피행위만을 규제할 수 있는 것이라서 조세회피행위 규제에 근본적인 한계점을 가지고 있어 조세공평 실현에는 치명적인 약점을 가지고 있다. 조세회피행위는 그 특성상 무한히 새로운 유형의 개발이 가능한 것인데, 입법자가 입법을 통해 특정유형을 규제하면 그 유형이 아닌 다른 유형을 사용하면 되므로 개별규정을 통한 규제

---

9 대법원 2012. 1. 19. 선고 2008두8499 전원합의체 판결 참고.

는 사실상 조세회피행위를 제대로 규제하지 못하는 결과를 초래하게 된다.

이러한 일반규정방식에 의하여 조세회피행위를 규제하는 대표적인 국가는 독일이다. 독일은 1919년 조세통칙법이 처음 제정될 때부터 조세회피행위를 규제하는 일반규정을 입법해 두고 이 규정으로 모든 유형의 조세회피행위에 대응해 오고 있다.[10]

우리나라는 과거 개별규정방식을 통해 조세회피행위를 규제해 오고 있었다. 그런데, 2007년 12월 31일 세법개정으로 국세기본법 제14조 제3항이 신설되었는데, 이 규정의 원래 입법 의도는 조세회피행위 규제를 위한 일반규정을 입법하는 것이었다. 이 규정이 원래 입법 의도대로 작동할 수 있다면 우리나라도 조세회피 방지를 위한 일반규정을 가지고 있는 것으로 평가할 수 있게 된다.

3) 국세기본법 제14조 제3항과 조세회피행위 규제

미국과 독일의 경우를 보더라도 조세회피행위 규제와 실질과세원칙은 매우 밀접한 연관이 있다. 그런데 우리나라는 과거 실질과세원칙에서의 실질을 법적 실질로 이해하였고 그 결과로 조세회피행위 규제에 실질과세원칙이 거의 기능을 하지 못하고 있었다.

이러한 현상을 극복하기 위하여 입법자는 2007년 12월 31일 세법 개정을 통해 국세기본법 제14조 제3항을 신설하였다.[11] 이 조문은 "제3자를 통한 간접적인 방법이나 둘 이상의 행위 또는 거래를 거치는 방법으로 이 법 또는

10 이동식, 「독일의 일반규정을 통한 조세회피행위 방지」, 『공법연구』 제31집 제4호, 한국공법학회, 2003. 5, 345쪽 이하.

11 안경봉·오윤, 「한국의 조세회피방지규정과 일반적 조세회피방지규정 도입방안」, 『조세법연구』 제14-1집, 한국세법학회, 2008. 4., 249쪽.

세법의 혜택을 부당하게 받기 위한 것으로 인정되는 경우에는 그 경제적 실질 내용에 따라 당사자가 직접 거래를 한 것으로 보거나 연속된 하나의 행위 또는 거래를 한 것으로 보아 이 법 또는 세법을 적용한다."라고 규정하고 있는데, 조세회피행위의 개념 징표인 우회행위 혹은 다단계 행위를 언급하며 '경제적 실질'에 따라 과세할 것을 규정하고 있다.

행정청과 법원이 입법자의 입법 의도를 고려하여 이 규정을 조세회피행위 규제에 잘 활용한다면 조세공평성 증진에 큰 도움이 될 것으로 보인다. 이와 관련하여 대법원은 최근 주목할 만한 판결을 한 바 있다(대법원 2012. 1. 19. 선고 2008두8499 전원합의체 판결). 이 판결에서 대법원은 경제적 실질에 따라 주식의 귀속을 인정하여 지방세법상 과점주주 간주취득과세를 한 행정청의 처분을 정당하다고 판단하였다. 이러한 다수의견에 대해 이 판결에서는 법적 실질설에 기초한 소수의견이 제시되었다.

대법원 2012. 1. 19. 선고 2008두8499 전원합의체 판결[12]

【사실관계】

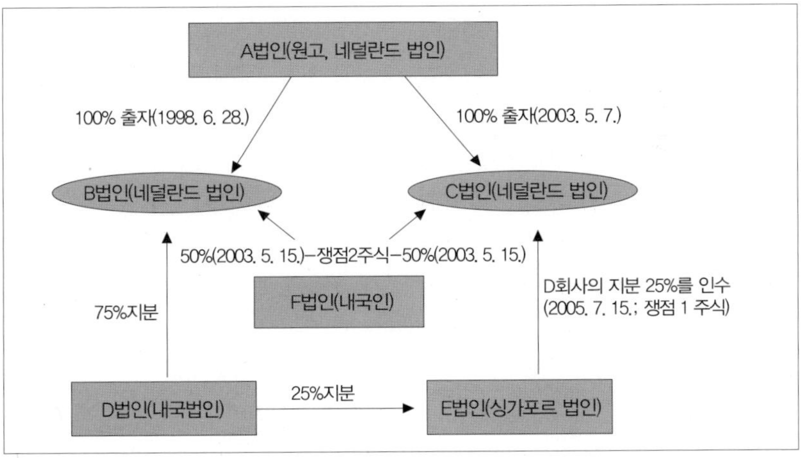

12 안경봉·이동식, 「명목회사를 이용한 조세회피시도와 실질과세원칙」, 『국세』 2012. 6., 41~50쪽. 이 판결에 대한 평석 참고.

【법원판단】

[1] [다수의견] (가) 구 국세기본법(2007. 12. 31. 법률 제8830호로 개정되기 전의 것, 이하 같다) 제14조 제1항, 제2항이 천명하고 있는 실질과세의 원칙은 헌법상의 기본이념인 평등의 원칙을 조세법률관계에 구현하기 위한 실천적 원리로서, 조세의 부담을 회피할 목적으로 과세요건사실에 관하여 실질과 괴리되는 비합리적인 형식이나 외관을 취하는 경우에 그 형식이나 외관에 불구하고 실질에 따라 담세력이 있는 곳에 과세함으로써 부당한 조세회피행위를 규제하고 과세의 형평을 제고하여 조세정의를 실현하고자 하는 데 주된 목적이 있다. 이는 조세법의 기본원리인 조세법률주의와 대립관계에 있는 것이 아니라 조세법규를 다양하게 변화하는 경제생활관계에 적용함에 있어 예측가능성과 법적 안정성이 훼손되지 않는 범위 내에서 합목적적이고 탄력적으로 해석함으로써 조세법률주의의 형해화를 막고 실효성을 확보한다는 점에서 조세법률주의와 상호보완적이고 불가분적인 관계에 있다고 할 것이다.

(나) 실질과세의 원칙 중 구 국세기본법 제14조 제1항이 규정하고 있는 실질귀속자 과세의 원칙은 소득이나 수익, 재산, 거래 등의 과세대상에 관하여 귀속 명의와 달리 실질적으로 귀속되는 자가 따로 있는 경우에는 형식이나 외관을 이유로 귀속 명의자를 납세의무자로 삼을 것이 아니라 실질적으로 귀속되는 자를 납세의무자로 삼겠다는 것이고, 이러한 원칙은 구 지방세법(2005. 12. 31. 법률 제7843호로 개정되기 전의 것, 이하 같다) 제82조에 의하여 지방세에 관한 법률관계에도 준용된다. 따라서 구 지방세법 제105조 제6항을 적용함에 있어서도, 당해 주식이나 지분의 귀속 명의자는 이를 지배·관리할 능력이 없고 명의자에 대한 지배권 등을 통하여 실질적으로 이를 지배·관리하는 자가 따로 있으며, 그와 같은 명의와 실질의 괴리가 위 규정의 적용을 회피할 목적에서 비롯된 경우에는, 당해 주식이나 지분은 실질적으로 이를 지배·관리하는 자에게 귀속된 것으로 보아 그를 납세의무자로 삼아야 할 것이다. 그리고 그 경우에 해당하는지는 당해 주식이나 지분의 취득 경위와 목적, 취득자금의 출처, 그 관리와 처분과정, 귀속명의자의 능력과 그에 대한 지배관계 등 제반 사정을 종합적으로 고려하여 판단하여야 한다.

[대법관 전수안, 대법관 이상훈의 반대의견] (가) 실질과세의 원칙은 조세공평의 원칙을 실현하기 위한 조세법의 기본원리로서 과세권의 행사가 실질적인 사실관계에 반하여 이루어지는 경우 이를 배제함으로써 납세자의 권리를 보호하는 긍정

적인 측면이 있지만, 반대로 과세권의 남용을 정당화하는 도구가 되어 납세자의 재산권을 침해함으로써 과세요건 법정주의와 명확주의를 핵심으로 하는 조세법률주의와 충돌할 염려가 있다.

(나) 납세의무자로서는 조세법률주의의 토대 위에서 조세의 부담을 제거하거나 완화하는 거래방법을 선택할 수 있으며, 그것이 가장행위나 위법한 거래로 평가되지 않는 한 납세의무자의 권리로서 존중되어야 한다. 그럼에도 본질적으로 불확정개념인 실질과세의 원칙을 내세워 납세의무자가 선택한 거래형식을 함부로 부인하고 법 문언에 표현된 과세요건의 일반적 의미를 일탈하여 그 적용 범위를 넓히게 되면 조세법률주의가 형해화되어 이를 통해 실현하고자 하는 법적 안정성과 예측가능성이 무너지게 된다. 나아가 조세포탈죄 등의 구성요건 해당성이 과세관청의 자의에 의하여 좌우될 수 있어 죄형법정주의의 근간이 흔들릴 수도 있다. 이러한 견지에서 대법원은 부동산 취득세에 관하여, 부동산 소유권의 이전이라는 외형 자체를 포착하여 거기에 담세력을 인정하고 부과하는 유통세일 뿐 부동산의 취득자가 이를 사용·수익·처분함으로써 얻는 이익을 포착하여 부과하는 것이 아닌 점을 고려하여, 부동산 취득자가 실질적으로 완전한 내용의 소유권을 취득하는지와 관계없이 소유권 이전의 형식에 의한 부동산 취득의 경우를 과세대상으로 삼는 것으로 해석함으로써 소유권 이전의 형식을 중시하여 왔으므로, 이러한 부동산 취득세에 의제적 성격까지 보태어 납세의무자의 범위를 넓힌 구 지방세법 제105조 제6항의 부동산 등 간주취득세에 관하여는 더욱 당사자가 선택하여 취한 거래형식을 존중하여야 하며, 실질과세의 원칙을 이유로 함부로 납세의무자의 범위를 확장하거나 그 거래형식을 부인할 일이 아니다.

[2] 모회사 갑 외국법인이 100% 지분을 소유하고 있는 자회사들인 을 외국법인과 병 외국법인이 정 내국법인의 지분 50%씩을 취득하고, 을 회사가 75% 지분을 소유하고 있는 무 내국법인의 나머지 지분 25%를 병 회사가 취득하자, 관할 행정청이 갑 회사를 정 및 무 회사의 과점주주로 보고 갑 회사에 대하여 구 지방세법(2005. 12. 31. 법률 제7843호로 개정되기 전의 것, 이하 같다) 제105조 제6항에 따라 취득세 등 부과처분을 한 사안에서, 자회사들의 설립목적과 그에 대한 갑 회사의 지배관계 및 지배의 정도, 정 및 무 회사 주식의 취득 경위와 목적 등을 심리하여 실질적인 귀속관계를 밝히고 그에 따라 갑 회사에 구 지방세법 제105조 제6항에 따른 취득세 납부의무가 있는지를 판단하였어야 함에도, 이러한 조치 없이 주식 등을 취

득한 형식과 외관에만 치중하여 갑 회사에 취득세 납부의무가 없다고 단정한 원심 판결에 실질과세의 원칙에 관한 법리오해 등의 위법이 있다고 한 사례.

4. 탈세행위의 방지

1) 탈세행위 적발 방법의 다양화

납세자가 세법적으로 용인되지 않는 방법으로 조세 감면을 시도하는 행위 가운데 조세회피행위보다 탈세행위는 사회적 비난 가능성이 훨씬 높다.

우리나라는 「조세범처벌법」에서 탈세행위에 대한 구성요건과 형벌요건을 규정하고 있다. 가장 대표적인 것이 동법 제3조의 조세포탈범에 관한 규정이다.

> 조세범처벌법 제3조(조세 포탈 등) ① 사기나 그 밖의 부정한 행위로써 조세를 포탈하거나 조세의 환급·공제를 받은 자는 2년 이하의 징역 또는 포탈세액, 환급·공제받은 세액(이하 "포탈세액등"이라 한다)의 2배 이하에 상당하는 벌금에 처한다. 다만, 다음 각 호의 어느 하나에 해당하는 경우에는 3년 이하의 징역 또는 포탈세액등의 3배 이하에 상당하는 벌금에 처한다.
> 1. 포탈세액등이 3억 원 이상이고, 그 포탈세액등이 신고·납부하여야 할 세액(납세의무자의 신고에 따라 정부가 부과·징수하는 조세의 경우에는 결정·고지하여야 할 세액을 말한다)의 100분의 30 이상인 경우
> 2. 포탈세액등이 5억 원 이상인 경우(이하 생략)

이러한 탈세행위가 제대로 처벌되지 않고서는 공평한 세금 납부, 조세정의의 실현은 요원하다고 할 것이다.

조세회피행위와 달리 탈세행위의 경우에는 탈세행위방지 방법이 특별히

문제가 되지는 않는다. 탈세행위의 경우에는 탈세 사실의 적발이 중요하다고 할 것이다. 탈세 사실이 적발되면 그에 대한 세금 추징과 처벌 절차는 법률에 근거하여 별 이론적 문제없이 진행될 수 있다.

세무당국 입장에서는 탈세 사실을 어떻게 효율적으로 적발해 낼 것인가 하는 점에 관심을 두어야 한다. 탈세 사실을 적발하는 가장 대표적인 방법 가운데 하나는 세무조사이다. 세무조사의 빈도를 높이고, 세무조사 인력의 조사 능력을 강화하는 방안 등은 탈세 사실을 좀 더 잘 적발해 내기 위해 필요한 조치들이다. 그러나 세무조사를 강화하여 탈세 사실을 적발하는 것도 한계가 있으므로 내부자의 제보를 통해 탈세 사실을 적발하도록 제도를 정비하는 것이 필요하다고 본다.

그래서 최근 입법자는 탈세 사실을 신고한 자에 대한 신고포상금제도를 강화하여 탈세 사실 적발을 늘리고 있다.

> 국세기본법 제84조의2(포상금의 지급) ① 국세청장은 다음 각 호의 어느 하나에 해당하는 자에게는 20억 원(제1호에 해당하는 자에게는 30억 원으로 한다)의 범위에서 포상금을 지급할 수 있다. 다만, 탈루세액, 부당하게 환급·공제받은 세액, 은닉재산의 신고를 통하여 징수된 금액 또는 해외금융계좌 신고의무 불이행에 따른 과태료가 대통령령으로 정하는 금액 미만인 경우 또는 공무원이 그 직무와 관련하여 자료를 제공하거나 은닉재산을 신고한 경우에는 포상금을 지급하지 아니한다.
>
> 1. 조세를 탈루한 자에 대한 탈루세액 또는 부당하게 환급·공제받은 세액을 산정하는 데 중요한 자료를 제공한 자
>
> 2. 체납자의 은닉재산을 신고한 자
>
> 3. 다음 각 목의 어느 하나에 해당하는 경우로서 해당 각 목의 행위를 한 신용카드가맹점(「여신전문금융업법」에 따른 신용카드가맹점으로서 「소득세법」 제162조의2제1항 및 「법인세법」 제117조제1항에 따라 가입한 신용카드가맹점을 말한다)을 신고한 자. 다만, 신용카드(신용카드와 유사한 것으로서 대통령령으로 정하는 것을 포함한다. 이하 이 조에서 같다) 결제 대상 거래금액이 5천 원 미만인 경우는 제외한다.
>
> 가. 신용카드로 결제할 것을 요청하였으나 이를 거부하는 경우

나. 신용카드매출전표(신용카드매출전표와 유사한 것으로서 대통령령으로 정하는 것을 포함한다)를 사실과 다르게 발급하는 경우로서 대통령령으로 정하는 경우

4. 다음 각 목의 어느 하나에 해당하는 경우로서 해당 각 목의 행위를 한 현금영수증 가맹점(「조세특례제한법」 제126조의3제1항에 따른 현금영수증가맹점을 말한다)을 신고한 자. 다만, 「조세특례제한법」 제126조의3제4항에 따른 현금영수증(이하 "현금영수증"이라 한다) 발급 대상 거래금액이 5천 원 미만인 경우는 제외한다.

가. 현금영수증의 발급을 거부하는 경우

나. 현금영수증을 사실과 다르게 발급하는 경우로서 대통령령으로 정하는 경우

4의2. 「소득세법」 제162조의3제4항 또는 「법인세법」 제117조의2제4항에 따른 현금영수증 발급의무를 위반한 자를 신고한 자

5. 타인의 명의를 사용하여 사업을 경영하는 자를 신고한 자

6. 「국제조세조정에 관한 법률」 제34조에 따른 해외금융계좌 신고의무 위반행위를 적발하는 데 중요한 자료를 제공한 자

7. 타인 명의로 되어 있는 다음 각 목의 어느 하나에 해당하는 사업자의 「금융실명거래 및 비밀보장에 관한 법률」 제2조제2호에 따른 금융자산을 신고한 자

가. 법인

나. 「소득세법」 제160조제3항에 따른 복식부기 의무자

2) 탈세행위에 대한 처벌 절차[13]

(1) 의의

우리나라에서 조세범 처벌에 대한 절차는 「조세범처벌절차법」에서 규정하고 있다. 이 법은 특별형사소송법이라고 할 수 있다. 이 법에 따르면 세무공무원은 조사를 하여 혐의가 확인되면 통고처분 또는 고발을 할 수 있도록 되

13 이 소제목 아래 본문은 본인의 저서 해당 부분(이동식, 『일반조세법』, 준커뮤니케이션즈, 2013, 579~580쪽)을 발췌한 것임을 밝혀 둔다.

어 있고, 혐의 미확인 시에는 무혐의통지처분(압류한 것이 있을 때는 해제처분)을 하도록 하고 있다.

(2) 통고처분

국세청장·지방국세청장 또는 세무서장은 범칙사건을 조사하여 범칙의 심증(心證)을 갖게 되었을 때에는 그 이유를 명시하여 벌금 또는 과료(科料)에 해당하는 금액, 몰수 또는 몰취(沒取)에 해당하는 물품, 추징금에 해당하는 금액, 서류의 송달 비용 및 압수 물건의 운반·보관 비용을 지정한 장소에 납부할 것을 통고하여야 한다. 이것을 흔히 통고처분이라고 한다. 통고처분을 받은 납세자는 통고처분을 받은 날로부터 15일 이내에 통고처분에 기재된 액수를 자진 납부하여야 한다. 만약 그 기간 중에 납부하지 않으면 통고처분을 한 행정청은 납세자를 고발해야 한다. 이렇게 고발을 하면 정식 형사소추 절차가 진행된다.

국세청장·지방국세청장 또는 세무서장은 범칙자가 통고대로 이행할 자력(資力)이 없다고 인정될 때에는 통고처분을 하지 않고 바로 고발하여야 한다.

범칙자가 통고대로 이행하였을 때에는 동일한 사건에 대하여 소추받지 아니한다. 또한 통고처분이 있는 때에는 공소시효가 중단된다.

(3) 고발

조세범칙 사건은 국세공무원의 고발에 의하여 비로소 일반 형사사건으로 다루어지게 된다. 단, 조세포탈범에 대해 「특정범죄가중처벌등에관한법률」이 적용되는 경우에는 공소의 제기에 고발을 요하지 않는다.

국세공무원이 납세자를 조세범처벌법 위반을 이유로 형사기관에 고발하기 위해서는 원칙적으로 통고처분을 하고, 납세자가 그 통고처분에 따른 금액을 납부하지 않는 경우이어야 한다. 그런데 예외적으로 통고처분 없이 고발할 수 있는 경우(즉시고발)가 있다. 즉시고발은 다시 필요적 즉시고발과 임의적 즉시고발로 나누어진다. 필요적 즉시고발은 일정한 요건이 갖추어지는 경우 과세 행정청이 의무적으로 즉시고발을 하여야 하는 경우이다. 조세범처벌절차법 제9조 제2항과 제3항에서 이에 대해 규정하고 있다. 이와 달리 임의적 즉시고발은 일정한 요건이 갖추어진 경우 과세 행정청은 즉시고발할 수도 있고, 통고처분 절차를 통한 통상적인 처벌 절차를 선택할 수도 있다. 조세범처벌절차법 제8조가 이에 해당한다.

5. 조세회피행위·탈세행위 방지 제도와 조세정의

사람들은 누구나 세금을 적게 내려고 다양한 시도를 한다. 이러한 납세자의 시도가 모두 나쁜 것은 아니다. 오히려 합리적인 경제인으로서의 납세자를 가정한다면 이는 자연스러운 행동이다. 하지만 이러한 납세자의 행동은 법률이 허용하는 범위 내에서 이루어져야 하는 것은 너무나 당연하다. 세법이라는 것이 결국 세금을 공평하게 배분하기 위한 룰을 만들어 주는 것이라고 할 때 그러한 세법 규정을 회피하거나 일탈하여 세금을 납부하지 않는 행위가 적절히 제재되지 못한다면 이는 조세공평의 침해를 의미하며 결국은 조세정의에 반하는 것이 된다. 직접적인 대가 없이 납부할 것을 요구받는 세금의 경우에 이처럼 주위의 사람들이 세금을 회피하거나 탈세를 함에도 국가가 제대로 적발도 하지 못하고 그래서 세금 추징을 제대로 하지 못하게 되면 세금을 자발적으로 잘 납부하고 있던 선량한 납세자들로 하여금 세금에 대한 잘못된 인식을 심어줄 수 있게 된다. 바로 이러한 점이 조세정의의 실현을 위해 과세당국이 조세회피행위와 탈세행위를 '적절히' 제재해 주어야 하는 이유이다.

우리나라의 조세회피행위규제제도와 탈세행위방지제도는 과거에 비해 많은 개선이 이루어졌지만 여전히 적지 않은 부분에서 부족한 부분이 있다. 이러한 것들에 대해서는 앞으로도 지속적인 개선 노력을 해야 한다. 우선 조세회피행위와 관련해서는 법원(法院)의 자세 전환이 시급하다. 물론 조세회피행위를 방지하기 위해서는 납세자들이 회피를 하지 못하도록 세법 규정을 잘 입법하는 것이 무엇보다 중요하다. 하지만 현실적으로 조세회피행위를 완벽하게 방지할 수 있는 형태로 세법을 입법하는 것은 불가능에 가깝다. 그렇다면 그 다음으로 기존의 세법 규정을 잘 해석해서 다양한 형태의 조세회피 시도에 대해 적절하게 대응하는 것이 중요하다. 조세회피행위를 방지하는 것과 관련하여 해당 행위를 방지하기 위한 별도의 규정을 제정하라고 주장하는 것은[14] 조세회피행위를 폭넓게 허용해야 한다는 주장과 '결과적으로' 맥을 같이할 수 있다. 조세회피행위를 효율적으로 방지하기 위해서는 세법 규정의 탄력적 해석이 중요하다.[15] 그런데 우리 대법원은 소위 엄격해석원칙이라는 것을 세법해석의 원칙으로 이해하고 있는 결과 세법해석이 문언에 과도하게 구속되어 탄력적인 해석을 못하는 경우가 있다. 엄격해석을 통해 '납세자의 재산권'을 보호해야 한다는 생각 자체가 잘못된 것은 아니다. 그러나 그러한 방식의 세법해석이 보호하는 것이 어떤 '납세자'인지를 생각해 보아야 한다. 엄격해석원칙은 결국 조세회피행위를 하는 자에게 유리한 결과를 만들어 낼 수 있는 가능성이 있다.[16] 대신 이러한 해석 방법은 법대로 세

---

14 물론 현행법의 통상적인 해석에 의해 해결할 수 없는 영역에 문제의 행위가 위치하고 있는 경우에는 새로운 입법을 통한 규제밖에 방법이 없을 것이다. 문제는 세법의 해석이 '일반적인 법해석이론이 허용하는 범주 내에서' 충분히 탄력적으로 이루어졌는가 하는 부분이다. 과거 우리나라의 세법해석은 민상법의 법리에 과도하게 구속된(예: 차용개념에 대한 독자적 해석의 부인) 측면이 있었다.

15 이동식, 『일반조세법』, 준커뮤니케이션즈, 2015, 246쪽 이하.

16 물론 전제조건은 엄격해석의 결과가 통상적으로 허용되는 세법해석의 결과와 다르며 전자에 따를 경우에는 과세를 하지 못하지만 후자에 따를 때는 과세가 가능하다는 것이다. 법원이 엄격해석원칙을 적용하는 사례 가운데 대부분의 경우에는 이러한 전제조건을 충족하지 않은 것이므로 문제가 없다.

금을 납부하는 일반납세자에게는 회피자의 세금까지 납부하게 하는 결과를 만들어 낼 수 있다. 법원은 개별적 조세 사례에 외형적으로 등장하는 이해 충돌(소송을 제기한 납세자와 과세당국)만 바라볼 것이 아니라 그 이면에 숨어 있는 이해 충돌(소송을 제기하지 않은 선량한 납세자와 소송 제기자와의 세금을 둘러싼 이해관계)도 함께 고민을 해야 한다. 세금 문제는 고무풍선 같아서 한쪽에서 눌러 그쪽이 낮아지면 다른 쪽은 저절로 올라가게 됨을 유념해야 한다. 물론 탄력적 해석이라고 하지만 이것이 일반적인 법해석의 범주를 벗어나는 해석을 요구하는 것은 아니다. 법규정의 문언을 그 취지와 목적을 고려해서 합리적으로 해석해야 함을 강조하는 것이다.

탈세행위 제재와 관련해서는 세무조사제도가 중요한데 과연 지금까지의 세무조사 방법이 탈세행위를 적발하는 데 적절했는지를 고민해 보아야 한다. 과거 우리나라는 권력자들이 세무조사제도를 자신의 권력을 유지하기 위한 수단으로 사용하고 국세청의 일부 고위 공무원 가운데에는 자신의 출세를 위해 그러한 권력자의 의도대로 세무행정을 한 경우도 있었다. 이러한 것이 원인이 되어 납세자들에게는 세무조사라는 것이 상당히 잘못 인식되어 있는 측면이 있다. 권력자들이 세무조사를 자신들의 개인적 욕구를 위한 수단으로 사용하는 것은 오늘날은 현실화되기 어렵지만 세무조사 대상자의 선발, 진행 등이 좀 더 합리성과 투명성을 확보할 수 있도록 노력해야 할 필요는 있다. 현재 이러한 과정에 세무 전문가인 외부인을 참여시키는 제도는 많이 마련되어 있는데 그 이외에 일반납세자들이 참여할 수 있는 제도도 생각해 볼 필요가 있다. 조세 전문가가 아닌 일반납세자가 납득할 수 있는 방식으로 세무조사제도가 운영되어야 그러한 세무조사를 받는 보통의 납세자들이 제도에 대해 신뢰를 보낼 수 있을 것이기 때문이다. 또한 적발 위주의 세무조사를 교육 위주의 세무조사로 전환하는 방안도 생각해 보아야 한다. 예컨대 납세자들이 국세청에 자발적으로 세무조사를 신청하고 그 결과 세무조사 과정에서 조세법의 위법 사실이 발견된 경우에는 그것이 악의적이었다고 판단되거나 금액이 과도한 경우가 아니라면 조사 결과에 따른 부과 처분을 하지 않고 대신 어느 부분에서 왜 세법에 위반된 결과가 발생하였는지를 납세자가 이해할 수 있도록 설명하고, 또 앞으로 동일한 문제가 발생하지 않도록 하기 위해서는 어떤 조치가 필요한지를 상담해 주는 식으로 조사를 진행하는 것도 제도화해 볼 필요가 있다. 우리나라의 세법은 체계적이지 못한 부분이 있어서 수십 년 국세 공무원으로 근무한 사람마저도 과세 문제가 발생하였을 때 명쾌하게 답을 주지 못하는 경우가 빈번한데[17] 일반 납세자들로 하여금 모든 거래를 세법에 따라 완벽하게 처리할 것을 요구하는 방식의 현행 세무조사는 과도한 측면이 있다. 또한, 이와 관련하여 세무조사의 빈도도 중요하다. 현재처럼 극소수의 납세자만이 세무조사 대상자로 선정되고 그렇게 해서 세무조사 대상자로 선정된 사람에 대해서는 엄격한 잣대를 가지고 세무조사를 진행하여 많은 세금을 추징하면 조사대상자로 선정된 납세자는 자신이 억울하게 세금을 내게 된 것으로 오해할 수 있는 여지가 크다. 많은 이들이 자신과 비슷하게 회계 처리를 하는데 그들은 문제가 없고 자신만 세무조사를 받아 큰 금액의 세금을 납부하게 되었기 때문이다. 또한 탈세행위 방지를 위해서는 일시적인 세무조사보다는 탈세가 불가능하도록 조밀한 과세 인프라를 구축하는 것이 더 중요할 수 있다. 국세청이 당장의 세금을 징수하는 데에만 급급할 것이 아니라 선진적인 과세 인프라를 구축하는 데에도 지속적으로 관심을 가져야 한다. 과거 우리나라의 국세청은 이 부분에 소홀한 면이 있었다.

17 고 노무현 대통령 시절에는 청와대비서실마저도 당시의 세법을 제대로 알지 못해(직계존속의 직계비속에 대한 증여 시 증여재산공제 방법이 문제된 경우였음) 몇 번의 보도자료를 통해 수정한 바도 있다.

제9장 | 세무조사제도와 조세정의

1. 세무조사의 의의와 기능

세무조사라 함은 과세당국이 세금의 부과 징수를 위하여, 강제징수 절차를 진행하기 위하여 또는 체납자의 재산을 찾아내기 위하여 행하는 질문행위, 장부·서류 또는 그 밖의 물건을 검사·조사하거나 그것의 제출을 명하는 행위를 말한다.[1]

조세정의의 실현을 위하여 세무조사는 매우 중요한 제도이다. 납세자들은 자신의 세부담을 줄이기 위하여 절세, 조세회피행위 그리고 심지어는 탈세행위도 행하고 있다. 국가는 이처럼 본질적으로 이기적인 납세자들이 납부의무를 성실하게 이행하고 있는지를 검증하고, 조세회피행위와 탈세행위를 적발하여 미납 세액을 추징하고, 신고 행위 등 납세자의 협조 의무의 적절한 수행을 검증하여야 할 필요가 있다.[2] 이를 위해 필요한 것이 세무조사이다.

그래서 세무조사는 세법 규정의 정의로운 집행을 통해 조세정의를 실현하는 기능을 기본적으로 가지고 있다.[3] 특히, 우리나라처럼 대부분의 세목들이

1 국세기본법 제81조의2 제2항 제1호.

2 정진오·정지선, 「공평과세를 위한 세무조사제도 개선방안」, 『조세법연구』 제15집 제1권, 한국세법학회, 2009. 4., 47쪽.

3 BFH BStBl. 1992, 220, 221; 구재이, 「납세자권익 보장과 적정절차 확보를 위한 세무조사의 법제화방안」, 『조세연구』 제2집, 한국조세연구포럼, 2002. 8., 5쪽.

신고주의 방식으로 운영되고 있는 나라에서 납세자들의 과세표준 및 세액신고가 적정하였는지를 검증해 주는 세무조사는 법률의 실효성 확보를 위해서도 반드시 이루어져야 하는 절차라고 할 것이다.

세무조사는 보통 일반세무조사와 조세범칙조사로 나눈다. 후자는 조세범으로의 처벌을 위한 조사이고, 전자는 그 외의 세무조사, 즉 조세범 처벌이 아니라 과세 사실을 적발하여 적정한 세금 납부가 이루어졌는지를 검증하고 필요할 경우 부족 세액을 추징하기 위한 목적으로 하는 세무조사를 말한다.

2. 세무조사에 대한 법적 규율

세무조사는 기본적으로 납세자의 동의를 전제로 하는 행위이다. 납세자가 거부하는 경우에, 그 조사가 영장을 기초로 하는 조사가 아닌 한, 세무조사 요원들은 세무조사를 물리적으로 강행할 수 없다. 그런 측면에서 본다면 세무조사는 반드시 법적 근거가 필요한 것은 아닌 행위로 이해할 수 있다.

하지만, 현실적으로 납세자들은 세무공무원의 세무조사를 일반경찰관의 범죄조사보다도 더 두려워하는 것이 현실이므로,[4] 세무조사도 법적 근거에 기초하여 투명하게 진행하는 것이 중요하다고 할 것이다. 현재 세무조사의 경우에 세무조사를 실시할 수 있다는 법적 근거는 소득세법 등 개별세법에서 '질문·조사'라는 표제로 규정하고 있다.

소득세법 제170조(질문·조사) 소득세에 관한 사무에 종사하는 공무원은 그 직무 수

4 일반범죄조사의 경우에는 납세자가 죄를 짓지만 않았다면 두려워할 이유가 없지만, 세무조사의 경우에는 복잡한 세법 규정의 적정한 준수를 검증하는 것이 되다 보니 아무리 완벽하게 세무기장 등을 한 납세자라고 하더라도 긴장하지 않을 수 없는 것이다.

행상 필요한 경우에는 다음 각 호의 어느 하나에 해당하는 자에 대하여 질문을 하거나 해당 장부·서류 또는 그 밖의 물건을 조사하거나 그 제출을 명할 수 있다.

1. 납세의무자 또는 납세의무가 있다고 인정되는 자
2. 원천징수의무자
3. 납세조합
4. 지급명세서 제출의무자
5. 제156조 및 제156조의3부터 제156조의6까지의 규정에 따른 원천징수의무자
6. 「국세기본법」 제82조에 따른 납세관리인
7. 제1호에서 규정하는 자와 거래가 있다고 인정되는 자
8. 납세의무자가 조직한 동업조합과 이에 준하는 단체
9. 기부금영수증을 발급하는 자

그리고 세무조사를 진행하는 절차 등 세무조사에 대한 세부적인 규율들은 국세기본법 제7장의2에서 규정하고 있다. 그 외에도 '조사사무처리규정'이라는 국세청 훈령에서 세무조사 실시에 필요한 세부적인 규정들을 마련해 두고 있다.

3. 세무조사의 실태

세무조사는 그 조사 과정과 결과에 있어서 납세자들의 권익이 침해된다는 부정적인 측면을 가지고 있다. 이 점을 고려하면 가능한 한 세무조사를 실시하지 않는 것이 좋을 듯하다. 하지만, 세무조사는 긍정적 측면 내지는 불가피한 측면을 갖고 있다. 즉, 세무조사를 실시하면 조세정의와 조세공평의 구현에 이바지하게 된다는 점이다. 이 점에 주목하면 세무조사제도 자체의 정당성도 인정될 수 있고, 동시에 적정한 비율의 세무조사를 바람직한 것으로

볼 수 있게 된다.

우리나라의 세무조사 비율은 일반세무조사의 경우에는 개인사업자는 2003년에는 0.22%였는데, 2010년에는 0.10%, 법인사업자의 경우에는 2003년에 1.43%, 2010년에는 1.00%였다. 다음의 표를 통해 알 수 있는 바와 같이 전체적으로 일반세무조사의 비율이 낮아지고 있는 것을 알 수 있다.

		2003	2004	2005	2006	2007	2008	2009	2010
대상인원 (천 명)	개인사업자	2,010	2,115	2,236	2,279	2,736	3,074	3,584	3,570
	법인	317	330	342	361	372	393	416	440
조사인원(명)	개인사업자	4,522	4,370	3,989	4,049	4,090	3,335	3,068	3,624
	법인	4,536	5,683	6,343	5,545	4,174	2,974	3,867	4,430
부과세액 (억 원)	개인사업자	2,026	2,118	2,298	4,563	5,775	4,245	4,771	5,175
	법인	23,495	31,409	30,158	27,993	39,363	26,590	20,735	35,501
조사비율(%)	개인사업자	0.22	0.21	0.18	0.18	0.15	0.11	0.09	0.10
	법인	1.43	1.72	1.86	1.54	1.12	0.76	0.93	1.00

표 10 개인사업자 및 법인에 대한 일반세무조사 통계

* 출처: 나라지표(www.index.go.kr)

조세범칙조사는 2003년에 172건, 2010년에는 443건이었다. 일반세무조사와 달리 조세범칙조사 건수가 꾸준히 증가하는 추세이다.

(단위: 억 원)

		2003	2004	2005	2006	2007	2008	2009	2010
부과세액		3,969	10,262	9,045	5,299	8,327	8,002	7,008	10,800
조사	조사건수	172	347	327	399	554	565	383	443
	범칙처분	170	336	316	369	530	536	347	421
	- 고발	164	308	277	328	434	468	301	369
	- 통고처분	6	28	39	41	96	68	46	52
	무혐의	2	11	11	30	24	29	36	22

표 11 개인사업자 및 법인에 대한 조세범칙조사 통계

* 출처: 나라지표(www.index.go.kr)

4. 세무조사의 대상자 선정 방법

조세정의의 실현을 위하여 세무조사가 필요하지만, 실제 조사대상자로서는 본인이 왜 대상자가 되었는지에 대한 불만과 불안이 존재하게 된다. 특히, 우리나라는 과거 세무조사를 정치적 목적으로 악용한 경험도 있기에 조사 대상자의 선정이 투명하고 객관적으로 이루어지는 것이 중요하다. 그래서 국세기본법은 제81조의6에서 조사 대상자 선정 방법을 객관적으로 규정하고 있다. 제2항은 정기조사, 제3항은 수시조사의 대상자 선정 기준이다.

> 국세기본법 제81조의6(세무조사 관할 및 대상자 선정) ① 세무조사는 납세지 관할 세무서장 또는 지방국세청장이 수행한다. 다만, 납세자의 주된 사업장 등이 납세지와 관할을 달리하거나 납세지 관할 세무서장 또는 지방국세청장이 세무조사를 수행하는 것이 부적절한 경우 등 대통령령으로 정하는 사유에 해당하는 경우에는 국세청장(같은 지방국세청 소관 세무서 관할 조정의 경우에는 지방국세청장)이 그 관할을 조정할 수 있다.
> ② 세무공무원은 다음 각 호의 어느 하나에 해당하는 경우에 정기적으로 신고의 적정성을 검증하기 위하여 대상을 선정(이하 "정기선정"이라 한다)하여 세무조사를 할 수 있다. 이 경우 세무공무원은 객관적 기준에 따라 공정하게 그 대상을 선정하여야 한다.
> 1. 국세청장이 납세자의 신고 내용에 대하여 정기적으로 성실도를 분석한 결과 불성실 혐의가 있다고 인정하는 경우
> 2. 최근 4과세기간 이상 같은 세목의 세무조사를 받지 아니한 납세자에 대하여 업종, 규모, 경제력 집중 등을 고려하여 대통령령으로 정하는 바에 따라 신고 내용이 적정한지를 검증할 필요가 있는 경우
> 3. 무작위추출방식으로 표본조사를 하려는 경우
>
> ③ 세무공무원은 제2항에 따른 정기선정에 의한 조사 외에 다음 각 호의 어느 하나에 해당하는 경우에는 세무조사를 할 수 있다.
> 1. 납세자가 세법에서 정하는 신고, 성실신고확인서의 제출, 세금계산서 또는 계산서의 작성·교부·제출, 지급명세서의 작성·제출 등의 납세협력의무를 이행하지 아니한 경우
> 2. 무자료거래, 위장·가공거래 등 거래 내용이 사실과 다른 혐의가 있는 경우

3. 납세자에 대한 구체적인 탈세 제보가 있는 경우
4. 신고 내용에 탈루나 오류의 혐의를 인정할 만한 명백한 자료가 있는 경우
④ 세무공무원은 과세관청의 조사결정에 의하여 과세표준과 세액이 확정되는 세목의 경우 과세표준과 세액을 결정하기 위하여 세무조사를 할 수 있다.
⑤ 세무공무원은 다음 각 호의 요건을 모두 충족하는 자에 대해서는 제2항에 따른 세무조사를 하지 아니할 수 있다. 다만, 객관적인 증거자료에 의하여 과소 신고한 것이 명백한 경우에는 그러하지 아니하다.
1. 업종별 수입금액이 대통령령으로 정하는 금액 이하인 사업자
2. 장부 기록 등이 대통령령으로 정하는 요건을 충족하는 사업자

현재 우리나라처럼 세무조사 비율이 높지 않고 또 대부분의 세무조사가 세금추징 자체를 목적으로 실시되고 있는 현실에서 납세자로서는 자신이 세무조사 대상자로 선정되었다는 것은 매우 중요한 의미를 가진다. 법률은 위에서 소개한 바와 같이 세무조사 대상자 선정 요건을 명시적으로 규정해 두고 있지만 현실로는 과세당국이 그러한 사유를 명확하게 소명하지 않은 채 세무조사를 개시하는 경우도 있었다. 최근 대법원은 법률에 규정한 세무조사 대상자 선정 사유를 갖추지 않은 상태에서 실시한 세무조사는 위법하며 그러한 위법은 세무조사에 기초한 부과처분의 위법이 된다고 판시한 바 있다. 납세자의 권리구제와 세무조사 대상자 선정 사유를 법정화한 취지를 고려한 중요한 판결이라고 할 것이다.

대법원 2014. 06. 26. 선고 2012두911 판결
또한 구 국세기본법 제81조의5가 정한 세무조사 대상 선정 사유가 없음에도 세무조사 대상으로 선정하여 과세자료를 수집하고 그에 기하여 과세처분을 하는 것은 적법절차의 원칙을 어기고 구 국세기본법 제81조의5와 제81조의3 제1항을 위반한 것으로서 특별한 사정이 없는 한 과세처분은 위법하다.

5. 세무조사의 절차와 기간

국세기본법 제81조의6에 의거하여 객관적으로 조사대상자가 선정되었을 때 그 납세자를 대상으로 하는 세무조사는 국세기본법 제7장의2가 규정하는 절차에 따라 진행된다.

첫째, 세무공무원은 세무조사(「조세범처벌절차법」에 따른 조세범칙조사는 제외한다)를 하는 경우에는 조사를 받을 납세자에게 조사를 시작하기 10일 전에 조사대상 세목, 조사기간 및 조사 사유, 그 밖에 대통령령으로 정하는 사항을 통지하여야 한다. 다만, 사전에 통지하면 증거인멸 등으로 조사 목적을 달성할 수 없다고 인정되는 경우에는 사전 통지를 생략할 수 있다.

둘째, 세무조사의 기간은 조사 대상 과세기간 중 연간 수입금액 또는 양도가액이 가장 큰 과세기간의 연간 수입금액 또는 양도가액이 100억 원 미만인 납세자에 대한 세무조사의 경우에는 20일이 원칙이고, 그 외 납세자의 경우에는 기간 제한은 없다.[5]

셋째, 사전 통지한 날짜에 세무조사에 착수하는 세무공무원은 검사원증을 제시하고 납세자권리헌장을 교부하는 것과 동시에 세무조사에 착수하게 된다.

넷째, 세무조사 진행 중에는 세무 전문가의 조력을 받을 권리를 납세자에게 보장해 주어야 한다.[6]

다섯째, 세무조사가 종료되면 과세당국은 납세자에게 세무조사 결과를 통지하여야 한다. 단, 납세자가 폐업한 경우나 납세자가 납세관리인을 정하지 아니하고 국내에 주소 또는 거소를 두지 아니한 경우에는 서면 통지가 불가능하므로 통지를 생략할 수 있다.[7]

---

5 국세기본법 제81조의8.

6 국세기본법 제81조의5.

7 국세기본법 제81조의12.

6. 조세정의의 관점에서 바라본 현행 세무조사제도의 문제점

1) 의의

현행 세무조사제도는 여러 가지 관점에서 문제점을 지적할 수 있을 것이다.[8] 우리는 그중 이 책의 주제인 조세정의의 실현이라는 관점에서 현행 세무조사제도에서 대략 세 가지의 문제점, 즉 낮은 세무조사 비율, 대상자 선정의 공정성 문제, 세무조사의 지역별 편차 문제를 언급하고자 한다.

2) 낮은 세무조사 비율

조세법 집행의 공정성 확보라는 차원에서 세무조사는 매우 중요하다고 할 수 있다. 하지만 현실적으로 우리나라의 세무조사제도는 개선의 여지가 많은 것이 사실이다. 그 가운데 무엇보다도 세무조사의 비율이 너무 낮다는 지적이 있다. 이미 앞에서 본 바와 같이 2010년 개인사업자에 대한 조사비율이 0.10%이고, 법인사업자에 대한 조사비율이 1.00%이다. 미국의 경우에는 2009년 조사 비율이 개인사업자의 경우에는 0.23%, 법인사업자의 경우에는 1.22%이고, 일본의 경우에 2008년 세무조사 비율이 개인사업자의 경우에는 0.25%, 법인사업자의 경우에는 4.86%이다. 양 국가 모두 실지조사 이외에 전화·우편을 통한 통신조사까지 포함하면 미국의 경우에는 1.03%(개인), 1.26%(법인)이고, 일본의 경우에는 3.09%(개인), 4.86%(법인)가 된다.[9] 이와

---

8 세무조사제도의 전반적인 문제점과 개선방안에 대해서는 정진오·정지선, 「공평과세를 위한 세무조사제도 개선방안」, 『조세법연구』 제15집 제1권, 2009. 4., 한국세법학회, 46쪽 이하; 최임수, 「세무조사제도 개선에 영향을 미치는 요인」, 『세무학연구』 제27권 제2호, 한국세무학회, 2010. 6., 159쪽 이하 참고.

9 정재호, 「공정한 사회와 우리나라 조세정책 방향」, 『공정사회와 조세정책』 제45회 납세자의 날

비교하면 우리나라의 세무조사 비율이 너무 낮은 것으로 보인다.

외국의 실증분석 자료를 보더라도 세무조사 비율을 높이면 납세자들의 자진 납부를 독려하는 효과가 있다. 미국의 연구 조사 결과에 따르면 1980~1988년 미국 내국세입청(IRS)이 세무조사 비율을 일정하게 유지하는 경우 자진 납부 세액이 25% 이상 떨어진다는 실증분석 결과도 있다.[10]

우리나라의 경우에는 이처럼 세무조사 비율이 낮다 보니 납세자들은 소득세·법인세 과세표준 확정신고 시 수입금액 누락, 비용 과다계상의 욕구를 강하게 느끼게 되고, 그것을 억제하려는 세무대리인의 행동은 납세자에게 설득력 있게 받아들여지지 않게 되는 것이 현실이다.

납세자들은 탈세 욕구를 가질 수밖에 없지만, 탈세 시도가 세무조사에 의하여 적발될 확률이 높다면 납세자들은 원천적으로 탈세 시도를 하려는 것을 주저할 것이다. 하지만, 탈세 시도의 적발 비율이 낮은 경우에는 건전하게 소득세 신고를 하던 납세자조차도 탈세 시도 대열로 유도되는 측면이 생기게 된다. 이렇게 낮은 세무조사 비율이 원인이 되어 우리나라에서는 납세자가 한 번 세무조사를 받은 경우 그 세무조사 이후 연도에 종전과 비교하여 더 많은 조세회피를 하는 결과까지 발생하고 있다.[11]

3) 대상자 선정의 공정성

세무조사의 비율이 낮으면 낮을수록 대상자 선정의 공정성은 높아져야 한다. 세무조사 대상자 선정은 정기선정과 수시선정이 있다. 그중 전자는 주로

기념 정책토론회, 2011. 3., 한국조세연구원, 64쪽.

10 Jeffrey A. Dubin, Michael J. Graetz and Louis L. Wilde, *State Income Tax Amnesties: Causes*, The Quarterly Journal of Economics, 1992, pp. 1057~1070.

11 고성삼·박상섭, 「세무조사 전후의 조세회피 차이에 관한 연구」, 『세무학연구』 제28권 제2호, 한국세무학회, 2011. 6, 41쪽 이하.

국세청이 운영하는 '전산성실도 분석 시스템'을 통하여 기계적으로 대상자를 선정한다. 이 방법은 납세자의 성실도를 객관화하여 상대적으로 공정한 방법으로 세무조사 대상자를 선정하는 것으로 평가할 수 있다. 그런데 수시선정의 경우에는 그러한 객관화된 시스템이 없어서 세무공무원의 자의가 개입될 여지가 많이 있다. 이에 대해서도 세무조사 대상자 선정의 공정성을 담보할 수 있는 제도적 보완이 필요하다고 할 것이다.

4) 수도권 사업자와 비수도권 사업자의 세무조사 차별

개인사업자로 혹은 법인사업자로 동일한 매출을 올렸음에도 사업장의 소재지에 따라 실제 세부담이 달라진다면 이는 조세공평에 위배되고 조세정의에도 부합하지 않는다고 할 것이다. 물론 과세권자로서는 의도적으로 지역에 따라 세부담이 차이가 발생하도록 행정을 하지는 않는다. 하지만, 결과적으로 그러한 현상이 생겨나고 있는 것이다. 그 이유는 지역별 세무조사의 차이 때문이다. 수도권과 비수도권의 경제력 격차로 인하여 실제 세무조사를 받게 되는 사업자의 범주에 차이가 생겨나고 그 결과로 비수도권지역에 있는 사업자들의 세부담이 수도권의 동일 규모 사업자에 비해 더 높은 것이 현실이다.

수도권에 있다면 중소업체에 속하게 될 기업이 비수도권에서는 규모가 큰 기업으로 분류되어 세무조사에 쉽게 노출되는 현상이 발생하고 있다. 이것을 피하기 위하여 일부 기업들은 회사 규모가 어느 정도 커지면 지방세법상의 각종 중과세에도 불구하고 수도권으로 본사 이전을 시도하고 있는 실정이다.[12]

우리나라의 수도권집중 현상은 이미 오래전부터 문제점으로 지적되고 있는

12 이동식, 「공정사회구현을 위한 조세법 집행의 공정성 확보방안-소득과세의 공정한 집행을 위한 제안-」, 『사회변화에 따른 법치행정과 행정법제(제1회 행정법분야 연합학술대회자료집)』, 한국행정법학회, 2001, 285~286쪽.

바이다. 그런데 세금 부담과 관련해서 다시 비수도권이 수도권보다 불리한 측면이 생긴다면 수도권집중 현상은 점점 더 심각해질 수밖에 없다. 과세권자의 의지만 있다면 이러한 현상을 극복하는 방법의 모색은 어렵지 않을 수 있다.

제10장 | 조세의 강제징수와 조세정의

1. 의의

현대국가에서 세금제도의 운영은 법률에 근거하여 이루어진다. 그래서 세법 규정이 조세에 있어서, 전부는 아닐지라도, 정의의 룰(rule)로서 상당히 중요한 역할을 하게 된다. 정의의 룰은 그 내용이 정당해야 하는 전제가 있다. 하지만 그 전제가 충족된다면 다음으로는 모든 납세자들이 그 룰을 지키는 것이 중요하다. 현실적으로 합의된 정의의 룰인 세법을 준수한다는 것은 결국 기본적으로 법상 과세요건을 실현한 납세자는 세법이 요구하는 수준의 세금을 납부하여야 한다는 것을 의미한다. 그런데 일부 납세자들은 세금을 자발적으로 납부하지 않는 경우가 있다. 이 경우에 정의가 실현되기 위해서는(법률에 따른 행정이 실현되기 위해서는) 행정청이 강제적으로 세금을 징수해야 한다. 정의의 룰이 지켜지지 않는 경우에 질서회복을 위해서는 강제가 불가피하다. 그래야만 사회적으로 그 룰을 기초로 형성된 정당한 신뢰가 유지될 수 있기 때문이다.[1]

이 장에서 사용하는 '조세의 강제징수 절차'라는 용어는 납세자가 세금을

1 박병진, 「공적 신뢰의 조건: 공정성과 처벌의 엄격성」, 『신뢰연구』 제14권 제1호, 한림대학교 한림과학원, 2004, 38쪽.

자발적으로 납부하지 않을 때 행정청이 세금을 강제로 징수하기 위하여 사용하고 있는 다양한 수단들을 모두 포섭하는 의미로 사용하고자 한다. 다만, 이 장에서는 현재 우리 과세당국이 실제로 사용하고 있는 모든 수단들을 다루지는 않는다.[2] 그중 정의의 요청이라는 측면에서 검토해 볼 가치가 있는 몇 가지 제도를 소개하기로 한다.

2. 조세의 강제징수 절차 개관

1) 조세 체납액 현황

우리나라의 국세수입(관세 포함) 합계액은 2012년 기준 약 203조 원가량이다. 또한, 2012년 연말 기준 국세체납액 총액은 약 25조 원가량이다. 총액을 기준으로 할 때, 전체 국세수입의 10%가 넘는 금액이 체납액인 셈이다.

(단위: 억 원)

구분	당해연도 발생액		체납발생 총액		정리 실적	
	건수	금액	건수	금액	건수	금액
2008년	2,720,281	157,813	3,921,036	193,560	2,509,543	154,480
2009년	2,823,345	167,605	4,234,838	206,685	2,827,902	165,026
2010년	2,863,002	180,575	4,269,938	222,234	2,884,715	172,977
2011년	2,964,386	184,129	4,349,609	233,386	2,822,369	178,785
2012년	3,192,704	197,457	4,719,944	252,058	3,220,106	192,969

표 12 국세 체납액 현황

* 출처: 2013 국세통계연보, 국세청, 2013, 14쪽.

2 이에 대한 자세한 설명은 이동식, 『일반조세법』, 준커뮤니케이션즈, 2011, 393쪽 이하 참고.

법률에 따라 부과된 세금이 정의의 요청에 부합하게 부과된 것이라면, 그렇게 해서 부과된 세금을 납세자가 자의적으로 납부하지 않는 것은 정의의 관점에서도 용인될 수 없는 것이다. 과세권자는 정의로운 세금 부과가 되도록 노력하여야 하지만, 이렇게 해서 부과된 세금이 납부되도록 징수절차를 철저하게 진행하는 것도 중요하다. 물론, 납세자의 개인적인 형편을 고려하지 않고 획일적으로 체납 세액의 징수를 강제하는 것도 정의롭지 않다고 할 수 있다. 불가능한 것을 강요하는 것이 정의론에 의하여 정당화될 수 없기 때문이다. 예컨대 사업장이 홍수로 침수된 상태라 그 사업장을 원상 복구하기 위해 정신이 없는 납세자에게 체납 세액의 강제징수 절차를 일률적으로 진행하는 것은 옳지 않은 것이라고 할 것이다.

세법은 한편으로는 체납자가 세금을 납부할 수 없는 개인적인 형편을 고려해 주어야 하고, 다른 한편으로는 납세자로부터 체납된 세금을 강제로 징수하는 제도를 마련해 두어야 한다.

2) 일반적인 체납 세금 강제징수 절차

(1) 법적 근거

일반적인 체납 세금 강제징수 절차는 국세징수법에 근거하여 이루어진다. 국세징수법은 현재 국세뿐만 아니라 지방세의 강제징수를 위한 법적 근거로도 준용되고 있다.[3] 또한 국세징수법은 세금뿐만 아니라 과징금 등 다른 유형의 공과금의 강제징수를 위한 근거법령으로도 많이 준용되고 있다.[4]

---

3 지방세기본법 제147조: 지방세의 부과·징수에 관하여 이 법 또는 지방세관계법에서 규정한 것을 제외하고는 「국세기본법」과 「국세징수법」을 준용한다.

4 예컨대 식품위생법에서는 위해식품 판매 등에 대해 과징금을 부과할 수 있는 근거규정을 두고 있고, 이렇게 법령에 근거하여 정당하게 부과된 과징금을 납부하지 않는 경우에는 국세체납처분의 예 또는 「지방세외수입금의 징수 등에 관한 법률」에 따라 이를 징수한다고 규정하고 있다

(2) 내용

국세징수법에 따른 체납 세금 강제징수 절차는 체납자의 재산을 압류하고, 압류한 재산을 매각하고, 매각 금액을 우선 순위에 따라 배분하는 청산 절차를 거친다. 압류가 이루어지기 전에는 납세고지서가 발부되고, 납세고지서상 납부 기한 동안 납세자가 자진하여 세금을 납부하지 않으면 과세행정청이 독촉 혹은 납부최고 절차를 거치게 된다.[5] 독촉 혹은 납부최고가 이루어지는 시점까지는 행정청이 세금 징수를 강제하는 것이 아니라 납세 의무자에게 납부해야 할 세액을 알려주고 자진하여 세금을 납부할 기회를 주는 것이므로 엄밀한 의미의 강제징수 절차는 아닌 것이다.

독촉과 납부최고를 했음에도 납세자가 자발적으로 세금을 납부하지 않는다면 행정청은 압류처분을 한다. 압류처분은 납세자의 재산을 그 대상으로 한다. 어떤 재산이 납세자의 재산인지는 기본적으로 민사법의 법리에 따른다. 압류의 방법, 절차 그리고 효과에 대해서는 국세징수법 제3장에서 자세하게 규정하고 있다.

압류가 이루어졌다면 압류대상 재산을 매각해야 한다. 매각은 공매가 원칙이다. 단, 세무서장은 압류된 재산이 「자본시장과 금융투자업에 관한 법률」 제8조의2 제4항 제1호에 따른 증권시장에 상장된 증권일 때에는 해당 시장에서 직접 매각할 수 있다. 세무서장은 압류한 재산의 공매에 전문 지식이 필요하거나 그 밖에 특수한 사정이 있어 직접 공매하기에 적당하지 아니하다고 인정할 때에는 한국자산관리공사로 하여금 공매를 대행하게 할 수 있으며 이 경우의 공매는 세무서장이 한 것으로 본다(국세징수법 제61조 제5항). 압류재산을 수의계약으로 매각하지 아니하면 매각대금이 체납처분비에 충당하고

(식품위생법 제83조 제3항).

5 국세징수법상 납기 전 징수사유가 존재하는 경우에는 납세고지에 의한 확정절차 없이 국세로 확정되리라고 추정되는 금액의 한도에서 납세자의 재산을 압류할 수 있다(국세징수법 제24조 제2항).

남을 여지가 없는 경우, 혹은 부패·변질 또는 감량되기 쉬운 재산으로서 속히 매각하지 아니하면 그 재산가액이 줄어들 우려가 있는 경우 등 법률이 정하는 경우에는 공매방식이 아니라 수의계약으로 매각할 수도 있다(국세징수법 제62조).

매각 절차가 종료되면 세무서장은 매각에 의하여 확보된 대금을 법률이 정하는 절차에 따라 배분한다. 한국자산관리공사가 세무서장을 대신하여 매각 절차를 진행하는 경우에는 그에 따른 대금 배분도 한국자산관리공사가 행하며, 이 경우 금전 배분은 세무서장이 한 것으로 본다(국세징수법 제80조 제1항).

3. 강제징수 절차와 납세자의 사정을 고려한 조치

1) 의의

조세정의의 실현을 위하여 한편으로는 엄격한 강제징수 절차가 불가피하지만, 또 한편으로는 납세자의 형편을 고려하지 않고 획일적으로 강제징수 절차를 진행하는 것 역시도 조세정의에 부합하지 않는다고 할 것이다. 정의의 기초적 요청이 다른 것은 다르게, 동일한 것은 동일하게 취급하자는 것이라는 점, 납세자에게 불가능을 강요하는 것은 정의에 부합하지 않는다는 측면에서 납세자에게 정상적인 절차에 따른 획일적인 강제 절차의 진행을 강요하는 것은 부적절할 수 있기 때문이다.

현행법상 조세정의의 요청에 따라 납세자의 형편에 따른 강제징수 절차에 있어서의 특칙을 규정한 제도로는 징수유예제도, 체납처분유예제도 등이 있다.[6] 압류재산의 범주에서 납세자의 개인적 생활이나 사업을 영위함에 필요한 재산들을 절대적으로 혹은 조건부 압류금지재산으로 분류해 둔 조치도 넓은 의미에서는 이와 같은 차원의 조치로 이해할 수 있다.

2) 징수유예제도

국세징수법은 납세자에게 정상적인 기간과 절차에 따라서는 세금 납부를 요구할 수 없는 특별한 사정이 있다고 판단되면 정상적인 세금 징수 절차의 진행을 유예하는 조치를 취할 수 있도록 하고 있다. 예컨대, 개인사업을 영위하는 납세자가 홍수와 같은 자연재해로 영업용 재산의 대부분을 상실하였는데도 국가는 납세자의 그러한 사정을 고려치 않고 강제징수 절차를 진행한다면 이는 아무리 공동체 전체를 위한 조세제도라고 하더라도 개별 납세자에게 너무나 가혹한 조치가 될 것이다.

다음의 내용은 현행법상 과세당국이 납세자의 사정을 고려하여 세금 징수절차의 진행을 유예할 수 있는 경우를 열거한 것이다(국세징수법 제15조 제1항).

1. 재해 또는 도난으로 재산에 심한 손실을 입은 경우
2. 사업에 현저한 손실을 입은 경우
3. 사업이 중대한 위기에 처한 경우
4. 납세자 또는 그 동거가족의 질병이나 중상해로 장기치료가 필요한 경우
5. 「국제조세조정에 관한 법률」에 따른 상호합의 절차가 진행 중인 경우
6. 제1호부터 제4호까지의 사유에 준하는 사유가 있는 경우

징수유예는 그 단계에 따라 납세고지서에 따른 납기가 시작되기 전에 위

---

6 국세기본법상 기한연장제도도 유사한 차원의 조치로 이해할 수 있다(국세기본법 제6조 등).

와 같은 사유가 발견된 경우에는 납세고지를 유예하거나 결정한 세액을 분할하여 고지하는 방법을 취하고(국세징수법 제15조), 납세자가 납세의 고지 또는 독촉을 받은 후에 그러한 사유가 발견된 경우에는 납부 기한을 다시 정하여 징수를 유예하는 방법으로 조치를 취한다(국세징수법 제17조).

3) 체납처분유예제도

세무서장은 재산의 압류나 압류 재산의 매각을 유예함으로써 사업을 정상적으로 운영할 수 있게 되어 체납액의 징수가 가능하다고 인정되는 경우에는 체납 세액이 있더라도 그 세액에 대하여 체납처분에 의한 재산의 압류나 압류 재산의 매각을 유예할 수 있다(국세징수법 제85조의2). 이것을 체납처분유예제도라고 한다.

이러한 경우 국가 입장에서는 당장은 체납 세액을 추징하는 것이 이익이라고 판단할 수 있지만, 체납 세액의 추징을 위해 사업용 재산을 압류하는 등의 조치를 취하면 사업자가 정상적인 사업 수행을 할 수 없게 되고 그렇게 되면 세금 납부도 어려워지고, 삶의 붕괴로 사회적 위험이 증대될 수 있으므로 장기적인 관점에서 보았을 때는 당장의 무리한 체납 세액 추징 절차를 유예해서 사업자가 다시 정상적인 사업 수행을 할 수 있도록 기다려 주는 것이라고 할 수 있다. 이러한 것 역시도 조세정의의 요청이라고 할 것이다.

4) 압류금지재산의 범주 설정

납세자가 세금을 체납한 경우 조세정의의 실현을 위하여 납세자 소유의 재산 압류 등 강제집행 절차를 진행해야 한다. 세금제도 자체가 사회적 정의

절대적 압류금지재산	조건부 압류금지재산
1. 체납자와 그 동거가족의 생활에 없어서는 아니 될 의복, 침구, 가구와 주방기구	
2. 체납자와 그 동거가족에게 필요한 3개월간의 식료와 연료	
3. 인감도장이나 그 밖에 직업에 필요한 인장(印章)	1. 농업에 필요한 기계·기구, 가축류의 사료, 종자와 비료
4. 제사·예배에 필요한 물건, 비석 및 묘지	
5. 체납자 또는 그 동거가족의 상사(喪事)·장례에 필요한 물건	
6. 족보나 그 밖에 체납자의 가정에 필요한 장부·서류	2. 어업에 필요한 어망(漁網)·어구(漁具)와 어선
7. 직무상 필요한 제복·법의(法衣)	
8. 훈장이나 그 밖의 명예의 증표	
9. 체납자와 그 동거가족의 학업에 필요한 서적과 기구	3. 직업 또는 사업에 필요한 기계·기구와 비품
10. 발명 또는 저작에 관한 것으로서 공표되지 아니한 것	
11. 법령에 따라 급여하는 사망급여금과 상이급여금(傷痍給與金)	
12. 의료·조산(助産)의 업(業) 또는 동물진료업에 필요한 기구·약품과 그 밖의 재료	
13. 체납자의 생계 유지에 필요한 소액금융재산으로서 150만 원 이하의 예금 등	

표 13 국세징수법상 절대적·조건부 압류금지재산의 구분

요청에 따라 필요한 것이라면 자발적으로 납부하지 않는 세금에 대해 징수 절차를 엄격하게 진행하는 것 자체는 기본적으로 정의의 요청에 부합한다고 할 수 있다. 하지만, 압류대상 재산이 체납자와 동거가족의 생활 영위를 위하여 불가피한 것들이라면 국가가 이런 것조차도 압류하여 강제 절차를 진행하는 것은 정의롭지 못한 조치라고 할 것이다.

그래서 국세징수법은 일정한 재산을 절대적으로 압류를 하지 못하도록 하거나(절대적 압류금지재산), 혹은 납세자가 체납액에 충당할 만한 다른 재산을 제공하는 경우에는 해당 재산에 대한 압류를 하지 못하도록 규정하고 있다(조건부 압류금지재산).

4. 그 외 세금 체납에 대한 대응 조치들과 조세정의

1) 의의

납세자가 세금을 체납하는 경우 이에 대한 대응 조치로 가장 기본이 되는 것은 압류, 매각, 청산의 절차를 통해 체납한 세금 자체를 강제로 징수하는 것이다.

하지만, 이러한 방법에 따른 체납 세금의 강제징수 절차가 실효성을 발휘할 수 없는 경우가 있다. 예컨대, 세금 체납자가 자신 소유의 재산을 과세당국 몰래 은닉하고 있는 경우에 세무서장은 그 재산을 찾아내어 압류하는 것이 현실적으로 쉽지 않다. 이런 경우에는 일단 은닉된 체납자 소유의 재산을 세무당국이 찾아내는 방법이 있어야 한다. 이를 위해 현행 세법은 직간접적인 다양한 제도들을 입법해 두고 있는데, 그중 중요한 의미가 있는 몇 가지를 정리하여 소개한다. 이러한 제도들 역시 정의의 요청에 따른 제도라고 할 수 있다.

2) 은닉재산 신고자에 대한 포상금 지급

체납 세액에 대한 강제징수를 위해서는 납세자 소유의 재산을 파악하는 것이 선결 과제이다. 그런데 납세자가 자신 소유의 재산을 은닉해 두고 있는 경우에 과세당국이 그것을 모두 적발하기는 현실적으로 어려운 점이 있다. 이러한 경우 가장 효율적인 방법 가운데 하나는 납세자의 은닉재산 소재 등에 대해 정보를 보유하고 있는 자의 신고를 유도해 내는 방법이다. 바로 이러한 취지에서 도입된 제도가 국세기본법 제84조의2에 따른 포상금지급제도이다.

이 규정에 따라 국세청장은 체납자의 은닉재산을 신고한 자에 대하여 20억원의 범위 내에서 포상금을 지급할 수 있다. 다만, 은닉재산의 신고를 통하여 징수된 금액이 2000만 원 미만인 경우 또는 공무원이 그 직무와 관련하여 자료를 제공하거나 은닉재산을 신고한 경우에는 포상금을 지급하지 아니한다.

징수금액	지급률
2000만 원 이상 2억 원 이하	100분의 15
2억 원 초과 5억 원 이하	3000만 원+2억 원 초과 금액의 100분의 10
5억 원 초과	6000만 원+5억 원 초과 금액의 100분의 5

표 14 체납자 은닉재산 신고자에 대한 포상금 지급 기준

이러한 포상금지급제도에 대해서는 제도 자체의 정당성에 논란이 있을 수 있다. 그러나 현실적으로 이 제도를 도입한 후 적지 않은 성과를 보이고 있으며, 이를 대체할 수 있는 더 효율적인 제도를 당장은 생각하기가 쉽지 않아서 당분간은 유지하는 것이 필요하다고 할 것이다.

3) 관허사업제한제도

체납자에 대하여 인허가사업의 승인 거부 혹은 이미 인허가를 받은 사업에 대한 사업의 정지 또는 취소 압박을 통하여 세금 납부를 강제하는 제도를 관허사업제한제도라고 한다. 이는 다시 두 가지 유형이 있다.

첫째, 세금을 체납한 납세자가 다른 행정관서에 새로운 사업을 위하여 인허가를 신청하는 경우에 세무서장은 그 행정관서에 체납자에 대하여 사업 인허가를 해 주지 말 것을 요구할 수 있다. 사업을 영위하여 경제활동을 하려는 경우에는 행정관서의 인허가를 받아야 하는 경우가 대부분인데, 세금을 체납하면서도 세금으로 운영되는 행정서비스를 이용하려고 하는 경우 이에 대한 거부를 통해 체납 세금 징수를 압박하는 제도이다. 단, 납세자가 세금 체납을 했더라도 천재지변, 화재, 전화(戰禍), 그 밖의 재해를 입거나 도난을 당하여 납세가 곤란한 경우, 납세자 또는 그 동거가족의 질병으로 납세

가 곤란한 경우, 또는 납세자가 그 사업에 심한 손해를 입어 납세가 곤란한 경우에는 구체적 사례의 정당성을 인정하여 관허사업을 제한하지 않는다(국세징수법 제7조 제1항).

둘째, 세무서장은 인허가를 받아 사업을 경영하는 자가 국세를 3회 이상 체납한 경우로서 그 체납액이 500만 원 이상일 때에는 세금 체납에 정당성을 인정할 수 있는 경우로 법령이 정하고 있는 경우를 제외하고는 그 주무관서에 사업의 정지 또는 인허가의 취소를 요구할 수 있다(국세징수법 제7조 제2항).

세무서장은 이 두 가지 방법으로 체납자에 대한 관허사업을 제한하고 있다가 체납자가 해당 국세를 납부하는 경우에는 지체 없이 이를 철회하여야 한다.

4) 고액상습체납자에 대한 명단공개제도

고액상습체납자에 대한 명단공개제도도 체납자에 대한 우회적인 세금납부강제제도로 기능을 하고 있다. 이 제도에 따라 국세청장은 체납 발생일부터 1년이 지난 국세가 5억 원 이상인 체납자의 인적 사항, 체납액 등을 공개할 수 있게 된다. 다만, 억울한 경우가 발생하지 않도록 하기 위하여 체납된 국세가 이의신청·심사청구 등 불복청구 중에 있거나 그 밖에 대통령령으로 정하는 사유가 있는 경우에는 명단 공개를 하지 못하도록 규정하고 있다(국세기본법 제85조의5).

명단을 공개하기 위해서는 국세청에 설치된 국세정보공개심의위원회의 심의를 거쳐야 한다. 국세청장은 위원회의 심의를 거친 공개 대상자에게 명단 공개 대상자임을 통지하여 소명 기회를 주어야 하며, 통지일부터 6개월이 지난 후 위원회로 하여금 체납액의 납부 이행 여부를 고려하여 명단 공개 여부를 재심의하게 한 후 공개 대상자를 선정한다.

재산을 은닉하고 있는 체납자에게는 이러한 명단공개제도가 실효성 있는 강제 수단이 될 수 있는 측면도 있다. 하지만, 실제로 자기 소유의 재산이 없는 체납자의 경우에는 명단 공개를 한다고 하더라도 세금 납부를 할 수 있는 상황이 아니므로 그러한 경우에는 명단공개제도가 정의의 요청에 부합하는 제도라고 할 수 있을 것인지에 대해 의문을 제기할 수 있다.

5) 출국금지제도

정당한 이유 없이 국세와 지방세를 5000만 원 이상 체납한 경우에는 체납자의 출국을 금지할 수도 있다. 이 제도의 취지는 세금을 체납한 자가 해외로 도주하는 것을 막고, 또 고액의 세금 체납자가 세금을 납부하지 않으면서 해외여행 등으로 소비 행위를 하는 것을 금지하기 위함이다. 다만, 이 제도는 해당 세금이 국세인지 지방세인지에 따라 법적 근거가 달라진다. 국세의 경우에는 국세징수법 제7조의4에 따라 절차가 진행되고, 지방세의 경우에는 출입국관리법 제4조에 따라 절차가 진행된다.

> 국세징수법 제7조의4(출국금지 요청 등) ① 국세청장은 정당한 사유 없이 5천만 원 이상으로서 대통령령으로 정하는 금액 이상의 국세를 체납한 자 중 대통령령으로 정하는 자에 대하여 법무부장관에게 「출입국관리법」 제4조 제3항에 따라 출국금지를 요청하여야 한다.
> ② 법무부장관이 제1항에 따라 출국금지를 한 경우에는 국세청장에게 그 결과를 「정보통신망 이용촉진 및 정보보호 등에 관한 법률」 제2조 제1항 제1호에 따른 정보통신망(이하 "정보통신망"이라 한다) 등을 통하여 통보하여야 한다.
> ③ 국세청장은 체납액 징수, 체납자 재산의 압류, 담보 제공 등으로 출국금지 사유가 해소된 경우에는 즉시 법무부장관에게 출국금지의 해제를 요청하여야 한다.
> ④ 제1항부터 제3항까지에서 규정한 사항 외에 출국금지 요청 등의 절차에 관하여 필요한 사항은 대통령령으로 정한다.

출입국관리법 제4조(출국의 금지) ① 법무부장관은 다음 각 호의 어느 하나에 해당하는 국민에 대하여는 6개월 이내의 기간을 정하여 출국을 금지할 수 있다.
1. 형사재판에 계속(係屬) 중인 사람
2. 징역형이나 금고형의 집행이 끝나지 아니한 사람
3. 대통령령으로 정하는 금액 이상의 벌금이나 추징금을 내지 아니한 사람
4. 대통령령으로 정하는 금액 이상의 국세·관세 또는 지방세를 정당한 사유 없이 그 납부기한까지 내지 아니한 사람
5. 그 밖에 제1호부터 제4호까지의 규정에 준하는 사람으로서 대한민국의 이익이나 공공의 안전 또는 경제질서를 해칠 우려가 있어 그 출국이 적당하지 아니하다고 법무부령으로 정하는 사람
② 법무부장관은 범죄 수사를 위하여 출국이 적당하지 아니하다고 인정되는 사람에 대하여는 1개월 이내의 기간을 정하여 출국을 금지할 수 있다. 다만, 다음 각 호에 해당하는 사람은 그 호에서 정한 기간으로 한다. 1. 소재를 알 수 없어 기소중지결정이 된 사람 또는 도주 등 특별한 사유가 있어 수사진행이 어려운 사람: 3개월 이내
2. 기소중지결정이 된 경우로서 체포영장 또는 구속영장이 발부된 사람: 영장 유효기간 이내
③ 중앙행정기관의 장 및 법무부장관이 정하는 관계 기관의 장은 소관 업무와 관련하여 제1항 또는 제2항 각 호의 어느 하나에 해당하는 사람이 있다고 인정할 때에는 법무부장관에게 출국금지를 요청할 수 있다.
④ 출입국관리공무원은 출국심사를 할 때에 제1항 또는 제2항에 따라 출국이 금지된 사람을 출국시켜서는 아니 된다.
⑤ 제1항부터 제4항까지에서 규정한 사항 외에 출국금지기간과 출국금지절차에 관하여 필요한 사항은 대통령령으로 정한다.

6) 공직선거에 있어서 납세 사실 공표 등

대통령 선거, 국회의원 선거, 지방 선거 등 공직선거에 입후보하려는 자는 최근 5년간의 후보자, 그의 배우자와 직계존비속(혼인한 딸과 외조부모 및

외손자녀를 제외한다)의[7] 소득세(「소득세법」 제127조제1항에 따라 원천 징수하는 소득세는 제출하려는 경우에 한정한다)·재산세·종합부동산세의 납부 및 체납(10만 원 이하 또는 3월 이내의 체납은 제외한다)에 관한 신고서를 후보자 등록 시 함께 제출해야 한다.

이는 공직에 입후보하려는 자부터 솔선수범하여 국민의 기본 의무인 납세의무를 이행하는 풍토를 조성하기 위하여 입법된 것이다. 이 제도가 입법되기 전에는 공직선거 후보자들이 세금 한 푼 낸 이력이 없거나 혹은 세금 체납을 하고 있는 경우가 많아서 여론의 질타를 받았었다.

7 이 경우 후보자의 직계존속은 자신의 세금납부 및 체납에 관한 신고를 거부할 수 있다.

제11장 | 납세자의 권리구제 절차와 조세정의

1. 개요

우리는 앞에서 국민의 대표들이 제정한 법률에 근거하여 세금이 부과되는 것 자체가 정의의 요청이라고 설명하였다. 그런데 이처럼 법률에 근거하여 세금이 부과되는 것의 또 다른 측면으로, 법률과 달리 세금이 부과되는 경우에 납세자의 권익구제 절차를 마련해 주는 것도 중요하다. 만일, 세금 부과의 기초가 되는 법률을 입법자가 제정해 두었음에도 과세당국이 이와 다르게 세금 부과 행위를 하는 것에 대해 이것이 잘못되었음을 확인하고 시정토록 할 수 없다면 법률 자체가 아무런 의미가 없어질 것이다.

이와 같이 세금부과·징수행위가 법률에 위반되는 경우 그 행위의 효력을 부인하고 침해된 납세자의 권익을 회복시켜 주기 위한 법률제도를 조세구제법이라고 한다. 조세구제 절차에 의한 납세자의 권리구제가 정의의 요청이라는 전제하에 납세자의 권리구제 절차의 현황을 설명하고 현행 납세자 권리구제 절차 가운데 조세정의의 관점에서 문제가 있는 것은 어떤 것인지, 그러한 제도는 어떤 방향으로 변화되어야 하는지에 대해 설명해 보고자 한다.

2. 현행법상 납세자의 권리구제 절차 개요

1) 개요

세법 이외의 다른 행정법 영역의 경우에도 당연히 권리구제 절차는 존재한다. 그러나 세법상 납세자의 권리구제 절차는 다른 행정법 영역과 비교하면 여러 가지 특수성이 있다. 첫째, 행정심판 단계인 경우에는 근거법령이 다르다. 물론, 행정소송 단계에 이르면 근거법률이 행정소송법으로 동일하다. 조세영역의 경우에는 다시 국세의 경우에는 국세기본법이 되고, 지방세의 경우에는 지방세기본법이 근거법령이 된다. 하지만, 일반행정법 영역의 경우에는 원칙적으로 행정심판법이 근거법령이 된다. 둘째, 단순히 형식적으로 근거법령이 다른 것으로 그치는 것이 아니라 규율하는 내용을 보아도 많이 다르다. 예컨대, 국세기본법에 따르는 국세영역에서의 불복절차에 있어서는 행정심판법의 적용이 원칙적으로 배제되고(행정심판법 제56조 제1항) 내용적으로 다른 규정을 독자적으로 두고 있다. 셋째, 일반행정법 영역의 구제 절차와 비교했을 때 세법 영역의 구제 절차는 다양한 형태로 복잡하게 구성되어 있다. 예컨대, 국세기본법에 따른 국세불복 절차를 보면 이의신청, 심사청구, 심판청구 그리고 감사원법에 따른 심사청구 등 다양한 형태가 있지만, 행정심판법에 따라야 하는 일반행정법 영역의 경우에는 행정심판법에 따른 행정심판 1단계로 종료하게 된다.[1] 넷째, 일반행정법 영역의 경우와 달리 세법 영역의 경우에는 사전구제 절차가 상당히 활성화되어 있다. 국세기본법 제81조의15, 지방세기본법 제116조에 따른 과세전적부심사제도가 바로 세법 영역에서 행해지는 사전구제 절차이다. 다섯째, 일반행정법 영역의 경우에는 행정소송을 제기하기 전에 반드시 행정심판을 거칠 필요가 없

1 물론 소송은 별개이다.

는[2] 소위 '행정심판자유선택주의'가 원칙이지만, 세법 영역의 경우에는 행정심판전치주의에 따라(국세의 경우만) 일정한 행정심판을 반드시 거쳐야 취소소송을 제기할 수 있다. 취소소송 이외의 행정소송의 경우에는 반드시 행정심판을 미리 거칠 필요는 없다. 이는 다른 행정법 영역에서도 마찬가지이다(행정소송법 제18조, 제38조).

2) 국세 불복제도

(1) 사전구제제도로서 과세전적부심사제도

사전구제제도라 함은 확정적인 세금의 부과와 징수가 이루어지기 전의 단계에서 납세자 권리구제 절차가 진행되는 것을 말한다. 통상 권리구제 절차는 납세자의 권리가 현실적으로 침해된 경우에 그 침해된 권리의 사후적 구제를 요청하는 형태로 진행된다. 그런데 납세자의 권리의 보호를 위한 이상적인 형태는 권리의 침해가 발생하기 전에 예방적인 보호 조치를 취하는 것이라고 할 수 있다. 다만, 이처럼 예방적 보호를 하려는 경우에 문제점은 아직 권리 침해가 확정되지도 않았는데 어떤 시점을 기준으로 납세자의 권리가 잠정적으로나마 침해되었다고 보고 권리구제 절차를 시작하게 할 것인가 하는 점이다.

이러한 사전적 납세자권리구제 절차로 국세기본법에 규정하고 있는 것이 동법 제81조의15에 따른 과세전적부심사제도이다. 이 규정에 따르면 과세전적부심청구는 ① 세무조사가 종료한 후 과세당국이 행하는 세무조사 결과에 대한 서면통지가 있는 경우 ② 세무서 또는 지방국세청에 대한 지방국세

2 엄밀하게는 국세불복 절차를 제기하기 전에 법원에 취소소송을 먼저 접수할 수는 있다. 다만, 법원에서 본안에 대해 판단하기 전에 심판청구와 같은 필수적인 국세불복 절차에서 먼저 재결이 이루어져야 한다.

청장 또는 국세청장의 업무감사 결과(현지에서 시정조치하는 경우를 포함한다)에 따라 세무서장 또는 지방국세청장이 하는 과세예고 통지가 있는 경우 ③ 세무조사에서 확인된 해당 납세자 외의 자에 대한 과세자료 및 현지 확인조사에 따라 세무서장 또는 지방국세청장이 하는 과세예고 통지가 있는 경우 ④ 납세고지하려는 세액이 300만 원 이상(2015년부터는 100만 원 이상)인 과세예고 통지가 있는 경우이다.

납세자는 이러한 통지를 받은 날로부터 30일 이내에 통지를 한 세무서장이나 지방국세청장에게 통지 내용의 적법성에 관한 심사를 청구하게 된다.[3] 다만, 그러한 통지가 있다고 하더라도「조세범 처벌법」위반으로 고발 또는 통고처분하는 경우처럼 법률에 규정된 사유가 발생하는 경우에는 과세전적부심사청구를 하지 못한다.[4]

과세전적부심사 청구를 받은 세무서장, 지방국세청장 또는 국세청장은 각각 국세심사위원회의 심사를 거쳐 결정하고 그 결과를 청구 받은 날부터 30일 이내에 청구인에게 통지하여야 한다. 과세전적부심사 청구에 대한 결정은 청구가 이유 없다고 인정하는 경우에는 채택하지 아니한다는 결정을 하게 되고, 청구가 이유 있다고 인정하는 경우에는 전부 혹은 일부 채택하는 결정을 하게 되고, 청구기간이 지났거나 보정기간에 보정하지 아니한 경우에는 심사하지 아니한다는 결정을 하게 된다. 이와 같은 과세전적부심의 결정통지를 받은 납세자는 과세전적부심을 통해 자신의 권리구제가 완벽하게 이루어지지 않았다고 판단되는 경우에는 과세당국의 확정처분을 기다려 사후적인 국세불복 절차를 진행하게 된다. 과세당국이 과세전적부심의 결정이 잘못되었다고 판단하더라도 심판청구와 같은 사후적인 불복 절차를 제기할 수는 없다. 이러한 절차는 '납세자'의 권리구제를 위한 절차이기 때문이다.

3 다만, 법령과 관련하여 국세청장의 유권해석을 변경하여야 하거나 새로운 해석이 필요한 경우 등 대통령령으로 정하는 사항에 대해서는 국세청장에게 청구할 수 있다.

4 국세기본법 제81조의15.

(2) 사후구제제도로서 국세 불복제도

국세기본법에 따른 사후적인 국세불복 절차에는 이의신청, 심사청구, 심판청구 세 가지가 있다. 이 중 이의신청은 임의절차이다. 즉, 납세자로서는 이의신청은 거쳐도 되고 거치지 않아도 취소소송을 제기하는 데 아무런 문제가 없다. 반면, 취소소송을 제기하려는 납세자는 심사청구와 심판청구 가운데 하나의 절차를 반드시 거쳐야 한다.

이의신청은 처분이 있음을 안 날로부터 90일 이내에 법령이 정하는 불복의 사유를 갖추어 해당 처분을 하였거나 하였어야 할 세무서장에게 하거나 세무서장을 거쳐 관할 지방국세청장에게 청구하게 된다. 다만, 지방국세청장의 조사에 따라 과세처분을 한 경우나, 조사한 세무서장과 과세처분한 세무서장이 서로 다른 경우 또는 세무서장에게 과세전적부심사를 청구한 경우에는 세무서장에게 이의신청하는 것은 안 되고 지방국세청장에게 하여야 한다.

심사청구는 처분이 있음을 안 날로부터 90일 이내에 불복의 사유를 갖추어 해당 처분을 하였거나 하였어야 할 세무서장을 거쳐 국세청장에게 하여야 한다. 심사청구를 받으면 국세청장은 국세심사위원회의 심의를 거쳐 결정을 하여야 한다.

심판청구는 국무총리 소속으로 설치된 조세심판원 원장에게 한다. 심판청구기간은 기본적으로 이의신청, 심사청구와 동일하게 처분이 있음을 안 날로부터 90일 이내이다. 조세심판원장이 심판청구를 받았을 때에는 조세심판관회의가 심리를 거쳐 결정한다. 다만, 심판청구의 대상이 3000만 원에 미치지 못하는 소액이거나 경미한 것인 경우나 청구기간이 지난 후에 심판청구를 받은 경우에는 조세심판관회의의 심리를 거치지 아니하고 주심조세심판관이 심리하여 결정할 수 있다.

이의신청, 심사청구, 심판청구 절차를 거쳤지만 구제를 받지 못한 납세자는 법원에 취소소송 등 소송을 제기하여 권리구제를 받을 수 있다.

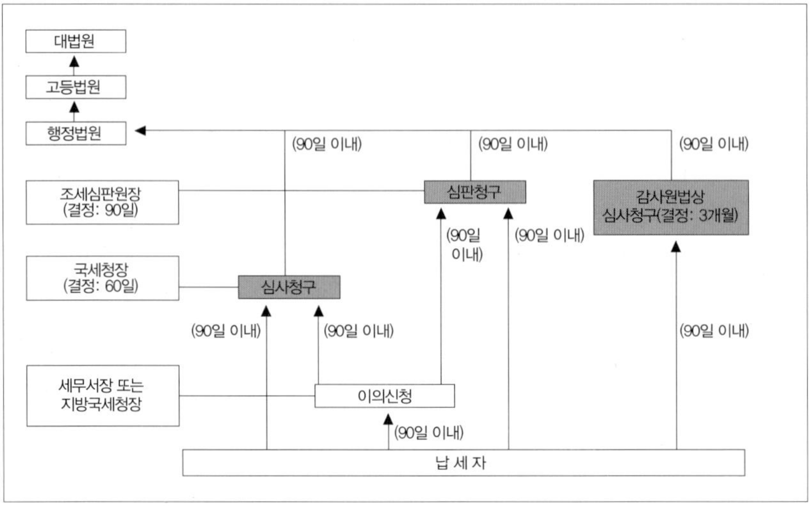

그림 6 국제 구제 절차 흐름도

(3) 경정청구제도

위에서 설명한 사전적인 과세전적부심사제도, 사후적인 국세 불복제도와는 약간 다른 차원의 문제이긴 한데 국세기본법 제45조의2에 따른 경정청구제도 역시 납세자권리구제제도라고 할 수 있다. 이 제도는 납세자가 과세표준신고서를 법정 신고기한까지 제출하였는데 자신의 신고 내용에 경정의 오류, 즉 세법이 요구하는 금액보다 과다하게 신고하거나 과소하게 환급받은 내역이 있음을 사후적으로 발견한 경우에 법정 신고기한이 지난 후 5년 이내에 관할 세무서장에게 경정을 청구하여 수정을 요구할 수 있는 제도이다.

특히, 이 제도는 소득세, 법인세처럼 납세 의무자의 과세표준확정신고에 의하여 납세 의무 내용이 확정되는 소위 신고주의 조세에서 납세자가 과다 납부한 세액을 환급받을 수 있는 제도로 중요한 의미를 가진다. 이러한 경우에는 사전적인 과세전적부심사제도의 대상이 되는 과세예고통지 등이 있는 것도 아니고, 사후적인 국세 불복제도의 대상이 되는 처분 등이 존재하는 것도 아니라서 그러한 방법으로는 권리구제가 불가능하다. 물론, 납세자가 바로 환급소송을 제기하는 방법이 있는데 대법원은 과다 납부의 원인행위에 하자가 있어 과다 납부가 이루어졌다고 하더라도 그 하자가 무효의 하자가 아닌 한은 원인행위를 제거한 후가 아니면 환급소송을 제기할 수 없다는 입장이다. 그런데 처분이 아닌 납세자의 신고행위의 효력을 제거할 수 있는 제도가 존재하지 않던 시절에는 결과적으로 이러한 경우에 납세자는 권리구제를 받지 못하는 측면이 있었다. 현재는 이러한 경우에 납세자가 경정청구를 하고 만일 납세자의 경정청구에 대해 과세당국이 거부하면, 그 거부행위는 처분이므로 거부처분취소쟁송제도를 통해 다툴 수 있게 되었다.

3) 지방세 불복제도

(1) 사전구제제도로서 과세전적부심사제도

지방세의 경우에도 사전구제 절차로서 과세전적부심사제도가 있다(지방세기본법 제116조). 과세전적부심사제도의 구체적 내용은 국세의 그것과 거의 유사하다. 그러나 일부 다른 점도 있다. 예컨대, 과세예고통지행위에 대해 과세전적부심을 인정한다는 점에서는 국세나 지방세 모두 동일하지만 국세의 경우에는 100만 원 이상의 과세예고통지에 대해서만 과세전적부심을 인정하지만 지방세의 경우에는 모든 과세예고통지행위에 대해 과세전적부심을 허용한다.

과세전적부심사청구는 과세예고통지행위 등을 행한 지방자치단체장에게 통지를 받은 날로부터 30일 이내에 청구하게 된다. 과세전적부심 청구를 받은 시장·군수 또는 도지사는 지방세심의위원회의 심사를 거쳐 법령에 따른 결정을 하고 그 결과를 청구 받은 날부터 30일 이내에 청구인에게 알려야 한다.

(2) 사후구제제도로서 지방세 불복제도

지방세의 경우에는 2001년 12월 29일 지방세법이 개정(법률 제6549호) 되기 전에는 동법 제78조 제2항에 의해 이의신청 및 심사청구를 거치지 아니하고서는 지방세 부과처분에 대하여 행정소송을 제기할 수 없었다. 그러나 이러한 조항은 지방세 구제기관의 사법절차 준용 미비 등을 이유로 행정심판에 사법절차를 준용하도록 한 헌법 제107조 제3항 및 재판청구권을 보장하는 헌법 제27조에 위반된다는 헌법재판소의 결정[5]에 따라 삭제되었다.[6]

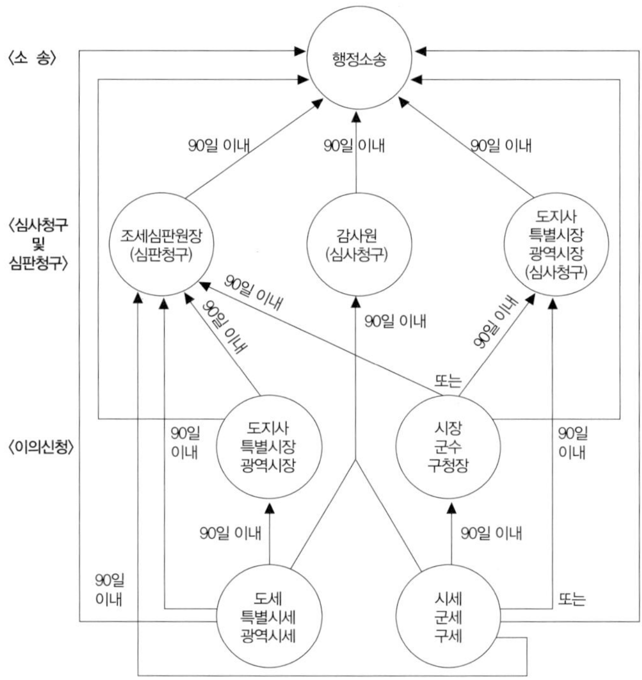

그림 7 지방세 구제절차 흐름도

* 출처: 소순무, 『조세소송(개정7판)』, 영화조세통람, 2014, 192쪽.

---

5 헌법재판소 2001. 6. 28. 선고 2000헌바30 결정.

6 위 헌법재판소 결정으로 지방세법 제78조 제2항의 규정에 의한 필요적 행정심판전치를 전제로 한 동법 제81조에 대하여도 위헌선언을 하였고, 동법 제78조 제2항과 함께 삭제되었다.

현재는 임의적 2심급(이의신청, 심사청구 또는 심판청구)으로 되었다. 즉, 시·군세에 대하여는 시장·군수에게, 도세에 대하여는 도지사에게 각 이의신청을 하고, 이의신청에 대한 결정에 불복이 있으면 시·군세는 도지사에게 심사청구를 하거나 조세심판원장에게 심판청구를, 도세는 조세심판원장에게 각 심판청구를 하도록 되어 있다. 심판청구는 국세와 동일하게 국무총리실 산하에 설치된 조세심판원에서 담당하고 있다. 이러한 현행 지방세 구제 절차는 〈그림 7〉과 같다.

(3) 경정청구제도

국세기본법 제45조의2에 규정되어 있는 경정청구제도와 거의 동일한 제도가 지방세기본법 제51조에도 규정되어 있다. 이 제도에 따른 경정청구의 요건과 제도의 취지 등은 국세에서 설명한 것과 기본적으로 동일한 것이므로 해당 부분을 참조하기 바란다.

4) 소송제도

(1) 행정소송

이의신청, 심사청구, 심판청구 절차를 통하여 권리구제가 제대로 되지 않았다고 생각하는 경우에는 법원에 소송을 제기하게 된다. 조세사건에 대해 법원에 소송을 제기하는 가장 전형적인 형태는 행정소송법에 따른 행정소송이다. 미국이나 독일의 경우에는 조세 사건을 전담하는 조세법원이 일반 행정법원에서 분리·독립되어 있다. 반면, 우리나라는 행정법원에서 일반 행정사건과 함께 조세소송을 처리하고 있다. 그마저도 서울을 제외한 다른 지역에는 독립된 행정법원이 없어 지방법원 행정부에서 사건을 처리하고 있다.

조세소송과 같은 행정소송은 법률 제4770호로 1994년 7월 27일 개정되어 1998년 3월 1일부터 새로운 행정소송법이 시행되기 이전의 경우에는 고등법원을 1심으로 하고 대법원을 최종심으로 하는 2심 구조였다. 하지만, 이 법 개정으로 현재는 1심은 행정법원 또는 지방법원 행정부에서, 제2심은 관할 고등법원에서, 제3심은 대법원에서 이루어진다.

조세와 관련한 행정소송의 경우에는 적용 규정이 일반 행정소송과 동일하게 행정소송법이므로 일반 행정사건에 대한 것과 그 내용이 동일하게 진행된다. 따라서 이에 대한 설명은 행정소송법에 대한 일반적 책자를 참고하기 바란다.[7] 조세행정소송은 항고소송과 당사자소송, 민중소송, 기관소송 네 가지로 분류한다(행정소송법 제3조). 그중 조세행정소송과 관련하여 가장 중요한 것은 항고소송이다. 항고소송은 취소소송, 무효등확인소송, 부작위위법확인소송이 있다. 이 중에는 취소소송이 가장 중요하다. 실무적으로 발생하는 조세행정소송의 거의 대부분은 취소소송이다. 최근에는 항고소송 이외에 당사자소송의 활용도가 점점 증가하고 있다. 최근 대법원은 부가가치세환급소송에 대해서도 이것을 당사자소송으로 이해한 바 있다(대법원 2013. 3. 21. 선고 2011다95564 판결).

(2) 민사소송과 형사소송

조세와 관련된 분쟁이 행정소송이 아닌 민사소송과 형사소송 형태로 진행되는 경우도 있다. 민사소송 형태로 진행되는 가장 전형적인 경우는 과오납한 세금의 환급을 구하는 소송이다. 이 소송은 부당이득반환소송 형태로 진행된다. 그런데 현재 대법원의 입장에 따르면 납세자가 과오납한 세금에 대해 법원에 부당이득반환소송을 제기하여 구제받을 수 있는 경우에는 과오납의 원인행위에 무효의 하자가 있는 경우로 한정된다. 무효의 하자가 있다는 것은 대법원 판례 입장에 따르면 중대하고도 명백한 하자가 있다는 것을 말

7 조세행정소송에 대한 책자로는 소순무, 『조세소송』, 영화조세통람, 2014. 참고.

한다. 실제 사례에서 그 하자가 중대하고 명백하여 무효가 되는 경우는 거의 드물다. 무효가 아닌 하자는 취소의 하자가 되는데 이 경우에는 우선 원인행위 자체의 효력을 상실시키는 행위를 하여야 한다고 보고 있다. 그러한 소송은 예컨대, 부과행위에 대한 취소소송이나, 국세기본법 제45조의2에 따른 경정청구에 대한 행정청의 거부행위의 취소를 구하는 취소소송 등이다.

부당이득반환소송 이외에 국가배상소송도 납세자의 권리구제 방법으로 중요한 의미를 가진다. 이 소송은 세무공무원의 직무집행행위가 국가배상법 제2조에 따른 불법행위 요건을 구성하는 경우에 제기할 수 있다. 이 요건이 갖추어지는 경우에 국가배상소송은 취소소송의 제소기간이 경과한 후에도 국가배상청구권을 행사할 수 있는 기간(불법행위를 안 날로부터 3년 혹은 불법행위가 있은 날로부터 5년) 이내이면 제기할 수 있다는 것이 대법원의 입장이다(대법원 1979. 4. 10. 선고 79다262 판결).

조세와 관련하여 형사소송이 주로 문제가 되는 경우는 납세자가 탈세자로 고발되어 그에 대한 형사처벌 절차가 진행되는 경우이다. 그러나 이러한 경우를 납세자 권리구제 절차라고 표현하기는 적절치 않은 측면이 있다. 그것을 제외하고 형사소송이 납세자 권리구제 절차라고 할 수 있는 경우에는 조세범칙조사에 따라 납세자에게 통고처분이 이루어지는 경우이다. 세무조사를 실시한 결과 조세범처벌법에 따른 조세범칙행위의 확증을 얻었을 때에 지방국세청장 또는 세무서장은 그 대상이 되는 납세자에게 그 이유를 구체적으로 밝히고 정식으로 조세범처벌 절차를 진행하는 경우 형사소송 절차에서 그 납세자에게 부과될 것으로 예상되는 벌금에 해당하는 금액과 몰수·추징 상당액을 자진 납부할 것을 통고하게 된다. 이것이 통고처분이다(조세범처벌절차법 제15조). 납세자에게 통고처분을 한 경우 이 처분은 심판청구 등 국세 불복의 대상이 되는 처분은 아니므로(국세기본법 제55조 제5항) 그러한 절차를 통해 납세자가 자신의 억울함을 주장할 수는 없다. 세무공무원으로부터 통고처분을 받은 경우 납세자는 그 통고처분이 적절하다고 판단되면 통고받은 금액 등을 자진 납부할 것이고 그렇게 되면 그 사건을 이유로 더 이상 형사처벌 절차가 진행되지 않는다. 반면, 통고처분을 받은 납세자가 판단컨대 자신에 대한 통고처분 내용이 법률 내용에 위반되게 이루어졌다고 생각하면 해당 금액 등을 납부하지 않을 것이고, 통고서를 송달받은 날로부터 15일 이내에 통고 내용대로 이행이 되지 않으면 탈세범으로 검찰에 고발이 이루어져 정식 형사처벌 절차가 진행된다(조세범처벌절차법 제17조 제2항). 그 절차에서 납세자는 자신의 억울함을 주장하게 된다.

5) 헌법재판제도

헌법재판소법에 따른 헌법재판이 납세자의 권리구제 수단으로 중요한 의미를 가지기도 한다. 헌법재판소법에 따르면 헌법재판은 총 다섯 가지의 관장 사항을 가지고 있다. 그 중 위헌법률심사제도와 헌법소원이 납세자의 권리구제 수단으로 중요한 의미를 가진다. 헌법소원은 다시 두 가지로 나누어진다(헌법재판소법 제68조). 첫째 유형은 공권력의 행사 또는 불행사(不行使)로 인하여(법원의 재판은 원칙적으로 제외) 헌법상 보장된 기본권을 침해받은 자가 제기하는 헌법소원이다. 이 경우에 다른 법률에 구제 절차가 있는 경우에는 그 절차를 모두 거친 후에만 헌법소원을 청구할 수 있다. 둘째 유형은 법률의 위헌 여부 심판의 제청신청이 법원에 의해 기각된 때에 그 신청을 한 당사자가 헌법재판소에 제기하는 헌법소원심판이다. 납세자의 권리구제 수단으로 중요하게 기능하는 것은 주로 두 번째 유형이다.

헌법재판소법 제2조(관장사항) 헌법재판소는 다음 각 호의 사항을 관장한다.

1. 법원의 제청(提請)에 의한 법률의 위헌(違憲) 여부 심판
2. 탄핵(彈劾)의 심판
3. 정당의 해산심판

4. 국가기관 상호간, 국가기관과 지방자치단체 간 및 지방자치단체 상호간의 권한쟁의(權限爭議)에 관한 심판
5. 헌법소원(憲法訴願)에 관한 심판

3. 심판전치주의의 타당성

헌법 제27조 제1항에서는 "모든 국민은 헌법과 법률이 정한 법관에 의하여 법률에 의한 재판을 받을 권리를 가진다."라고 규정하여 헌법과 법률이 정한 법관에 의한 재판을 받을 권리를 국민의 기본권의 하나로 규정하고 있다. 우리가 일상에서 다양하게 정의를 이야기하지만, 각자에게 각자의 정의가 있다는 말이 의미하는 것처럼 각자가 생각하는 정의의 모습은 일치하지 않는 경우가 빈번하다. 그래서 막상 하나의 분쟁이 발생한 경우에 현실적 정의는 결국 법정에서 법관이 판단하는 것이 정의라고 할 수 있다. 물론 법관이 그러한 능력을 갖춘 사람인가 하는 지적을 할 수 있지만 이 문제는 우리가 어떻게 하면 법관선발제도를 잘 만들 것인가 하는 차원에서 풀어야 할 문제이고 이것을 이유로 해서 다른 차원에서 정의의 해법을 구하기는 쉽지 않다. 그렇다면 정의의 실현이 헌법과 법률이 정한 법관에 의하여 법률에 의한 재판을 받을 수 있는 권리와 밀접한 연관이 있다고 할 수 있다.

그런데 조세사건, 특히 국세사건의 경우에는(지방세의 경우에도 2011년 1월 1일부터 2012년 12월 31일까지는 심판전치주의를 취하고 있었음)[8] 행정

8 지방세의 경우에는 현재 일반행정법 영역과 마찬가지로 자유선택주의를 취하고 있다. 지방세기본법 제127조는 "이 장에서 규정한 사항을 제외한 이의신청 등에 관한 사항은 「국세기본법」 제7장(같은 법 제56조는 제외한다)을 준용한다."라고 규정하여 국세기본법 제7장에 관한 규정 가운데 심판전치주의를 규정한 국세기본법 제56조는 준용규정에서 배제하고 있다. 그런데 과거 지방세법이 3개 법으로 분법되어 2011년 1월 1일 지방세기본법이 처음 발효되었을 당시에는 국세기본법 제7장 규정 가운데 제56조도 준용하는 것으로 되어 있었다. 그 후 2013년 1월 1일 효력을 발하는 법부터는 동 규정이 개정되어 국세기본법 제56조가 준용규정에서 제외되었다.

심판전치주의를 취하여 원칙적으로 심판청구나 심사청구(감사원법에 따른 심사청구를 포함)를 거치지 않고는 취소소송을 제기할 수 없다(국세기본법 제56조 제2항). 그렇다면 이와 같은 심판전치주의가 정의의 요청인 헌법과 법률이 정한 법관에 의한 재판을 받을 권리의 침해가 아닌가 하는 문제 제기가 있을 수 있다.

이러한 논란을 불식시키기 위해 우리 헌법은 헌법 제107조 제3항에서 직접 행정심판에 대한 헌법적 근거를 두었다. 이러한 규정을 헌법에 두는 경우는 매우 드문 사례이다. 헌법 제107조 제3항은 "재판의 전심절차로서 행정심판을 할 수 있다. 행정심판의 절차는 법률로 정하되, 사법절차가 준용되어야 한다."라고 규정하고 있다. 헌법은 한편으로는 국민의 재판받을 권리를 규정하고 동시에 재판의 전심절차로서 행정심판 절차를 인정하고 있는 것이다. 이 규정에 따르면 행정심판 절차는, 첫째, 국민의 대표기관인 국회가 제정한 법률에서 정해야 한다. 즉, 재판받을 권리의 제한 측면을 가지게 되는 행정심판 절차에 대해 간접적이긴 하지만 국민동의 절차를 거치도록 하고 있는 것이다. 둘째, 그 절차는 재판의 '전심 절차'에 한정되어야 함을 헌법은 분명하게 밝히고 있다. 행정심판 절차 이후에도 법원에 소송을 제기하여 헌법과 법률이 정한 법관에 의한 재판을 받을 권리는 보장되어 있어야 한다는 것이다. 셋째, 재판의 전심 절차인 행정심판 절차에는 사법 절차가 준용되어야 한다. 행정심판 절차에 사법 절차가 준용된다는 것이 구체적으로 무엇을 의미하는지가 명확치 않은 측면이 있다.

이에 대해서는 지방세심판전치주의를 규정하고 있었던 구 지방세법 제78조 제2항이 헌법 제107조 제3항 및 재판청구권을 보장하는 헌법 제27조에 반한다고 결정한 헌법재판소 2000헌바30 결정에서 헌법재판소가 구체적으

그래서 2011년 1월 1일부터 2012년 12월 31일까지는 지방세의 경우에도 적어도 법률상으로는 심판전치주의를 취하고 있었는데 이는 입법의 오류였던 것으로 이해된다.

로 설명하고 있다. 헌법재판소는 판단기관의 독립성과 공정성, 대심적 심리구조, 당사자의 절차적 권리 보장 등의 면에서 사법 절차의 본질적 요소를 인정할 수 있으므로 그러한 측면에서 현저한 결여가 있다고 판단되면 이는 사법 절차가 준용된 것이라고 볼 수 없다는 입장이다(헌재 2000. 6. 1. 98헌바8, 판례집 12-1, 590, 601-602)고 판시하였다.[9]

헌법재판소 전원재판부 2001. 6. 28. 선고 2000헌바30 결정

헌법 제107조 제3항은 "재판의 전심절차로서 행정심판을 할 수 있다. 행정심판의 절차는 법률로 정하되, 사법절차가 준용되어야 한다"고 규정하고 있다. 이 헌법조항은 행정심판절차의 구체적 형성을 입법자에게 맡기고 있지만, 행정심판은 어디까지나 재판의 전심절차로서만 기능하여야 한다는 점과 행정심판절차에 사법절차가 준용되어야 한다는 점은 헌법이 직접 요구하고 있으므로 여기에 입법적 형성의 한계가 있다. 따라서 입법자가 행정심판을 전심절차가 아니라 종심절차로 규정함으로써 정식재판의 기회를 배제하거나, 어떤 행정심판을 필요적 전심절차로 규정하면서도 그 절차에 사법절차가 준용되지 않는다면 이는 헌법 제107조 제3항, 나아가 재판청구권을 보장하고 있는 헌법 제27조에도 위반된다 할 것이다. 반면 어떤 행정심판절차에 사법절차가 준용되지 않는다 하더라도 임의적 전치제도로 규정함에 그치고 있다면 위 헌법조항에 위반된다 할 수 없다. 그러한 행정심판을 거치지 아니하고 곧바로 행정소송을 제기할 수 있는 선택권이 보장되어 있기 때문이다(헌재 2000. 6. 1. 98헌바8, 판례집 12-1, 590, 598).

한편, 헌법 제107조 제3항은 사법절차가 "준용"될 것만을 요구하고 있으나 판단기관의 독립성과 공정성, 대심적 심리구조, 당사자의 절차적 권리보장 등의 면에서 사법절차의 본질적 요소를 현저히 결여하고 있다면 "준용"의 요청에마저 위반된다고 하지 않을 수 없다(헌재 2000. 6. 1. 98헌바8, 판례집 12-1, 590, 601-602).

---

9 헌법재판소 전원재판부 2001. 6. 28. 선고 2000헌바30 결정.

4. 짧은 청구기간 또는 제소기간의 정당성

1) 개요

납세자에게 권리구제 절차를 부여하되 그러한 절차에 따라 권리구제를 청구할 수 있는 기간이 단기로 제한되어 있다면 이는 정의롭지 못하다고 할 것이다. 그래서 권리구제 절차를 이용할 수 있는 기간은 억울함을 호소하려는 납세자가 권리구제 절차를 진행할지 여부를 고민하고 실행을 준비할 수 있을 정도의 충분한 시간적 여유가 부여되는 형태여야 할 것이다. 다만, 그러한 기간이 너무 과도하여 과세행정과 관련한 법률관계가 장기간 불안정한 상태로 방치되는 것은 바람직하지 않다고 할 것이다. 그래서 양자의 측면을 고려하여 적절한 수준에서 권리구제 절차를 진행할 수 있는 기간이 설정되어야 할 것이다.

2) 과세전적부심과 행정쟁송의 제기 기간

과세전적부심의 경우에는 국세, 지방세 모두 과세전적부심사의 대상이 되는 통지를 받은 날로부터 30일 이내에 청구하도록 되어 있다(국세기본법 제81조의 15, 지방세기본법 제116조). 과세전적부심의 경우에는 사전구제제도이므로 그 기간이 너무 장기화되는 경우에는 과세당국이 확정처분을 하지 못하는 문제점이 있으므로 이 기간을 현재보다 확대해야 할 필요성은 크지 않다고 본다.

심사청구, 심판청구와 같은 국세와 지방세의 불복 절차와 취소소송은 전부 처분이 있음을 안 날로부터 90일 이내에 제기하는 것이 원칙이다. 그 외에 심사청구 등 국세불복 절차의 경우에는 납세자에게 국세기본법 제6조 제

1항에서 규정하고 있는 천재지변 등 기한연장 사유가 발생하여 90일 이내에 심사청구 등을 청구할 수 없는 경우에는 그 사유가 소멸한 날부터 14일 이내에 심사청구를 할 수 있다는 특례가 있다(국세기본법 제61조 제4항). 취소소송의 경우에는 정당한 사유가 있는 경우에는 취소소송제기 기한이 연장되는 특례규정이 있다(행정소송법 제20조 제2항).

3) 경정청구 기간

국세기본법상 경정청구제도가 처음 도입된 1994년 12월 22일 국세기본법에서는 경정청구 기간이 "법정신고 기한 경과 후 1년 이내"였다. 그 후 2000년 12월 29일 국세기본법의 개정으로 그 기한이 2년으로 확장되었고, 다시 2005년 7월 13일 법개정으로 3년으로 되었다가 2014년 12월 23일 법 개정으로 5년으로 확장되었다. 단, 납세자의 과세표준신고 이후에 행정청의 결정 또는 경정으로 인하여 증가된 과세표준 및 세액에 대하여는 해당 처분이 있음을 안 날(처분의 통지를 받은 때에는 그 받은 날)부터 90일 이내(법정신고 기한이 지난 후 3년 이내에 한한다)에 경정을 청구할 수 있다는 제한이 추가되어 있다.[10]

경정청구 기간을 연장한 취지와 관련하여 입법자는 "납세자와 과세권자 간에 형평성 문제가 발생하고 있으므로, 납세자의 권익 보호를 위하여 국세의 경정청구 기간을 연장하려는 것"으로 설명하고 있다.[11] 즉, 납세자가 세금

---

10 이 제한은 기본적으로 과세표준신고 이후 행정청이 처분을 한 경우를 전제로 한다. 이러한 경우 후행의 처분에 대해 취소쟁송을 제기한다면 취소쟁송제기 기한이 처분이 있음을 안 날로부터 90일로 제한되었는데 선행의 과세표준신고에 대해서는 그 기한이 경과하여도 법정신고 기한이 경과한 때로부터 3년간은 경정청구가 가능하도록 되어 있어 취소쟁송의 제기 기간을 제한한 것이 실익이 없어지는 문제점이 생기는 것을 보완하기 위하여 입법된 것이다.

11 법제처 홈페이지에 있는 법령 제·개정 이유 설명.

을 납부하지 않는 경우에 행정청이 부과하고 징수할 수 있는 권한은 최소한 5년이고 장기는 그보다 훨씬 긴 기한인데 납세자가 법률에서 요구하는 이상으로 세금을 과도하게 납부한 경우 국가에게 환급을 구하기 위하여 행하는 경정청구는 그 기한이 1년, 2년, 3년으로 되어 있다는 것은 '형평'에 반한다고 본 것이다.

5. 대법원과 헌법재판소 간의 변형결정을 둘러싼 갈등과 조세정의

우리는 위에서 법률규정에 적합하지 않은 처분을 취소 혹은 무효 확인하여 납세자의 권리를 구제해 주는 것이 정의의 요청이라고 하였다. 그리고 그러한 납세자의 권리구제 방법으로 여러 가지가 있지만 조세사건을 소송에 의하여 해결하려고 함에 있어서는 대법원을 정점으로 하는 일반법원에 취소소송 등을 제기하는 방법이 있고, 헌법재판소에 위헌법률심사 등 헌법재판을 제기하는 방법도 있다. 그런데 하나의 법률규정을 두고 그 효력과 해석범위와 관련하여 대법원과 헌법재판소가 서로 다른 결정을 하는 경우가 있다. 이것은 한정위헌결정과 같은 헌법재판소의 변형결정의 효력과 관련된 문제이다. 헌법재판소는 해당 법률규정을 이렇게 해석하는 범위 내에서는 위헌이라고 판결을 해 두었지만 대법원은 그러한 결정과 다르게 법률해석을 해서 과세처분의 적법성을 판단해 버리는 것이다.

납세자로서는 자신의 권리구제를 위하여 비싼 변호사 비용을 지불하고 헌법재판소에 재판청구를 하였더니 헌법재판소는 납세자의 주장이 옳다고 하고, 대법원은 과세당국의 입장이 옳다고 하는 것이다. 납세자의 권리구제를 위하여 설치된 국가기관들이 자신들의 권한 다툼으로 납세자의 권리를 구제하는 것이 아니라 오히려 침해하고 있는 상황이다. 문제는 이러한 상황이 벌써 10여 년을 훌쩍 넘기면서 계속되고 있음에도 납세자 권리구제를 위하여 설치되었다는 두 기관에서는 그 해법을 명확하게 내놓지 않고 있다는 것이다.[12] 헌법을 개정하든, 헌법재판소법을 개정하든, 어떤 방법이든 간에 납세자의 권리구제를 위해 마련한 기관이 대책 없이 오히려 납세자의 권리를 침해하고 있는 이 사태를 해결하는 것이 정의에 부합하는 것이라고 할 것이다.

6. 조세법규의 위헌결정과 납세자의 권리구제

1) 현황

우리나라의 경우에는 헌법재판제도가 납세자의 권리구제에 있어서 상당히 중요한 역할을 하였다. 헌법재판소가 상당히 전향적인 판결을 통하여 납세자의 기본권을 침해하는 법률규정에 대해 적극적으로 위헌결정을 해 온 결과이다. 이는 우리와 유사한 법체계를 취하고 있는 독일의 경우도 비슷한 상황이다. 반면, 일본이나 미국의 경우에는 위헌법률심사권을 가진 기관(법원)에서 세법 규정에 대해 위헌결정을 하는 경우는 매우 드물다. 그만큼 입법자의 입법 재량을 넓게 인정하는 것이 된다.

우리나라처럼 헌법재판소가 일반법원과 분리·독립되어 있고 헌법재판소가 적극적으로 세법 규정에 대해 위헌결정을 하는 입법체계에서는 헌법 규정의 조세법적 의미를 정확하게 밝혀내는 것이 납세자의 권리구제에 중요한

12 이와 관련해서는 2013년 경북대학교 법학연구원 조세법 국내학술대회 「조세법 해석의 방법과 한계-조세법의 해석을 둘러싼 대법원과 헌법재판소의 권한갈등 그 원인과 해법-」을 참조하기 바란다.

의미를 가지게 된다.[13]

이처럼 헌법재판소가 납세자의 권리구제기관으로 중요한 역할을 현실적으로 수행하고 있지만, 일부 측면에서는 제도 개선을 해야 하는 부분도 분명히 존재한다. 그중 정의의 관점에서 검토해 볼 필요가 있는 두 가지 문제에 대해 설명해 보고자 한다.

2) 쟁송을 제기하지 않은 납세자의 권리구제

(1) 문제점

소송은 원칙적으로 소송을 제기하지 않는 자에게는 그 효과가 미치지 않는다. 물론 집단소송(혹은 단체소송)이 인정되는 경우는 예외이다. 소비자 피해 사례처럼 피해자는 다수 시민들이고 가해자는 거대기업인 경우 법률은 예외적으로 소수의 사람 혹은 피해자를 대변할 수 있는 단체가 전체 피해자를 대표하여 소송을 제기하게 하고 승소판결을 받으면 그 효과는 소송을 제기한 자에게만 미치는 것이 아니고 모든 피해자에게 효과가 있다는 규정을 두기도 한다.[14]

유사한 문제가 세금 영역에서도 발생할 수 있다. 예컨대, 동일한 소득세법 규정에 근거하여 수십만 명이 부과처분을 받았는데 일부는 과세행정에 적극 협력하여 세금을 자진 납부하였고(〈표 15〉의 사례 2), 다른 일부는 소송을 제기하여 다투고 다시 헌법재판소에 위헌법률심판청구를 하여(〈표 15〉의 사례 1) 최종적으로 헌법재판소로부터 위헌결정을 받았다고 가정해 보자.[15] 이

13 이에 대해서는 이동식, 『조세법과 헌법』, 준커뮤니케이션즈, 2012. 참고.

14 소비자기본법 제70조 이하.

15 〈표 15〉에서 사례 3과 사례 4는 "위헌결정된 법률에 근거하여 부과된 세금의 강제징수" 문제와 관련된 것으로 현재 대법원 판례의 입장(대법원 2012. 02. 16. 선고 2010두10907 전원합의체 판결)에 따르면 사례 4의 경우에는 구제가 되지만(세금을 납부할 필요가 없고 강제집행도 당하지

경우 소송(이의신청 등 행정심판 포함)에 참가한 납세자들은 자신들이 납부한 세금을 원칙적으로 환급받게 되고, 국가에 협조하여 부과된 세금을 자발적으로 납부한 납세자들은 세금을 환급받지 못하게 된다.

사례 1	부과 ○	납부 ○	소송 제기(행정심판 포함) ○ 대상처분: 부과처분	위헌법률심판·헌법소원 ○
사례 2	부과 ○	납부 ○	소송 제기(행정심판 포함) × 대상처분: 부과처분	위헌법률심판·헌법소원 ×
사례 3	부과 ○	납부 × (위헌결정 전 강제집행 종료)	소송 제기(행정심판 포함) × 대상처분: 부과·강제처분	위헌법률심판·헌법소원 ×
사례 4	부과 ○	납부 × (위헌결정 전 강제집행 미종료)	소송 제기(행정심판 포함) ○ 대상처분: 강제처분	위헌법률심판·헌법소원 ×

표 15 다양한 납세자 유형과 납세자 권리구제

이것을 "권리 위에 잠자는 자는 구제하지 않는다!"라는 법 격언을 거론하며 당연하다고 주장하는 이들도 있을 수 있다. 하지만, 국가 운영에 필요한 재원을 구성원들의 경제적 능력에 따라 부담시키려고 만들어 둔 세법 영역에서 이러한 일들이 발생한다는 것은 정의의 요청에 부합하지 않는다고 할 것이다. 만일 이러한 일들이 지속된다면 어떤 납세자가 순순히 세금을 납부하려고 할 것인가? 이렇게 되면 징세비용이 점점 증가하게 될 것이므로 사회 전체적으로 결코 바람직하지 않게 된다. 또한 어느 정도 자금이 있고, 지식이 있어야만 소송이 가능하다는 측면에서 본다면 현재와 같은 조세제도의 운영은 왜곡된 소득재분배 결과를 초래할 수도 있다. 자본주의사회에서 소득재분배기능을 담당하는 것이 조세제도인데,[16] 조세제도가 가난하고 배우지 못한 납세자를 부유한 납세자와 차별하는 결과를 만들어 내는 것은 재검

않음) 사례 3의 경우에는 구제되지 않는다.

16 조세제도와 소득재분배와의 관계에 대해서는 이 책 제2장 중 '자본주의 국가에서 조세의 기능'을 참조하기 바란다.

토해 볼 여지가 있다고 할 것이다.

물론, 재판제도가 근본적으로 개별적인 권리구제를 위한 절차인 점을 고려할 때 재판제도를 이용한 자와 이용하지 않은 자를 다르게 취급하는 것은 어느 정도 불가피한 측면이 있다. 그렇다면 위에서 지적한 문제를 근본적으로 해소할 수 있는 어떤 방책이 나오기는 어려울 수도 있다. 하지만 현행 제도에 대한 문제의식을 가지고 개선책을 꾸준히 고민해 볼 필요는 분명 있다고 할 것이다.

(2) 독일의 입법례

참고로, 독일의 경우에는 헌법재판소에서 어떤 법률의 위헌성 심사가 이루어지고 그 법률에 대해 위헌결정이 이루어질 가능성이 있거나 헌법재판소에서 이미 특정 세법 규정에 대해 헌법불합치결정을 하면서 입법 촉구를 한 상태여서 입법자가 새로운 법률규정을 준비 중인 경우라면 과세당국은 기존의 법률규정에 근거하여 부과처분을 하더라도 '잠정적 형태의 처분(Vorläufige Steuerfestsetzung)'을 하도록 규정하고 있다.[17] 그 후 헌법재판소가 위헌결정을 하거나 입법자가 새로운 법률규정을 제정하면 기존의 잠정처분을 취소하고, 새로운 상황에 적합한 확정처분으로 전환하게 된다.

3) 위헌결정된 법률에 근거하여 부과된 세금의 강제징수

납세자가 조세부과처분을 받은 후 제3자가 제기한 헌법재판에서 부과처분의 근거가 되는 법률이 위헌결정을 선고받게 되더라도 소송을 제기하지 않은 납세자는 그 헌법재판소 판결 자체에 의해서는 현재 권리구제가 되지 않

17 독일 조세통칙법 제165조 제1항.

는다. 만일 위헌결정된 법률에 근거하여 행해진 처분의 효력에 대해 그것을 무효 사유로 인정해 준다면, 무효확인소송은 소송제기 기간이 제한되지 않으므로(행정소송법 제38조 제1항) 헌법재판소의 위헌결정이 있고 난 후 소송을 제기하여 권리구제를 받을 수 있을 것이다. 그러나 대법원은 위헌법률에 근거한 행정처분의 효력에 대해 원칙적으로 취소 사유로 보고 있다(대법원 1994. 10. 28 선고 92누9463 판결).[18] 그렇다면 헌법재판소의 결정이 있은 시점에는 이미 취소쟁송의 제기 기간이 경과하였을 것이기 때문에 납세자는 그 처분에 대한 취소쟁송을 통해서는 권리구제를 받지 못한다.

그렇다면 이처럼 부과처분 자체는 취소의 하자가 있지만 취소쟁송을 제기할 수 있는 기간이 경과하여 더 이상 다툴 수 없다면 그 부과처분의 후속조치로 해당 세액을 납세자가 납부하지 않은 경우에 강제징수 절차를 진행할 수 있는가 하는 문제가 발생한다. 헌법재판소가 위헌이라고 선언한 법률은 부과처분의 근거법률이고, 강제징수의 근거법률에 대해서는 위헌결정한 바가 없다는 점을 고려할 때 이 경우 강제집행 자체는 가능한 것이 아닌가 하는 입장이 있을 수 있다.[19] 하지만, 이렇게 되면 처분의 근거법률에 대해 헌법재판소가 위헌이라고 결정했음에도 그 처분의 강제집행을 법률이 허용하는 것이 되고 이것은 정의의 요청에 부합하지 않는 것이 아닌가 하는 비판이 있을 수 있다. 현재 대법원의 다수 의견도 이러한 입장이다. 그런데 이것도 납세자가 세금을 납부하지 않고 버티고 있고 헌법재판소에 의하여 부과처분의 근거가 되었던 세법 규정이 위헌결정될 때까지 압류, 매각 등의 강제징수

---

18 헌법재판소는 원칙적으로 취소사유(2010. 12. 28. 선고 2009헌바429 결정)로 보지만, 예외적으로 무효사유로 인정하기도 한다(헌재 1994. 6. 30. 선고 92헌바23 결정).

19 이 문제는 행정법상 하자의 승계이론과도 관련이 있는데 판례는 부과처분에 무효의 하자가 있는 경우가 아닌 한(부과처분이 있고 난 뒤 사후적으로 헌법재판소에 의하여 그 근거법률이 위헌결정된 경우에 대법원은 부과처분에 취소의 사유가 될 뿐이라고 보고 있음) 부과처분과 강제징수처분 사이에는 하자의 승계를 인정하지 않는 입장이다. 이동식 외 3인, 『행정법총론』, 준커뮤니케이션즈, 2014, 329쪽 이하.

절차가 종료되지 않고 진행되는 경우여야만(283쪽 〈표 15〉의 사례 4)[20] 실익이 있게 된다. 이미 지적한 바와 같이 납세자가 최초로 세금을 부과 받았을 때 아무런 이의 제기를 하지 않고 세금을 완납했고, 자신이 소송을 제기하여 처분의 위법성과 위헌성을 주장하지도 않았다면(283쪽 〈표 15〉의 사례 2), 제3자가 제기한 소송에서 추후 헌법재판소가 처분의 근거법령에 대해 위헌결정을 했다 하더라도 구제받을 여지는 전혀 없는 것이 현실이다.

대법원 2012. 02. 16. 선고 2010두10907 전원합의체 판결

[다수의견] 구 헌법재판소법(2011. 4. 5. 법률 제10546호로 개정되기 전의 것) 제47조 제1항은 "법률의 위헌결정은 법원 기타 국가기관 및 지방자치단체를 기속한다."고 규정하고 있는데, 이러한 위헌결정의 기속력과 헌법을 최고규범으로 하는 법질서의 체계적 요청에 비추어 국가기관 및 지방자치단체는 위헌으로 선언된 법률규정에 근거하여 새로운 행정처분을 할 수 없음은 물론이고, 위헌결정 전에 이미 형성된 법률관계에 기한 후속처분이라도 그것이 새로운 위헌적 법률관계를 생성·확대하는 경우라면 이를 허용할 수 없다. 따라서 조세 부과의 근거가 되었던 법률규정이 위헌으로 선언된 경우, 비록 그에 기한 과세처분이 위헌결정 전에 이루어졌고, 과세처분에 대한 제소기간이 이미 경과하여 조세채권이 확정되었으며, 조세채권의 집행을 위한 체납처분의 근거규정 자체에 대하여는 따로 위헌결정이 내려진 바 없다고 하더라도, 위와 같은 위헌결정 이후에 조세채권의 집행을 위한 새로운 체납처분에 착수하거나 이를 속행하는 것은 더 이상 허용되지 않고, 나아가 이러한 위헌결정의 효력에 위배하여 이루어진 체납처분은 그 사유만으로 하자가 중대하고 객관적으로 명백하여 당연무효라고 보아야 한다.

[대법관 안대희, 대법관 신영철, 대법관 김용덕의 반대의견] 행정청이 어떠한 법률의 조항에 근거하여 행정처분을 한 후 헌법재판소가 그 조항을 위헌으로 결정하였다면 행정처분은 결과적으로 법률의 근거 없이 행하여진 것과 마찬가지로 되어 후발적으로 하자가 있게 된다고 할 것이나, 일반적으로 법률이 헌법에 위반된다는 사정은 헌법재판소의 위헌결정이 있기 전에는 객관적으로 명백한 것이라고 할 수

20 물론 그러한 압류, 매각처분에 대한 취소쟁송의 제기 기간도 경과하지 않아야 한다.

없으므로 특별한 사정이 없는 한 그러한 하자는 행정처분의 취소사유일 뿐 당연무효 사유라고 할 수 없고, 일정한 행정목적을 위하여 독립된 행위가 단계적으로 이루어진 경우 선행처분에 당연무효 또는 부존재인 하자가 있는 때를 제외하고 선행처분의 하자가 후속처분에 당연히 승계된다고 할 수는 없다. 과세처분과 압류처분은 별개의 행정처분이므로 선행처분인 과세처분이 당연무효인 경우를 제외하고는 과세처분의 하자를 이유로 후속 체납처분인 압류처분의 효력을 다툴 수 없다고 봄이 타당한 점, 압류처분 등 체납처분은 과세처분과는 별개의 행정처분으로서 과세처분 근거규정이 직접 적용되지 않고 체납처분 관련 규정이 적용될 뿐이므로, 과세처분 근거규정에 대한 위헌결정의 기속력은 체납처분과는 무관하고 이에 미치지 않는다고 보아야 한다는 점, 다수의견과 같이 유효한 과세처분에 대한 체납처분 절차의 진행을 금지하여 실질적으로 당해 과세처분의 효력을 부정하고 사실상 소멸시키는 데까지 위헌결정의 기속력 범위가 미친다고 새긴다면, 이는 기속력의 범위를 지나치게 확장하는 것이 되어 결과적으로 위헌결정의 소급효를 제한한 구 헌법재판소법(2011. 4. 5. 법률 제10546호로 개정되기 전의 것) 제47조 제2항 본문의 취지에 부합하지 않는다는 점 등에 비추어 보면, 선행처분에 해당하는 과세처분에 당연무효 사유가 없고, 과세처분에 따른 체납처분의 근거규정이 유효하게 존속하며, 외국의 일부 입법례와 같이 위헌법률의 집행력을 배제하는 명문의 규정이 없는 이상, 과세처분의 근거규정에 대한 헌법재판소의 위헌결정이 있었다는 이유만으로 체납처분이 위법하다고 보는 다수의견에는 찬성할 수 없다.

외국문헌

Dubin, Jeffrey A., Graetz, Michael J. and Wilde, Louis L., *State Income Tax Amnesties: Causes*, The Quarterly Journal of Economics, 1992.

Ederer, Rupert J.(Translator, Originally written by Heinrich Lechtape), *THE QUESTION OF JUSTICE IN TAXATION, THE BASICS OF TAX REFORM IN TERMS OF THE SOLIDARITY CONCEPT OF HEINRICH PESCH*, S. J, The Catholic Social Science Review 13, 2008.

Kirchhof, Paul, *Der Einfluß des Verfassungsrechts auf die Entwicklung des Steuerrechts*, Die Steuerberatung, Stollfuß Verlag, 1995.

Kriele, Martin, *Recht und praktische Vernunft*, Göttingen: Vandenhoeck und Ruprecht, 1979.

Larenz, Karl/Canaris, Claus-Wilhelm, *Methodenlehre der Rechtswissenschaft*, Springer Verlag, 1995.

Lee, Dongsik, *Methoden zur Verhindeerung der Steuerumgehung und ihr Verhältnis zueinander*, GCA Verlag, 1999.

Rawls, John, *A Theory of Justice*, Cambridge, Mass.: Belknap Press of Harvard University Press, 1971.

Schrems, John J., *Understanding Principles of Politics and the State, Page* Free Publishing, 2004.

Tipke, *Die Steuerrechtsordnung III*, Köln, 1993.

Tipke, Klaus/Lang, Joachim, *Steurrecht 21*, Auflage, Köln, 2013.

Wahrig, *Deutsches Wörterbuch*, Bertelsmann Lexikon Verlag, 2000.

국내문헌

[일반 단행본]

로저 트리그 지음, 최용철 옮김, 『인간의 본성에 관한 10가지 철학적 성찰』, 자작나무, 1997.

마이클 샌델 지음, 이창신 옮김, 『정의란 무엇인가』, 김영사, 2010.

[법률 관련 단행본]

김성수, 『세법』, 법문사, 2003.

김완석, 『소득세법론』, (주)광교이택스, 2010.

김재길, 『세법학이론』, 박영사, 2008.

박균성, 『행정법론(상)』, 박영사, 2009.

소순무, 『조세소송』 개정5판, 영화조세통람, 2010.

_____, 『조세소송』 개정7판, 영화조세통람, 2014.

송쌍종, 『조세법학총론』, 도서출판 나라, 2010.

유지태 · 박종수, 『행정법신론』, 박영사, 2009.

이동식, 『일반조세법』, 준커뮤니케이션즈, 2011.

_____, 『일반조세법』, 준커뮤니케이션즈, 2013.

이동식·전훈·김성배·권세훈, 『행정법총론』, 준커뮤니케이션즈, 2013.

이창희, 『세법강의』, 박영사, 2008.

이태로·안경봉, 『조세법강의』, 박영사, 2001.

임승순, 『조세법』, 박영사, 2009.

전태영, 『세금이야기』, (주)생각의 나무, 2005.

정종섭, 『헌법학원론』, 박영사, 2010.

정하중, 『행정법개론』, 법문사, 2009.

최대권, 『영미법』, 동성사, 1986.

최명근, 『상속세과세존폐론』, 경제법륜사, 2007.

_____, 『세법학총론』, 세경사, 2002.

한국세법학회, 『조세판례백선』, 박영사, 2005.

한희원, 『정의로의 산책 -정의론-』, 삼영사, 2011.
홍성방, 『법학입문』, 신론사, 2007.
_____, 『헌법학』, 박영사, 2006.
홍정선, 『행정법원론(상)』, 박영사, 2009.
_____, 『행정법특강』, 박영사, 2011.

[논문자료]

고성삼·박상섭, 「세무조사 전후의 조세회피 차이에 관한 연구」, 『세무학연구』, 제28권 제2호, 2011. 6.
구재이, 「납세자권익 보장과 적정절차 확보를 위한 세무조사의 법제화방안」, 『조세연구』 제2집, 한국조세연구포럼, 2001.
김갑순·정운오·전병욱, 「세법의 허점(loophole)을 이용한 공격적 세무계획과 세금외 비용」, 『세무학연구』 제27권 제2호, 한국세무학회, 2010.6.
김낙회·윤태화, 「자영사업자와 근로소득자의 소득세부담 추정 및 공평성 분석」, 『회계정보연구』 제28권 제3호, 한국회계정보학회, 2010.
김두형, 「조세법에 있어서 경제적 관찰방법의 의의와 본질」, 『조세연구』 제1집, 한국조세연구포럼, 2001.
_____, 「조세법의 해석원칙」, 『조세법연구』 제3집, 한국세법학회, 1997.
김웅희, 「소급입법 과세금지원칙의 헌법적 근거에 관한 연구」, 『세무학연구』 제22권 제2호, 한국세무학회, 2005.
_____, 「조세국가의 형성과 규범적 의미에 관한 연구」, 『헌법학연구』 제17-1집, 한국헌법학회, 2011.
_____, 「조세입법의 구체적 문제점과 개선방안」, 『세무학연구』 제27권 제1호, 한국세무학회, 2010.
_____, 「헌법상 조세평등주의에 대한 연구」, 『세계헌법연구』 제16권 제3호, 국제헌법학회 한국학회, 2010.
김지영·박상원·성명재·송호신·전병힐·조명환, 「정치구조가 조세·재정정책에 미치는 영향」, 한국조세연구원, 2010. 12.
박병진, 「공적 신뢰의 조건: 공정성과 처벌의 엄격성」, 『신뢰연구』 제14권 제1호, 한림대학교 한림과학원, 2004.

박정우·김영심, 「조세법과 형평법의 조화: 민법상 한정승인제도에 있어 조세법률주의와 실질과세원칙의 조화를 중심으로」, 『비교사법』 제17-1집, 한국비교사법학회, 2010.

박종수, 「조세법률의 소급효와 신뢰보호」, 『세무학연구』 제24권 제2호, 한국세무학회, 2007.

박훈·이상신, 「세법상 법인격부인의 법리와 실질과세의 원칙의 관계」, 『조세법연구』 제15-4집, 한국세법학회, 2010.

방승주, 「헌법과 조세정의」, 『헌법학연구』 제15권 제4호, 한국헌법학회, 2009.

서보국, 「조세법상 형평면제처분제도의 도입에 관한 연구」, 『세무학연구』 제29권 제1호, 한국세무학회, 2012.

안경봉·오윤, 「한국의 조세회피방지규정과 일반적 조세회피방지규정 도입방안」, 『조세법연구』 제14-1집, 2008. 4.

안경봉·이동식, 「명목회사를 이용한 조세회피시도와 실질과세원칙」, 『국세』, 2012. 6.

양충모, 「조세입법에 대한 사법심사원리로서 비례원칙의 한계」, 『공법연구』 제38권 제4호, 한국공법학회, 2010.

오윤, 「한국과 일본의 조세법률주의 비교연구」, 『법학논총』 제26-4집, 한양대학교 법학연구소, 2009.

유재원, 「일감몰아주기(Tunneling) 과세에 대한 입법적 논의」, 100인 초청 학술대회 – 공평과세실현을 위한 세법개정 방안, 사단법인 한국세법학회 제108차 정기학술대회 자료집, 2013. 4.

이동식, 「가족합산과세제도의 합헌성」, 『공법연구』 제39집 제2호, 한국공법학회, 2010. 12.

______, 「공정사회구현을 위한 조세법 집행의 공정성 확보방안-소득과세의 공정한 집행을 위한 제안」, 사회변화에 따른 법치행정과 행정법제 제1회 행정법분야 연합학술대회자료집, 한국행정법학회, 2001.

______, 「독일 세법상 소위 반액과세원칙에 대한 검토」, 『조세법연구』 제15-1집, 한국세법학회, 2009.

______, 「독일의 일반규정을 통한 조세회피행위 방지」, 『공법연구』 제31집 제4호, 한국공법학회, 2003. 5.

______,「미국세법상 실질과세원칙의 의미와 역할」,『공법연구』 제39집 제4호, 한국공법학회, 2011. 6.

______,「사법질서의 세법에서의 의미」,『공법연구』 제31집 제2호, 한국공법학회, 2002.

______,「자녀양육과 소득공제」,『조세학술논문집』 제29집 제1호, 한국국제조세협회, 2013.

______,「조세법상 엄격해석원칙의 타당성 검토」,『조세법연구』 제17-3집, 한국세법학회, 2011.

______,「조세입법의 헌법적 한계」,『세무학연구』 제27권 제3호, 한국세무학회, 2010.

______,「조세회피행위방지를 위한 별도 입법의 필요성」,『공법연구』 제28집 제4호 제2권, 한국공법학회, 2000. 6.

______,「포괄주의조세입법의 헌법적 쟁점」,『조세법연구』 제14-3집, 한국세법학회, 2008.

______,「형식적 조세법률주의의 재조명」,『조세법연구』 제15-4집, 한국세법학회, 2010.

임규진·김성만·김갑순,「세법상 신의성실원칙의 적용」,『세무학연구』 제29권 제4호, 한국세무학회, 2012.

임미원,「폐지된 세법 규정의 효력, 조세법상 법관의 법형성과 그 한계」, 한국세법학회 세미나 자료집 토론문, 2013.

장기용,「조세법률주의와 위임입법의 한계에 관한 연구: 헌법재판소 결정례를 중심으로」,『세무학연구』 제22권 제1호, 한국세무학회, 2005.

정재호,「공정한 사회와 우리나라 조세정책 방향」,『공정사회와 조세정책』, 한국조세연구원, 2011. 3.

정주백,「조세의 정책적 기능의 규범적 한계」,『조세법연구』 제17-1집, 한국세법학회, 2011.

정지선·정재현,「헌법원칙에 합당한 소득세제도의 개편방안」,『조세법연구』 제17-1집, 한국세법학회, 2011.

정지선·허원,「일감 몰아주기에 따른 이익에 대한 증여세 과세의 타당성 여부」, 2011년 조세관련 연합학술대회 발표논문집, 2011. 12.

정진오·정지선,「공평과세를 위한 세무조사제도 개선방안」,『조세법연구』 제15-1집, 한국세법학회, 2009. 4.

최명근,「포괄증여의제규정의 위헌성 소고 -상속세 및 증여세법 제42조를 중심으로」,『조세법연구』제3집, 한국세법학회, 1997.

최승재,「일감몰아주기에 대한 상증세 과세논란에 대한 검토」, KERI Brief 11-06, 한국경제연구원, 2011.

최임수,「세무조사제도 개선에 영향을 미치는 요인」.『세무학연구』제27권 제2호, 한국세무학회, 2010. 6.

피정현,「영미법상 Common Law」,『법학연구』제16집, 원광대학교 부설 법학연구소, 1999.

[통계자료]

국세청,『한눈에 보는 국세통계』, 2010.

ㄱ

ㄴ

ㄷ

ㄹ

ㅁ

ㅂ